U0102209

Policy Guidelines for Tax,
Foreign Exchange and Accounting in Belt and Road Countries.

"一带一路"
税收外汇会计政策指南 Ⅳ

董付堂　姚焕然　辛修明　主编

中国经济出版社
CHINA ECONOMIC PUBLISHING HOUSE

图书在版编目（CIP）数据

"一带一路"税收外汇会计政策指南 . Ⅳ / 董付堂，
姚焕然，辛修明主编 . -- 北京：中国经济出版社，2019.8
ISBN 978-7-5136-5727-3

Ⅰ . ①一… Ⅱ . ①董… ②姚… ③辛… Ⅲ . ① "一带
一路" – 国际税收 – 会计政策 – 指南 Ⅳ . ① F810.42–62

中国版本图书馆 CIP 数据核字（2019）第 116114 号

责任编辑　杨　莹
文字编辑　郑潇伟　赵嘉敏
责任印制　巢新强
封面设计　晨罡文化

出版发行　中国经济出版社
印　刷　者　北京力信诚印刷有限公司
经　销　者　各地新华书店
开　　　本　710mm×1000mm　1/16
印　　　张　18.75
字　　　数　298 千字
版　　　次　2019 年 9 月第 1 版
印　　　次　2019 年 9 月第 1 次
定　　　价　98.00 元

广告经营许可证　京西工商广字第 8179 号

中国经济出版社 网址 www.economyph.com 社址 北京市东城区安定门外大街 58 号 邮编 100011
本版图书如存在印装质量问题，请与本社发行中心联系调换（联系电话：010-57512564）

版权所有　盗版必究（举报电话：010-57512600）
国家版权局反盗版举报中心（举报电话：12390）　　服务热线：010-57512564

主　编

董付堂　姚焕然　辛修明

编委名单

姚丹波　冯会会　张翠芬　何牧林　王　征　莫永年

张泰宇　刘　琛　周陵彦　杨天福　董　青　段超凤

李福龙　尚　妍　刘　芬　翁　辉　余科明　刘旭光

王惠芳　孙坚青　张之亮　石保俊　李　兵　张和忠

董文静　杨晓彤　王重娟　何之蕾　郭　颖　杨　勇

马秀琴　张丽霞　林媛媛　熊升全　张红斌

本书特别顾问

（按拼音字母排序）

房秋晨

中国对外工程承包商会会长

傅俊元

中国保利集团有限公司总会计师

王秀明

中国铁建股份有限公司总会计师

张　克

信永中和集团董事长

赵　东

中国石油化工集团有限公司总会计师

序 一

随着我国对外开放特别是"一带一路"倡议的深入推进，企业走出国门、拓展海外业务的步伐加大，越来越多的中国企业"走出去"并在海外市场开展投资、并购等经济活动。据商务部数据显示，2018年，我国对外投资规模持续扩大，共对全球164个国家和地区的7961家境外企业进行了非金融类直接投资，累计实现投资1701.1亿美元，同比增长44.1%；与"一带一路"沿线国家进出口总额达到6.3万亿元人民币，对"一带一路"沿线53个国家的非金融类直接投资145.3亿美元。

但由于缺乏对境外投资目的地整体营商环境的研究，近年来，"走出去"企业在国际市场开拓和经营的过程中也面临着较大的困难和风险，特别是财税外汇政策方面的风险。

据不完全统计，我国"走出去"企业多达几十万家，其中除大型企业外，绝大部分是中小型企业，普遍反映对所在国的会计政策、税收政策和外汇政策难以进行系统性的了解和掌握，特别是中小型企业，更是心有余而力不足。因此，极大地制约了我国"走出去"企业的财务管理水平和合规能力的提升，严重影响了我国企业的国际声誉。

为了帮助企业更好地了解当地财税法规，本丛书主要围绕境外投资目的地整体营商环境、税收体系、外汇制度、会计政策等方面内容，进行了较为详细的介绍。鉴于主要发达国家的财税体系较为健全，有关政策法规比较透明，资料也容易获取，本丛书不再予以整理收集。本《指南》汇集的80个国家（地区），大部分是我国企业境外业务开展较多的欠发达或发展中国家，能够基本满足我国"走出去"企业的迫切需求，有助于"走出去"企业能够快速熟悉境外投资目的地国的基本财税政策，大幅降低企业对所在国财税法规信息收集的成本，既有利于提升企业的法规遵从意识，又有利于企业防控经营风险,增强企业"走出去"的信心和底气。

本丛书是集体智慧的结晶。中国对外工程承包商会发挥了重要的平台和引领作用,参与本丛书编写的是我国"走出去"的核心企业代表,分别为中国路桥、中国建筑、中国电建、中国有色、国机集团、葛洲坝国际、CMEC、中国铁建、中石油、中国港湾、中水对外、北京建工和江西国际等十多家企业。信永中和会计师事务所对本丛书进了全方位的指导和审核,使本丛书的专业性和实用性质量得到了实质性的提升。

本丛书定位为专业工具书,旨在为我国广大"走出去"企业的财务、投资、商务和法务等专业管理人员提供参考和指南,同时,也为"走出去"企业提供专业服务的中介机构提供了重要借鉴。

由于编写组学术水平和实践经验有限,本指南难免有不足和谬误之处,恳请专家和读者批评指正!

2019 年 9 月于北京

序 二

　　2013 年国家提出"一带一路"倡议，随着中国与沿线国家的扎实推进，现在"一带一路"已成为举世瞩目且被越来越多的国家认可和接受的概念。近年来，中国企业对沿线国家直接投资超过 900 亿美元，完成对外承包工程营业额超过 4000 亿美元，为推动沿线国家的经济发展做出了卓有成效的贡献。

　　越来越多的中国企业以多种多样的方式走出国门，参与这一宏大的划时代壮举，但过程和结果并非都能遂人所愿。如近些年部分企业相继爆出海外投资失败，或遇到重大障碍而致进退两难。虽然决定中国企业海外投资能不能成功的因素非常复杂，但"知己知彼、百战不殆"，不知彼显然是其中一个重要因素。"走出去"的中国企业需要知悉目的国的经营规则和市场环境、税务财务制度和投资融资法规、政府的优惠及限制政策等。提高在国际环境下开展经营的意识和能力尤应引起足够重视，特别是在投资前期，要尽可能做到"谋定而后动"，充分了解当地规则和信息，并借助专业机构的力量，对投资事项作出审慎判断，从而避免投资损失。

　　鉴于此，本套丛书集合众多财会咨询专家、海外投资经营实务机构高管的智慧，全面陈述了"一带一路"沿线相关 80 个国家（地区）的投资环境、市场基本情况、税收种类和征管情况、外汇管制、会计制度及核算等政策、规定和信息。可以说，本套丛书可以视作投资"一带一路"国家的财会实务宝典。此外，越来越多的中国专业机构和专业人士在服务中国企业"走出去"中也扮演着越来越重要的角色，通过此书掌握境外目标国的基本经济情况和财税政策无疑也会有效提升这些专业人士的服务能力和效率。

　　"一带一路"倡议的提出和运作为所有沿线国家提供了更大的发展空间

和福祉，也为中国企业提供了更多在世界舞台上驰骋的机会，若此书能在中国企业和中国专业服务机构走向世界的过程中发挥些许助力和护航的作用，则功莫大焉！

信永中和集团董事长

序 三

"一带一路"倡议提出六年来，中国对外承包工程行业保持良好发展势头，取得了可喜的成绩。但随着海外市场的不断拓展，企业面对的东道国政策法规环境也日趋复杂，企业中普遍存在着对所在国法规理解不透彻、经营管理中有"盲区"、正当权益遭侵害而维权不力等现象。特别是，很多企业对当地的财税政策了解较为肤浅和不系统，容易出现因无知和冒进的做法而触犯法律法规的问题，给企业经营带来损失，声誉造成影响，这其中的教训值得我们认真总结和反思。"走出去"企业迫切需要在了解和适应海外法律法规方面得到更多的指导和服务。

《"一带一路"税收外汇会计政策指南》丛书的出版，正是恰逢其时，为中国"走出去"企业提供了全面、及时、实用的海外政策信息指南，对企业开拓国际市场、提升合规经营和企业管理水平将发挥重要作用。

该《指南》由中国对外承包工程商会融资财税委员会组织行业内十多家骨干会员企业，联手信永中和会计师事务所共同整理研究的成果。《指南》对 80 个国家（地区）的投资经营环境、法律体系、外汇管理规定、税收会计政策等方面进行了详尽的解析，相信能对"走出去"企业准确了解所在国法规政策，快速融入当地营商环境，有效防范政策风险，促进企业可持续发展起到一定的引领和指导作用。

中国对外承包工程商会将进一步发挥各专门委员会的特色与专长，为广大企业提供更为专业和实用的服务，为中国企业全面参与"一带一路"建设，实现"共商、共建、共享"发展做出新的贡献！

中国对外承包工程商会会长

序 四

"一带一路"倡议提出以来，中国企业"走出去"的步伐不断加快，竞争实力日益提高，在国民经济中发挥着越来越重要的作用。但由于海外政治社会、法律财税、营商环境等方面存在较大差异，给企业国际化经营带来了较大挑战。

国际化经营涉及的内容繁多，企业需要从国际税法、国际税收协定、外汇和会计政策等角度作出系统全面的安排。企业在进行境外投资前有必要认真做好功课，对境外的税收、外汇和会计政策等重要内容进行充分了解、考察和分析，并针对企业自身情况制定出最优的投资架构、退出渠道等方案，以便有效规避境外投资风险，实现投资利益的最大化。

《"一带一路"税收外汇会计政策指南》丛书主要围绕境外投资目的地国整体营商环境、主体税种、征管制度、双边税收协定、外汇制度和会计政策等方面内容进行详细介绍，涉及"一带一路"沿线80个国家（地区），旨在使中国企业及时、准确、全面地了解和掌握境外投资的税务成本、纳税操作、税务风险规避、外汇和会计政策等重要信息，满足"走出去"企业的迫切需求，有助于"走出去"企业能够快速熟悉境外投资目的地国的基本财税政策，大幅降低企业对所在国财税法规信息收集的成本，既能够提升企业的法规遵从意识，又能够增强企业防控经营风险的信心和底气。

本丛书集合各类专家智慧结晶，具有很强的专业性、指导性和实用性，是不可多得的系列工具用书，对于助力中国企业"走出去"积极践行"一带一路"倡议将发挥重要作用。

中国石油化工集团有限公司总会计师

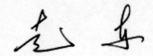

专家推荐语

　　随着"一带一路"倡议的深入推进,中国企业"走出去"的步伐不断加快,海外业务拓展迅猛,但由于海外政治经济人文等差异较大,各项政策制度复杂多变,给企业生产经营带来了很大的困难和挑战,也积聚了一系列的问题和风险,必须引起高度重视,积极做好各项应对之策。《"一带一路"税收外汇会计政策指南》丛书,围绕80个国家(地区)颁布的税收、外汇和会计政策等问题,进行全面系统收集整理,认真分析归纳研究,以应用指南的形式呈现给广大读者,值得"走出去"企业的相关人员借鉴和参考。该丛书覆盖范围广,涉及"一带一路"沿线80个国家(地区),涵盖中国企业"走出去"的重点区域;针对性强,选择了税收、外汇和会计政策等中国企业"走出去"过程中遇到的最迫切、最现实的问题,能够满足我国各类企业"走出去"的基本生产经营需要;操作性强,内容安排上既有基本制度和相关情况的介绍,又有重要制度政策解读以及具体操作应用指引;权威性高,集合中国对外工程承包商会及我国"走出去"的十多家核心企业代表的集体智慧,同时也得到信永中和会计师事务所的专业指导和审核。该丛书是广大"走出去"企业的财务、投资、商务和法务人员非常难得的操作应用指南。

中国铁建股份有限公司总会计师

这是一部中国企业"走出去"践行"一带一路"倡议的重要工具用书，对于实际工作具有十分重要的参考价值。

中国保利集团有限公司总会计师

"一带一路"倡议重在促进沿线国家之间的互联互通，加强相互间的经贸合作和人文往来。缺乏对相关国家会计、税收、外汇等体系的充分了解，不仅会提高经贸合作的成本，而且会加大经贸往来的风险。汇聚了我国在"一带一路"经贸合作领域耕耘多年的多家知名企业的实务界专家们巨大心血的这本政策指南，填补了空白，可以为我国"走出去"的企业提供极富价值的参考，对学术界开展国际比较研究，夯实会计基础设施，助推"一带一路"合作，也有很好的参考价值。

上海国家会计学院党委书记、院长

习近平总书记在推进"一带一路"建设工作 5 周年座谈会上发表重要讲话指出，过去几年，共建"一带一路"完成了总体布局，绘就了一幅"大写意"，今后要聚焦重点、精雕细琢，共同绘制好精谨细腻的"工笔画"。要坚持稳中求进的工作总基调，贯彻新发展理念，集中力量、整合资源，以基础设施等重大项目建设和产能合作为重点，在项目建设、市场开拓、金融支持、规范经营、风险防范等方面下功夫，推动共建"一带一路"向高质量发展转变。

"一带一路"沿线国家的发展水平、社会制度、宗教民族、文化习俗等方面千差万别，企业"走出去"面临诸多风险。"一带一路"建设中要行稳致远，持续发展，需要政府加强政策沟通，建立以规则为基础的法治合作体系，更需要企业遵守东道国的法律法规，建立健全风险防范机制，规范投资经营行为。这就要求企业加强对沿线国家法律法规的深入了解和科学应用，不断提高境外安全保障和应对风险能力。《"一带一路"税收外汇会计政策指南》丛书的出版，可谓应景适时。

本丛书有以下三个突出特点：一是选题聚焦"一带一路"沿线国家的税收、外汇与会计等财经政策，契合企业当前的迫切需求，可以帮助企业及时了解、识别和规避沿线国家的财税、外汇与会计风险，对企业提升相关业务的合规合法性、促进企业稳步发展具有重要的现实意义。二是编写团队来自我国参与"一带一路"建设的核心企业代表，他们不但熟悉沿线国家的财经政策，并且有扎实的理论功底和丰富的实践经验，确保了本书的专业性。三是内容翔实，重点介绍了 80 个国家（地区）最新的税收、外汇和会计政策，具有很强的针对性和时效性，为"走出去"企业提升财经风险意识、夯实财经管理基础和提高财经风险防范能力提供了基本遵循。

本丛书源于实践，是切合实际的专业性指导工具书。在此，由衷地希望"走出去"企业及相关从业者能够从本丛书汲取营养，共同助力"一带一路"建设，为推动共建"一带一路"走深、走实做出积极贡献。

厦门国家会计学院党委书记

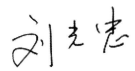

目录
CONTETS

第一章 利比里亚税收外汇会计政策

第一节　投资环境基本情况

一、国家简介

利比里亚共和国（英语：The Republic of Liberia），位于非洲西部，北接几内亚，西北接塞拉利昂，东邻科特迪瓦，西南临大西洋。国土面积 11.14万平方公里，海岸线长 539 公里，总人口 461 万。首都蒙罗维亚是利比里亚最大的城市和港口，据守圣保罗河入海口，是西非重要的出海门户，非洲距南美大陆最近的港口城市。人口 110 万。官方语言为英语，通用货币为美元和利比里亚元。

二、经济情况

天然橡胶、木材和铁矿砂的生产为其国民经济的主要支柱，均供出口，是利比里亚外汇收入的主要来源。工业不发达，仅有少数企业生产日用消费品。2016 年利比里亚 GDP 总量约为 20.08 亿美元，根据世界经济论坛《2016—2017 年全球竞争力报告》显示，利比里亚在全球最具竞争力的 138个国家和地区中，排第 131 位。[①] 近年来，利比里亚政府努力恢复经济、稳定物价，同时分阶段整顿市场秩序、完善税收体制，积极酝酿修订《投资法》，出台新的优惠政策，力争利用资源优势吸引外资。利比里亚现为联合国、不结盟运动、非洲联盟、西非国家经济共同体、萨赫勒—撒哈拉国家共同体和马诺河联盟等组织成员。

三、外国投资相关法律

利比里亚与贸易相关的法律、法规并不健全，一些政府部门或者继续沿用前政府颁布的法律法规，较为过时，或者凭内部暂行规定实施管理。

---

① 数据来源：利比里亚中央银行。

目前政府相关部门着手对旧法规进行修改，如劳工部在修改《劳工法》、农业部动植物检疫局正在修改《动植物检疫规定》。与外国投资有关的法律主要有《税法》（含海关管理规定）、《投资优惠法》《森林法》《劳工法》《商业法》等。

利比里亚实行自由开放的市场经济政策，所有经济实体都享有经营对外贸易的同等权利，对所有商品均放开经营，但需要到利比里亚商工部领取进出口许可证（不设配额限制）。

外国人在利比里亚生活、工作需首先在利比里亚移民局办理居留证，此外，还要到劳工部办理劳工证，劳工证由在利比里亚雇主向劳工部提出书面申请，须详细说明雇主情况和雇佣外国劳工必要性。利比里亚对外国人在当地就业的行业方面基本没有限制。

利比里亚总体失业率较高，利比里亚劳工法对工程承包本地劳务用工有详细规定。中国企业在利比里亚开展工程承包项目，除管理和技术人员外，多数岗位应雇佣当地人员。

四、其他

美国是在利比里亚最大的投资国。其余为德国、瑞士、意大利、荷兰、黎巴嫩、丹麦和澳大利亚等国的私人投资。外资主要投入采矿业、橡胶种植和加工、银行、制造业和商业。

在国际社会的帮助下，利比里亚政府将全面恢复利比里亚道路、水、电等基础设施，其资金主要源自联合国开发计划署、世界银行和非洲发展银行等国际多边金融机构以及世界主要捐赠国。

中利保持外交关系期间，中国为利比里亚援建了巴里克糖厂、综合体育场、塔佩塔医院、卫生部办公楼、农业技术示范中心等项目。根据商务部统计，2012 年，双边贸易额为 36.71 亿美元，同比减少 26.7%。其中中方出口 34.46 亿美元，进口 2.25 亿美元。中国向利比里亚主要出口船舶等，进口铁矿砂和原木等初级原材料。

第二节 税收政策

一、税法体系

利比里亚目前执行的税收法典为 2000 年制定的《利比里亚税收法典》，为了刺激和恢复经济，该税法在 2011 年进行了修订。修订主要降低了纳税等级里的税额扣减，以及将企业税率从 35% 降低至 25%，之后在 2016 年进行了进一步的修订，主要针对预付企业所得税、货物服务税以及消费税等。

目前利比里亚的主要税种是企业所得税、个人薪酬税、营业税、关税、商品服务税和消费税等。

利比里亚为西非国家经济共同体的成员。在西共体内适用一致的关税（CET：Common External Tariffs），即从西非国家以外的国家进口产品至任何一个西非国家成员国时适用统一进口关税。如果产品是由成员国制造，当产品从一个成员国出口至另一个成员国时是免关税的。

目前利比里亚和中国尚没有税收方面的协议达成。

二、税收征管

（一）征管情况介绍

利比里亚的税收征管是在自我申报的基础上进行的，纳税人基于自己的业务实际情况依法纳税。在业务运营期后，纳税人按要求提交年度所得税申报表，然后对该申报表进行审计，以确保业务运营期间符合法律规定。

（二）税务查账追溯期

根据利比里亚《税法》第 78 条，纳税人对税务审计的纳税申报表有修改的权利。一旦提交了某一特定年份的纳税申报表，纳税申报表接受公司或者政府的修改，如果纳税申报表已提交，修改有效期为五年。如果审计过程中未对该申报进行修改，则该申报视为最终申报。如果未提交所得税申报，纳税审计期限为十年。如果直至第十年都未得到税务部门的审计，在第 11 年将不能进行审计。

（三）税务争议解决机制

税务争议解决通常通过行政申诉程序完成。当对缴税通知单有异议时，纳税人有 30 天的时间向税务机关的法律部门提交申诉，法律部门有 90 天的时间处理上诉。如果对裁决结果不满意，可以再次在 30 天内向税务上诉委员会（BOTA）提出反对意见。税务上诉委员会（BOTA）有 90 天的时间处理。如果仍不同意裁决，可选择税务法庭。在税务法庭之后，最高法院有最终裁决权。在案件完全裁定之前，税款不得被强制征收。

三、主要税种介绍

（一）企业所得税

1. 征税原则

法人、自然人应就其来源于利比里亚境内收入缴纳所得税。总收入低于 500 万利币或在一个纳税年度内，其拥有的不动产公平市场价值低于 500 万利币的，则不要求提交所得税申报表；但要求提交声明，陈述其总收入的 90% 或以上要预提所得税，其本纳税年度内总收入低于 500 万利币以及其不动产市场价值低于 500 万利币。纳税人的所得税申报表提交期限为纳税人所在纳税年度结束后第 3 个月的最后一天截止。对于日历年度纳税人，到期日是上述纳税年度结束后的第二年的 3 月 31 日。所得税缴纳要在截止日之前，按应纳税所得额的 25% 缴纳（如果不能按期申报，可在截止日期前予以申请延期）。

2. 税率

利比里亚的企业所得税的税率为应纳税所得额的 25%（有减免的除外），对于年收入低于 500 万利比里亚元的企业适用于营业税（销售额的比率）替代所得税。

所有在利比里亚的企业均需要报送所得税申报表、按月预缴企业所得税（预缴额不得低于该月应纳税额的 90%，）或缴纳 2% 或 4% 的营业税以替代预缴企业所得税。

若纳税人当前纳税年度的收入总额低于《税法》规定的所得税起征点，

预缴金额可抵免应缴营业税义务以替代缴纳所得税。

若纳税人当前纳税年度的收入总额达到或超过规定的所得税纳税起征点，预缴的所得税金额可抵免应缴所得税额。

只要收款人在税款扣缴之前，向付款人提供法定的税务登记编号，则符合《税法》规定的有扣缴义务的纳税人，其所缴纳的由付款人代扣收款人的税额可抵免收款人的预缴税额。

预缴数额超过纳税人本纳税年度应纳税义务（无论是法定缴纳所得税还是营业税）的部分，应按《税法》规定抵免或返还给纳税人。

3. 税收优惠

根据利比里亚法律，税收优惠视投资资本而定，分为短期（五年）投资税收优惠或长期（15 年）投资税收优惠。投资资本额为 500000 美元至 9999999 美元的外国投资者有资格获得投资税收优惠政策，包含进口设备、备件、生产原材料等的关税，为期五年，进口之前需接受法国船籍社（BIVAC）商检。免税不包含货物到岸价（CIF）0.5% 的西非国家经济共同体（ECOWAS）贸易关税。只有关税和商品服务税（GST）可被免除；投资资本在 1000 万美元及以上的外国投资者可以获得 15 年的上述相同项目的税务优惠，除了可享受和短期五年相同的优惠外，还可以申请享受非当地居民收入、利息、股息（公司）等预提税的特别优惠。

4. 所得额的确定（包含亏损弥补规定）

应纳税所得额是指企业每一纳税年度的收入总额，减除不征税收入、免税收入、各项扣除及允许弥补的以前年度亏损后的余额。企业应纳税所得额的计算，以权责发生制为原则，属于当期的收入和费用，不论款项是否收付，均作为当期的收入和费用；不属于当期的收入和费用，即使款项已经在当期收付，均不作为当期的收入和费用。根据《利比里亚税收法典》的规定：馈赠不能税前扣除，但对符合条件的捐赠给境内的社会福利及政府机构的不超过营业额 0.5%（不含 0.5%）以内部分可以税前扣除；娱乐、猎、娱、运动、观光等支出不能税前扣除；因违法、违规的各种罚款不能税前扣除；计提的坏账准备允许在税前扣除。

亏损弥补年限。纳税人某一纳税年度发生亏损，准予用以后年度的应纳税所得弥补，一年弥补不足的，可以逐年连续弥补，弥补期最长不得超过五年。

5. 反避税规则（特别纳税调整）

如果政府认为有交易行为存在避税嫌疑，政府可能会对交易行为进行重新定性，这不属于刑事犯罪。

6. 征管与合规性要求

利比里亚实行属地税法，全国实行统一的税收制度。企业所得税按年缴纳，企业可在应税年份次年3月底前自行或通过会计师事务所向税务局申报和缴纳。所有有预缴义务的纳税人，若不能按照规定预缴税款，要按照税法规定对逾期缴税或逾期不缴者处以惩罚。

计算一个纳税年度预缴税金的数额，使用以下原则：

（1）若纳税人在上一个纳税年度符合所得税缴纳条件并纳税的，则本年度的预缴税额不得少于上一个纳税年度应缴所得税的100%；或当前纳税年度该纳税人应纳所得税的90%或应纳营业税的100%，二者取其一均可。

（2）若纳税人在上一个纳税年度无需缴纳所得税，但需缴纳4%的营业税以替代所得税的，则本年度的预缴税额不得少于上一个纳税年度应缴营业税的100%；或当前纳税年度该纳税人应纳所得税的90%或应纳营业税的100%，二者取其一均可。若纳税人在上一个纳税年度既不需要缴纳所得税也无需缴纳营业税，则该纳税人的预缴税额不得少于当前纳税年度应纳所得税的90%，或当前纳税年度应纳营业税的100%，二者取其一均可。

（3）季度缴税。预缴税款按季度缴纳，每次缴纳金额等于或不少于应预缴总额的25%。

（4）按时缴纳。若预缴是按照税法规定的缴税日期和地点，或纳税人所在纳税年度的每个季度结束后第10天预缴，则税款应根据规定及时缴付。采用日历年度的纳税人，应在每年的4月10日、7月10日、10月10日和1月10日缴纳税款。

（二）商品服务税和营业税

1. 商品服务税

利比里亚未执行增值税，仅有商品服务税（GST），适用于除原材料以外的所有进口货物。然而，在生产后，在销售的基础上需征收 7% 的商品服务税。通常由消费者支付，厂家收取之后在每月末交政府。

2. 营业税

对于年收入额低于 500 万利比里亚元的法人企业、独资或者合伙企业。可以简易以营业税替代所得税予以缴纳。每季度需预付营业毛收入的 2%。每季度所预付的税款将从应交税额中扣除，年终缴纳剩下的应交税额的余额。如有超额支付的情况，政府将通过税额抵扣的方式返还而不是现金的方式。

（三）个人所得税

1. 征收原则

个人所得税按月缴纳，每月 10 日前，企业凭工资表自行向税务局申报和缴纳。

2. 申报主体

在利比里亚境内居住满一个纳税年度的自然人，依照本法规定强制征收应纳税所得的所得税。

3. 应纳税所得额

个人每一纳税年度的应纳税所得额，为收入总额减去本款特定排除的收入项目、本款认可的减扣金额、本款规定的补助给纳税人和受赡养人的个人津贴。纳税人在一个纳税年度期间，取得的各种形式的经济收入，构成收入总额。所含类目举例如下：①劳务收入，包括非货币形式的收入；②经商、教育、神职、贸易、投资收益；③利息、租金、专利、红利等收入；④抚恤金、退休金以及养老准备金所得；⑤符合规定的信托或房产分红；⑥在经营或投资活动中涉及的无论是公有或个人，有形或无形财产的处理所得。

4. 扣除与减免

通过以下组织进行的捐赠可以税前扣除：被批准为慈善捐助接收人的指定政府机构；符合慈善机构注册条件的私人慈善或非营利组织。以下人员无需纳税：外国政府、外国外交代表、外国使领馆工作人员，以及国际公约中规定免除纳税义务的国际组织及其工作人员等。

5. 累进税率

表1-2-1 利比里亚个人所得税税率表

单位：利比里亚元

阶次	应税所得	税率和计算
1	0~70000	0%
2	70001~200000	超出 70000 的部分为 5%
3	200001~800000	6500 + 超出 200000 部分的 15%
4	800001 及以上	96500 + 超出 800000 部分的 25%

数据来源：《利比里亚税收法典》及《2011 年度合并税收修订法案》。

以上收入均指的是年收入，因此每月常驻自然人缴纳所得税的时候存在换算至月份。

（四）关税

1. 关税体系和构成

利比里亚目前没有单独的海关法，有关海关管理的规定在利比里亚 2000 年颁布的税法中。2014 年税务部门从财政和发展规划部剥离出来，成立了国家税务总局，海关是其下属一个部门。利比里亚海关部门表示每年基本上不会做大的调整，也不重新公布。关税税则表中列出的关税税种比较简单，只是列出进口商品的进口税（Input Duty）、商品服务税（GS Tax）、消费税（Excise Tax），对来自西共体国家之外其他国家和地区生产的商品征此税种，按进口货价 1% 征收。

2. 税率

海关税率主要有 4 种：进口税，税率差距较大，从 5%~40% 不等；消费税，大部分商品税率为 0%；商品服务税，税率大都为 7%；其他税（如西共体税 0.5%）。

表1-2-2 利比里亚部分商品关税税率表

进口商品类别	进口税（含西共体税0.5%）	商品服务税	备注
活动物	2.5%	7%	
食用肉类	10%	7%	

续表

进口商品类别	进口税（含西共体税0.5%）	商品服务税	备注
鱼	2.5%	7%	
蔬菜	7.5%	7%	
水果	7.5%	7%	
饮料	0.1美元/升	7%	消费税
纺织品及服装	10%~15%	7%	按米或重量
家用电器类	7.5%	7%	
二手汽车	10%	7%	
机械设备	2.5%	7%	

数据来源：《利比里亚税收法典》。

3. 关税免税

利比里亚关税免税主要集中在政府性项目工程、联合国维和物品、军事物品或政府间援助物品，由财政部或者海关授权签发。

4. 设备出售、报废或再出口的规定

非免税设备，可根据需要随意买卖，并在交通部门或者海关登记处理，免税设备需补齐相关关税后售卖。进口的免税设备再出口时不需要缴纳关税，可直接再出口，但须提交原进口清关文件。报废没有相关要求。

（五）企业须缴纳的其他税种

1. 不动产收益税

不动产租赁出租人需代扣收益的10%缴纳税款。该税款在出租方收到出租收益的次月进行缴纳，逾期需要缴纳滞纳金。

2. 地产物产税

商业地产物产税为价值的1.5%，按年支付。此处的价值指的是构成该地产物业所发生的由企业归集的符合税法要求的成本的总和减去摊销和递减项后的净值，由企业自行计算缴纳，在实务中，存在税务稽查，如果税务认定价值和申报存在差异，税务有权利予以调整并补交差价及罚款。

3. 公司特别税

公司特别税主要是针对大额投资（大于1000万美元）开发或利比里亚

政府鼓励进行的行业的扶助政策。主要指企业所得税或其他税收的减免和优惠。一般情况下需要经过申请、复议等一系列程序。更多的时候需要投资方和当地政府或管理部门商讨确定。

4. 营业许可税

有限责任公司每年 900 美元；合伙企业每年 800 美元；独资经营 700 美元。缴纳时间为注册日期的次月。

5. 占地税

税率 10%。占地税的认定为每平方米 50 利比里亚元或者租赁费用总额中取孰高者征税，由土地持有人按年缴纳或由土地租赁人从租赁费用中代扣代缴，缴纳日期为租赁费用发生的次月。每年均需缴纳。

（六）社会保障金

1. 缴纳原则

利比里亚社保金的缴纳原则为受雇佣的在职工作人员必须缴纳。利比里亚劳工部规定，外籍人员需申报后根据工资情况，与本地员工相同标准缴纳社保。合计为工资收入的 10%，其中雇主缴纳 6%，雇员自身缴纳 4%。

2. 外国人缴纳社保规定

根据利比里亚《劳工法》规定，任何公司要引进外籍雇员，首先需由劳工部颁发许可证，表明利比里亚国内无利比里亚籍公民可胜任该岗位。除此之外，还需办理以下手续：

（1）办理居留证。在利比里亚停留时间超过 1 个月的外籍人员需在利比里亚移民局办理居留证，有效期为一年，每年需更新。首次办理的费用为每人 550 美元，一年后的更新费用为每人 300 美元。

（2）办理劳工证。由利比里亚劳工部颁发，有效期为一年，每年需更新，每年每人的费用为 1000 美元，办理劳工证的前提是取得居留证。

（3）缴纳养老保险和工伤保险。在取得劳工证后，必须向财政部和社保局提供每月收入情况，按利比里亚本地员工相同标准缴纳社保及个税。当离开利比里亚并不再返回利比里亚时可申请退还社保金。

第三节 外汇政策

一、基本情况

利比里亚中央银行是管理外汇的部门，管理所有与基金及货币相关的事宜。外汇政策比较宽松，实行自由的外汇管理制度

利比里亚实行美元和利比里亚元共同流通的货币制度。利比里亚元对美元汇率最近波动较大（最新汇率为：1USD 兑换 155LRD），当地币贬值幅度较大，货币管理的宽松程度汇入轻于汇出。外汇汇出手续需要在银行国际汇款单上填写 SWIFT 代码等，以及中间行等信息，如果汇出款与商业行为有关需确保款项已交税，如与采购有关，需出示所付款项的发票及合同等证据。银行根据单笔汇出额（最高 1000 万美元）收取 100~300 美元手续费。

二、居民及非居民企业经常项目外汇管理规定

利比里亚对外汇实行宽松管理政策，在利比里亚注册的外国企业可以在利比里亚当地商业银行开设外汇账户，外汇汇出自由。利比里亚政府对外国企业利润和分配的外汇收入汇出海外无限制。

三、居民和非居民企业资本项目外汇管理规定

利比里亚居民和非居民企业资本项目的外汇管理由利比里亚中央银行控制。执行自由外汇制度，无限制。

四、个人外汇管理规定

旅客入境携带货币现钞限额为每人等值 10000 美元，出境携带货币现钞限额为每人等值 7000 美元，未向海关如实申报将面临 25% 的高额罚款。个人外汇利比里亚每人每天限额 5000 美元汇出。

第四节　会计政策

一、会计管理体制

（一）财税监管机构情况

利比里亚税务局是利比里亚财税的监督管理机构，按利比里亚税法监督管理税务征收及汇报工作的执行。然而，利比里亚也有其他一些日常的监督管理机构，比如劳工部及移民局等。这些机构要求定期提交一些报告，比如移民局的半年报告、劳工部的季度报告等。如果在石油行业，利比里亚石油公司则监督规范相应的经营活动；如果在银行或财务行业，则由利比里亚中央银行监督规范相应的经营活动；如果在矿产行业，则由利比里亚土矿能源部监督规范相应的经营活动等。

（二）事务所审计

利比里亚对税务申报实行事务所审计后进行年终申报的制度。但是每个纳税主题最终需利比里亚税务局自行进行最终审计后出具审计报告。在每个年末，根据限额门槛规定确定是否需要提交所得税单（Income Tax Return），年收入在 300 万当地币及以上就要求提交所得税单。原则上一旦提交所得税单后就应得到审计，然而实际情况往往是不能立即得到审计人员的审计，因为利比里亚政府的工作效率及人员配置往往不能在短期内审计所有的企业，需要花费一定的时间。如果所提交的税单在五年内未得到审计，则之后不能再对那一年份进行审计。然而，如果要求提交税单但未提交税单，在十年内有权对相应的年份进行审计。

（三）对外报送内容及要求

会计报告中主要包含以下内容：①企业基本信息，行业分类、经营范围、股东情况、公司地址、银行账户信息、税务登记号等；②企业经营情况表，资产负债表、利润表；③披露信息，费用类、资产类；④关联交易中，采购定价相关的证明材料及交易申明。

2. 上报时间要求：会计报告须按公历年度编制，于次年的 3 月 31 日前完成。

二、财务会计准则基本情况

在会计核算方面利比里亚没有单独颁布会计政策和法律法规。在利比里亚企业通常采用一般公认会计原则（GAAP）或国际会计标准（IAS）或国际财务报告准则（IFRS），故财务会计准则相关情况按照一般公认会计原则进行填报。

（一）适用的当地准则名称与财务报告编制基础

利比里亚当地没有相关的会计准则法律法规，财务报告编制按照国际财务报告准则为基础。

（二）会计准则使用范围

所有在利比里亚企业都应当根据一般公认会计原则进行财务核算，并按照国际财务报告准则编制财务报表。

三、会计制度基本规范

（一）会计年度

公历年，即每年 1 月 1 日—12 月 31 日为一个会计年度。当年成立的企业以成立之日至当年 12 月 31 日为会计年度进行核算。

（二）记账本位币

利比里亚的官方货币为美元及利比里亚币，会计报告两种币种都可选择，税务支付也可选择两种货币中的一种。

利比里亚所有的会计报告信息包含的支撑资料都必须为英语。

（三）记账基础和计量属性

记账基础：纳税人出于缴税目的可选择收付实现制或权责发生制会计方式，只要其会计方式和应用程序可以有效反映纳税人的收入情况。

计量属性：根据一般公认会计原则，以历史成本计量基础属性。会计假设主要包含经营主体、货币计量、持续经营和会计分期；一般原则包含公开性、相关性、谨慎性、重要性等。

四、主要会计要素核算要求及重点关注的会计核算

（一）现金及现金等价物

在资产负债表上表示现金及现金等价物价值的一项资产，融资期限为3个月或3个月以内，具有高度流动性，属于现金或随时可以转换为现金。主要有库存现金、银行存款和其他非货币性资金。

（二）应收款项

应收账款是指企业在正常的经营过程中因销售商品、产品、提供劳务等业务，应向购买单位收取的款项，包括应由购买单位或接受劳务单位负担的税金、代购买方垫付的各种运杂费等。根据一般公认会计原则，应收账款应当按不同的购货或接受劳务的单位设置明细账户进行明细核算。

（三）存货

存货是指企业在日常活动中持有以备出售的产成品或商品、处在生产过程中的在产品、在生产过程或提供劳务过程中耗用的材料或物料等，包括各类材料、在产品、半成品、产成品或库存商品以及包装物、低值易耗品、委托加工物资等。

对于通常不能直接交换的存货项目以及为特定项目生产和存放的货物或劳务，其成本应按它们个别成本的具体辨认法加以确定。除此以外，应按先进先出法或加权平均成本法加以确定。存货后续计量应按成本与可变现净值中的低者来加以计量。

（四）长期股权投资

因利比里亚企业采纳按照国际财务报告准则编制财务报表，国际财务报告准则中没有单独的长期股权投资准则，对于长期股权投资的会计处理是通过《国际财务报告准则第27号——合并财务报表和单独财务报表》《国际财务报告准则第28号——对联营企业的投资》《国际财务报告准则第31号——合营中的权益》这三个准则来规范的。

（五）固定资产

固定资产是指企业为生产产品、提供劳务、出租或者经营管理而持有的、使用时间超过12个月的，价值达到一定标准的非货币性资产。根据一

般公认会计原则要求，固定资产以历史成本进行会计计量，企业应当选定一种折旧方法进行折旧，且选定的折旧方法不得随意变更。

利比里亚对固定资产折旧分类为重型设备和轻型设备。

重型设备主要是指：拖拉机、通信塔、动力支撑塔、20 人以上的客车、飞机、船舶、重型卡车（5 吨以上空载）和类似设备。

轻型设备主要是指乘用车、办公家具、计算机、打印机、电话、20 人以下的客车或客车、轻型卡车（空重不足 5 吨）和类似设备。

重型设备的年折旧率为设备净值的 40%，轻型设备的年折旧率为设备净值的 30%。无折旧年限限制。对于折旧后净值低于 1000 美元的固定资产，可以在当年度一次性摊销。

（六）无形资产

无形资产，指为用于商品或劳务的生产或供应，出租给其他单位，或管理目的而持有的没有实物形态的可辨认非货币资产。

当且仅当满足以下条件时，无形资产应予确认：归属于该资产的未来经济利益很可能流入企业；该资产的成本可以可靠地计量。

（七）职工薪酬

职工薪酬是指企业为获得职工提供的服务或解除劳动关系而给予各种形式的报酬或补偿。主要包括：①职工工资、奖金、津贴和补贴；②职工福利费；③各项社会保险费；④非货币性福利；⑤因解除与职工的劳动关系给予的补偿；⑥其他与获得职工提供的服务相关的支出。利比里亚劳工部规定，企业雇佣当地工人每天工作时间不得超过 8 小时且不得连续工作超过 6 小时，超过部分应当发放加班费。

（八）收入

收入，是指企业在一定的期间内，由正常经营活动所产生的经济利益流入的总额。该流入仅指引起权益增加的部分，而不包括企业投资者出资引起的部分。

当以下所有的条件均得到满足时应确认商品销售的收入：①企业已将与商品所有权有关的主要风险和报酬转移给买方；②企业不再继续保有与所有权有关的管理权或不再对已售出商品进行实际的控制；③收入的金额能够可靠地计量；④与该交易有关的经济利益很可能流入企业；⑤与该交

易有关的已发生或将要发生的费用能够可靠地计量。

2018 年起，国际财务报告准则的新收入准则开始实施。在履行了合同中的履约义务，即在客户取得相关商品或服务的控制权时确认收入。对于在某一时段内履行的履约义务，在该段时间内按照履约进度确认收入，并按照一定方法确定履约进度。履约进度不能合理确定时，已经发生的成本预计能够得到补偿的，按照已经发生的成本金额确认收入，直到履约进度能够合理确定为止。

（九）政府补助

政府补助，是指政府以向一个企业转移资源的方式，来换取企业在过去或未来按照某项条件进行有关经营活动的援助。这种补助不包括那些无法合理作价的政府援助以及不能与正常交易分清的与政府之间的交易。

（十）借款费用

借款费用，是指企业发生的与借入资金有关的利息和其他费用。借款费用包括：①银行透支、短期借款和长期借款的利息；②与借款有关的折价或溢价的摊销；③安排借款所发生的附加费用的摊销；④按照《国际会计准则第 17 号——租赁会计》确认的与融资租赁有关的财务费用；⑤作为利息费用调整的外币借款产生的汇兑差额部分。

（十一）外币业务

外币交易是指以外币计价或要求以外币结算的一种交易，包括企业在下列情况下产生的交易：①买入或卖出以外币计价的商品或劳务；②借入或借出以外币为收付金额的款项；③成为尚未履行的外币交易合同的一方；④购置或处理以外币计价的资产，或者产生或结算以外币计价的债务。

1. 初始确认

外币交易在初次确认时，应按交易日报告货币和外币之间的汇率将外币金额换算成报告货币予以记录。

交易日的汇率通常是指即期汇率。为了便于核算，常常使用接近交易日的汇率。例如，一个星期或一个月的平均汇率可能用于在当期发生的所有外币交易。但是，如果汇率波动较大，那么使用一个时期的平均汇率是不可靠的。

2. 在随后资产负债表日的报告

在每一个资产负债表日：①外币货币性项目应以期末汇率予以报告。②以外币历史成本计价的非货币性项目应采用交易日汇率予以报告。③以外币公允价值计价的非货币性项目应采用确定价值时存在的即期汇率予以报告。

利比里亚通用货币为美元和利比里亚元，要求会计业务选定一种货币业务进行核算。

（十二）所得税

本期税款费用或税款减免，是指在损益表中借记或贷记的税款金额，不包括与本期损益表未涉及的那些项目有关的以及分配到那些项目中的税款金额。

本期税款费用应在纳税影响的会计方法的基础上，使用递延法或负债法来确定。

根据纳税影响的会计方法，所得税被视为企业在获取收益时发生的一种费用，并应随同与它们有关的收入和费用计入同一期间内。时间性差异所产生的纳税影响应包括在损益表的税款费用以及资产负债表的递延税款余额中。常用的会计方法有递延法和负债法。

本章资料来源：

◎《利比里亚税收法典》

第二章　卢旺达税收外汇会计政策

第一节 投资环境基本情况

一、国家简介

卢旺达共和国（英语：The Republic of Rwanda ；法语：République du Rwanda），简称卢旺达，是位于非洲中部和东部的主权国家。坐落在赤道以南，与乌干达、坦桑尼亚、布隆迪和刚果民主共和国接壤，被誉为"非洲的心脏"。全国人口 1200 万左右，国土面积 26338 平方公里，在世界各国中名列第 148 位，首都及最大城市为基加利。基督教是该国第一大宗教。主要语言是卢旺达语，与法语和英语并列为该国的官方语言。法定货币为卢旺达法郎（RWF）。境内多山，有"千丘之国"的美誉。卢旺达的法律制度很大程度上基于德国与比利时大陆法系。

二、经济情况

卢旺达是联合国公布的世界最不发达国家之一。卢旺达 1994 年的内战和大屠杀事件使国家经济一度崩溃。新政府采取了一系列恢复经济的措施，包括发行新货币、改革税收制度、实行汇率自由浮动、私有化等。通过这些措施，经济得到逐步恢复。2016 年国内生产总值（GDP）为 83.76 亿美元，较 2015 年增长 5.9%，人均国内生产总值为 702.84 美元。[①] 卢旺达的工业规模较小，生产的产品包括水泥、农产品、小瓶饮料、肥皂、家具、鞋类、塑料制品、纺织品和香烟。采矿业是重要的出口产业。卢旺达主要的出口市场包括中华人民共和国、德国和美国。咖啡和茶叶是主要的出口经济作物。卢旺达的旅游业增长迅猛，已成为该国最重要的外汇收入来源。国家的中央银行是卢旺达国家银行。卢旺达是联合国、非洲联盟、法语圈国际组织、东非共同体和英联邦的成员国。

---

① 数据来源，驻卢旺达使馆经商处官网，卢旺达法郎折美元折算汇率为 790.11 卢旺达法郎兑换 1 美元（http: //rw.mofcom.gov.cn/article/jmxw/201703/20170302535427.shtml）。

三、外国投资相关法律

卢旺达对外国投资没有太多限制。卢旺达政府成立后，为消除国内贫困现状，出台了一系列新的法案政策，以期加大引进外资的力度，促进国内经济的跨越发展。卢旺达 2005 年颁布的《促进投资和出口法》明确规定，外国投资者可以享受和境内投资者一样的优惠政策和设施，并且可以投资参与境内的所有商业活动。《促进投资和出口法》的颁布对于外资引进具有十分重要的意义。法律允许外国投资者通过独资、合资等方式新设企业，也允许通过收购当地公司或兼并等方式进入卢旺达市场。外资收购一般通过投标进行，由卢旺达发展委员会（RDB）具体负责实施及指导。相关数据显示，卢旺达平均不到 24 小时就能成立一家公司。

根据卢旺达移民总署 2017 年发布的新签证政策公告，卢旺达 2018 年起对所有国家开放落地签证。所有国家的公民都可以获得有效期最长为 30 天的卢旺达落地签证，而不需要提前申请。同时，外国投资者的亲属和被视为其亲属的人员可以获得居留许可证；投资了至少 25 万美元等额金额的注册投资者，可以聘请 3 位外国雇员，并无需证明卢旺达劳动力市场上拥有该学识技能的人员缺乏或者不够。

四、其他

世界银行《2017 年全球营商环境报告》显示，卢旺达在 190 个经济体中排第 56 位，在非洲排名第二。世界经济论坛《2016—2017 年全球竞争力报告》显示，卢旺达排名为非洲第三。2017 年，世界经济论坛（WEF）对 136 个国家进行调查并公布了一份报告。报告显示，卢旺达是 2017 年世界上最安全的国家之一，排名进入全球前十。此外，《全球竞争力报告》还显示，卢旺达政治清廉度全球排名第九、非洲排名第一。与其他大部分非洲国家相比，卢旺达的腐败程度较为轻微。

卢旺达政府采取了一系列吸引投资的措施后，投资者进入卢旺达程序相较周边国家更为简便快捷，但卢旺达在税收、环保等相关法律方面对在卢旺达经营的企业要求比较严格。

第二节 税收政策

一、税法体系

卢旺达税法体系由一系列法律、部令和总监察的裁定构成。主要税收法律包括：2001 年 1 月 20 日颁布的 2001 年第 6 号法律《增值税法》；2002 年 7 月 18 日颁布的 2002 年第 25 号法律《进口税法》；2005 年 12 月 4 日颁布的 2005 年第 25 号法律《税收程序法》等。相关的部令有以下几个：2007 年 5 月 9 日 08/03 号总理令《关于税收申诉委员会的建立、组成和职能的规定》；2007 年 5 月 9 日 002/07 号部令《执行税收程序法的规定》；2007 年 5 月 9 日 003/07 号部令《进口税法律体系建立的执行规定》等。

卢旺达大部分产品在出口美国、欧盟时均享受免税待遇。作为世界上最不发达的国家之一，卢旺达是多个地区性、国际性组织的成员，已签署《除武器外全部免税协议》EBA 协议和《非洲增长与机遇法案》AGOA 协议。协议中协定，绝大多数原产于卢旺达的货物出口到美国、欧盟时均享受免税待遇。97% 原产于卢旺达的商品出口到中国时享受免关税待遇，但目前和中国没有签订相关的税务协定。

二、税收征管

（一）征管情况介绍

卢旺达实行税收中央集权制，税收立法权、征收权、管理权均集中于中央，由财政和经济计划部主管。主要的税法由财政和经济计划部制定，报国会审议通过，由总统颁布。财政和经济计划部下设税务总局和卢旺达国家银行，税务总局被授权解释并执行税法及实施条例，同时税务总局设常务总干事（指导和协调税务局各部门）、运营服务部（税法制定和税收信息收集和稽查）、税务培训部（对相关机构和个人进行税务培训），所征收税款统一缴纳国家司库。缴税申报地点按照管理层级划分，分别是基加利税务总局和其他地方税务部门。企业征收类型分大型企业和中小型企业分别管理。

（二）税务查账追溯期

税务部门对企业进行税务稽查。税务部门通过对企业采取翻看记账凭证的传统方式来实地稽查，核定企业是否足额纳税。根据相关规定，税务部门可对企业五年内的纳税资料和账务资料进行核查。对偷税、抗税、骗税的，税务机关将对其追征相应的未缴、少缴的税款，滞纳金，或所骗取的税款。上述款项不受期限的限制。

（三）税务争议解决机制

卢旺达没有专门成立部门用于解决税务争议问题，在卢旺达税务纠纷机制主要有以下三个方式。

协商解决：税务局与争议当事人通过协商解决问题，不需要通过上级税务行政机关和司法机关，一般首先通过税务局运营服务部反映税务争议，若协商成功将与通过税务局常务总干事出具协商后的税务判定书。协商解决可以减少争议双方的矛盾，缩短争议解决的时间，减少争议解决的环节。但协商解决争议是解决方式中法律效力最低的一种，不确定因素较多，同时会涉及咨询费用。这种解决方式是目前使用最多的一种解决方式，也是成本耗费最低的一种解决方式。

诉讼解决：如果通过协商还无法调解税务争议问题，可以通过卢旺达商事法庭诉讼解决。该方式是法律效力最强，但诉讼成本较高，并可能引起税务局对企业其他潜在税务问题采取报复性罚款。企业可以聘请专业机构进行税务诉讼事项，同时提供相应的诉讼材料，通过法院进行税务诉讼，但时间周期较长，诉讼费用较高。

其他方式：由于政府层面协调不到位，导致的税务纠纷事项，在处理税务纠纷过程中，可以通过政府部门之间沟通机制来解决。比如与业主卢旺达基础设施部签订的基建合同，由于资金来源为中国，合同内有条款为该项目免除一切卢旺达税务，但是在后面税务局对该项目的审计过程中，认为应该补缴企业所得税，要求企业补缴巨额企业所得税。最后通过与基础设施部、财政和经济计划部及以税务总局协商，最后达成基础设施部承担免税项目需补缴的巨额企业所得税，企业成功通过政府部门之间沟通机制推动解决税务纠纷问题。

三、主要税种介绍

（一）企业所得税

1. 征税原则

根据卢旺达法规，居民企业是指依法在卢旺达境内成立，或者是在境外成立但实际管理机构在卢旺达境内的企业。居民企业需就全球收入在卢旺达缴纳企业所得税，而非居民企业仅就来源于卢旺达的收入缴纳企业所得税。卢旺达注册的企业必然是居民企业而实际管理机构设在卢旺达的外国公司也可能被认定为卢旺达居民企业。

2. 税率

年营业额超过 2000 万卢旺达法郎的企业所需缴纳所得税为利润总额的 30%。营业额不超过 200 万卢旺达法郎的微型企业，不需缴纳所得税；年营业额小于 400 万卢旺达法郎大于等于 200 万卢旺达法郎的微型企业缴纳 6 万卢旺达法郎所得税；年营业额小于 700 万卢旺达法郎大于等于 400 万卢旺达法郎的微型企业缴纳 12 万卢旺达法郎所得税；年营业额小于 1000 万卢旺达法郎大于等于 700 万卢旺达法郎的微型企业缴纳 21 万卢旺达法郎所得税；年营业额小于 1200 万卢旺达法郎大于等于 1000 万卢旺达法郎的微型企业缴纳 30 万卢旺达法郎所得税；对于年营业额从 1200 万 ~2000 万卢旺达法郎的小型企业征收的所得税为营业额的 3%。

3. 税收优惠

卢旺达政府及其以下实体免缴公司所得税：基加利市及各县、区行政部门；卢旺达国家银行；仅从事宗教、人道、慈善活动的实体（但经证实其收入大于支出或从事营利活动的实体除外）；国际协议规定免税的国际组织；技术合作项目的办事机构及其代表处；有管理资质的养老基金；卢旺达社会保险局；卢旺达发展银行。

在卢旺达注册资产的风险投资公司，从确定之日开始为期五年的时间企业所得税为 0。然而一个注册投资实体在自由贸易区经营的或者在卢旺达有总部的并且满足卢旺达投资促销中的法律规定的外国公司，可享受企业所得税为 0、投资者可以免税获得全部投资利润等优惠。

在卢旺达资本市场上市的公司，五年内可享受所得税税率优惠政策。

具体政策为：公众持股数不低于 40% 的上市公司按照 20% 税率收取所得税；公众持股数不低于 30% 的上市公司按照 25% 税率收取所得税；公众持股数不低于 20% 的上市公司按照 28% 税率收取所得税。

4. 所得额的确定

《所得税法》规定，应纳税所得额是指企业每一纳税年度的收入总额，减除不征税收入、免税收入、各项扣除及允许弥补的以前年度亏损后的余额。企业应纳税所得额的计算，以权责发生制为原则，属于当期的收入和费用，不论款项是否收付，均作为当期的收入和费用；不属于当期的收入和费用，即使款项已经在当期收付，均不作为当期的收入和费用。根据《所得税法》第 22 条款，以下费用为不可扣除费用：支付给董事会成员的现金形式的津贴、董事费及其他类似费用；公布的股息及分配的利润；对用卢旺达法郎以外货币记账的借入款按照超过纳税年度之初伦敦银行同业拆借利率高 1% 的利率所支付的利息金额；备用税金、准备金和其他特殊用途的基金。本法另做规定的基金除外；罚款和其他类似罚金；超过营业额 1% 的捐赠以及不论金额为多少但以营利为目的的赠与社会组织的其他各类捐赠；执行本法或在国外缴纳的利润税以及可返回的增值税；个人消费支出；消遣娱乐支出。

亏损弥补年限。纳税人某一纳税年度发生亏损，准予用以后年度的应纳税所得弥补，一年弥补不足的，可以逐年连续弥补，确定营业利润时若发现某一税务年度出现亏损，则可从随后的五个税务年度扣除亏损，源自国外的亏损既不能扣除源自卢旺达的同一税务年度内的利润总额也不能减除源自卢旺达的未来利润总额。

5. 反避税规则

（1）关联交易。企业与关联方之间的收入性和资本性交易均需遵守独立交易原则。目前卢旺达在当地形成产业链企业并不多，税务机关对关联企业的关注度并不高。

（2）转让定价。卢旺达《所得税法》规定，为了确保转让价格公正性，当从事商业或金融业务的关联企业不遵守确保交易双方保持独立的条件时，如果被查出存在事实上的转让定价行为，则卢旺达税务局可按照规定要求相关企业重新计算应税所得额。

6. 征管与合规性要求

卢旺达的企业所得税应纳税所得额为当年财务报表利润加减各种纳税调整项目。每个纳税年度为日历年度，次年 3 月递交上一年度企业所得税申报表。企业应当上报经过社会中介机构审计的上年度财务报表和据此计算的应纳税金额，并在 3 月 31 日办理税金缴纳。

分季度预付：在本税务年度内，纳税人应最迟于应税经营活动发生当年的 6 月、9 月、12 月的最后一天分别向税务行政机关缴纳金额为上一税务年度纳税申报单给出的应交税款 25% 的预付税金。

（二）增值税

1. 征税原则

卢旺达增值税的纳税人包括所有消费本地或进口的商品和服务的个人。所有卢旺达境内的应税供应；以及所有应税的进口产品及服务，包括由任何人进行的任何产品的进口和由业务经营地处于卢旺达境外的服务提供商向卢旺达境内的消费者提供的进口服务。

2. 计税方式

根据卢旺达增值税法规，增值税报税表和有关款项应在下个月的第 15 天之前每月付给卢旺达税务局（RRA）。但是，年营业额在 2 亿或以下的纳税人可以选择按季度或每月提交增值税申报表或付款。

3. 税率

增值税的税率为 18%。

4. 增值税免税

在卢旺达提供供水服务、卫生用品、教育服务、作为教育材料的书籍类、运输服务、土地出售或租赁类的服务、殡仪服务、供国内使用的煤油（石蜡）、所有未加工的农业和畜牧业产品（本地加工的牛奶免征）、电子产品，此外还包括拥有投资证书的人进口的部分货物及服务，均享受增值税免税待遇。货物和服务的出口应按 0% 的税率征收增值税。对特权人员的供应，如为外交使团公务目的的进口的货物，根据卢旺达政府与捐助者之间的特别安排提供的用品，以及根据特别技术援助协定提供的用品或进口品，应按 0% 的税率征收增值税。凡有权获得对其收到的货物或供应品零评级的人，必须在收到货物或用品时缴纳增值税，然后申请退还已支付的增值税。

5. 销项税额

销项税额是指增值税纳税人销售的货物或应税劳务，按照销售额和适用税率计算，并向购买方收取的增值税税额。卢旺达销项税额按应税销售额的 18% 来计算。

6. 进项税额抵扣

《增值税法》第 44~46 条规定下列增值税进项税额可以抵扣：具有纳税人识别号（TIN）的增值税发票；海关进口单据。第 43 条规定以下情况不允许抵扣：住宿、餐饮、观看演出等票据；进口后再出口的商品；虚假发票、虚假海关的申报；增值税缴纳已超过三年的。

7. 征收方式

卢旺达税法规定卢旺达政府因采购商品或服务支付的款项，其增值税部分由卢旺达政府代扣代缴。

其他增值税由纳税人自行申报缴纳，政府部门鼓励通过网上银行缴纳税费。

8. 征管与合规性要求

增值税按月申报，截止日期为次月 15 日。逾期申报、未申报以及逃税将被处以罚款。

9. 增值税附加税

卢旺达无增值税附加税。

（三）个人所得税

1. 征税原则

居民个人就全球收入纳税；非居民个人只就其源于卢旺达的所得纳税。个税起征点为：年度总收入不超过 36 万卢旺达法郎，免除征收个税。

2. 申报主体

以个人为单位进行申报，申报的时候参照家庭情况，婚姻状况和子女数量，由所在企业或者政府机构代扣代缴，并于次月 15 日前申报缴纳。

3. 应纳税所得额

根据卢旺达《所得税法》第二章第二节对个人下列收入征收个人所得税：财产收入；工业、商业及手工艺收入；工资薪金及各种补贴；非商业性收入；动产收入；资本性收入；各种福利收入。

4. 扣除与减免

为雇员缴纳的养老金、非卢旺达国籍的人员受聘于某一外国政府的个人所得，以及受卢旺达政府签订的某一协议监管的某一非政府组织为卢旺达提供援助服务名义获取的个人所得，都应从聘用应税所得的计算中扣除。

5. 税率实行累进税率

表2-2-1 卢旺达个人所得税超额累进税率表

单位：卢旺达法郎

序号	年收入	税率
1	0~360000	0%
2	360001~1200000	20%
3	1200001 及以上	30%

数据来源：卢旺达《所得税法》第12条。

6. 征管与合规性要求

个人所得税按月申报，截止日期为每月15日。逾期申报、未申报以及逃税将被处以罚款。

（四）关税

1. 关税体系和构成

卢旺达是世界上为数不多的，仍使用单式税则的国家之一。关税类型多为从价税。

物资进口关税一般分为临时进口和消费进口两种。消费进口即完税进口。临时进口则享受免税待遇，一般可以免的税种有：进口关税、消费税、增值税，但货物的商检费（货物到岸价格的0.2%）与信息录入费（按3000卢旺达法郎/笔申报单收取）不予免除。

有关设备报废方面，若进口的设备、车辆等为临时进口，欲在当地办理设备报废前，应向当地海关、税务部门提出报废申请。报废设备按照使用年限、设备使用情况予以折旧后，向海关进行申报。参照海关部门核准的价值缴纳相应的税费后，方可办理设备报废。若设备在当初进口时为完税进口，则不受海关与税务部门的监管，自行按照公司的有关规定办理报废即可。

2. 税率

卢旺达基于《东非共同体海关管理法》征收关税，实行三段式进口关税，即：进口原材料和生产资料税率为0%，进口半成品税率为10%，进口产成品税率为25%。

3. 关税免税

根据卢旺达法规，将对下述情况免征进口关税：进口机械设备和原材料的投资商；在已注册的投资企业工作的外国投资者或外籍雇员，供本人使用的一辆汽车和海关规定的个人和家居用品免征进口关税；私立教育机构的投资者；进口特殊车辆（如酒店班车、冷藏车、观光车、救护车和救火车）的投资者；对进口运载游客飞机的投资者；进口医疗设备、药品、农业设备、畜牧和渔业投入的商品的投资者。

4. 设备出售、报废及再出口的规定

以免税项目名义进口的临时进口设备，不需缴纳关税，但是不能随意转让、转场和出售。若出售、报废或者再出口临时进口设备需根据设备残值补交关税。

永久进口设备的主要特点为：关税由采购单位一次性交付，设备处置权限归项目。

（五）企业须缴纳的其他税种

1. 消费税

消费税征收范围为本地生产的以下商品：

表2-2-2　消费税应税物品及税率表

序号	应税物品	税率
1	矿泉水	10%
2	果汁	5%
3	苏打水，柠檬水	39%
4	啤酒	60%

续表

序号	应税物品	税率
5	白兰地，烈酒及威士忌	70%
6	酒	70%
7	烟草	150%
8	电话通信	3%
9	1.5L 排量的汽车	5%
10	1.5L~2.5L 排量的汽车	10%
11	2.5L 排量以上的汽车	15%
12	燃油和润滑油	76%
13	奶粉	10%

数据来源：卢旺达《消费税法》第 1 条。

2. 预提税

发薪时预提：长期雇员按照个人所得收入分档，临时雇工 15%，第二个雇主 30%。收入预提税的税率为 15%，征收范围为红利、产权、版税、服务费（包含管理和技术服务费，支付给演员、演奏者和运动员的表演费），以及拥有居所的个人或实体（包括免税的实体通过抽奖和其他博彩活动的所得）。进口预提税，即：因商业用途进口的商品，在海关免税仓库提出之前，在海关缴纳商品到岸价格的预提税，税率为到岸价格（CIF）的 5%。

公开招标预提税，发票总金额（不包含增值税）的 3%。

季度预缴，上年申报所得税额的 25%。①

3. 租金收入税

租金收入税的纳税对象是从卢旺达境内的出租建筑物获取租金收入的个人。任何拥有该收入的人均为纳税人，其缴税金额所指的租金收入从上年的 1 月 1 日计算至 12 月 31 日。

应缴纳税收的收入包括租赁所有或部分建筑物所获得的收入、租赁全

① 数据来源：卢旺达《税法》第四章预提税第 48~54 条。

部或部分改建房产所获得的收入、引起租金收入增加的任何活动。应缴纳税收的收入是租金总收入减去其总额的 50% 所得的金额，减去的部分看成是纳税人保养和维护租赁财产所需的费用。任何符合上述规定的出租房产的产权所有人都应缴纳租金收入税，并在每年的 3 月 31 日前提交文件、进行正式的纳税申报。

税率。租赁房产获得的年收入为 18000~100000 卢旺达法郎，税率为 0%；租赁房产获得的年收入为 180001~1000000 卢旺达法郎，税率为 20%；租赁房产获得的年收入超过 1000000 卢旺达法郎，税率为 30%。

4. 营业执照税

任何在卢旺达从事商业活动的人员都要支付营业执照税，该税收年度为每年的 1 月 1 日至 12 月 31 日。如果盈利活动从 1 月开始营业，纳税人则要负担整年的营业执照税。如果商业活动是 1 月后才开始，纳税人缴纳的营业执照税从开始营业的月份算起，直到年末。从事季节性或周期性商业活动的人员，虽然不是整年进行商业活动，但是纳税人须缴纳整年的营业执照税。纳税申报应不晚于该税收年度的 3 月 31 日。

征收营业执照税的标准如表 2-2-3 所示计算：

表2-2-3　征收营业执照税标准

单位：卢旺达法郎

营业额	应缴纳的税收
1~40000000	60000
40000000~60000000	90000
60000000~150000000	150000
150000000 以上	250000

数据来源：《营业执照税法》第 12 条。

5. 燃油设施税

卢旺达政府决定从 2015 年新财政年度（7 月 1 日）起，开征燃油设施税，从每升汽柴油中征收 32.73 卢旺达法郎（约占燃油价格的 5%），此项税费由燃油供应商代扣代缴。

6. 财产税

财产税在卢旺达属于地方税，由地区行政机构征收，但为了提高税收的效率，卢旺达税务局代收并代管财产税。卢旺达财产税主要对房屋和已注册但并未开发的土地征收，有人居住的房屋和签署了长期租约、收入合同或租约的注册土地（未开发）和未注册土地均要缴纳该税。

表2-2-4 居住的房屋财产税税率

单位：卢旺达法郎/平方米

房屋所处位置	税率
基加利	50~210
其他城市	50~130
商业中心	25~96
其他地方	5~55

表2-2-5 已注册但并未开发的土地财产税税率

单位：卢旺达法郎/平方米

土地所处位置	税率
基加利市	20~50
其他城市	10~20
商业中心	1~10

农村地区的税率由该地区或城镇委员会制定，但是每公顷的税收不能超过1000卢旺达法郎。如果某人拥有的土地超过了20公顷，超过的部分要按照每公顷1001~2000卢旺达法郎的税率缴税。

（六）社会保险金

1. 征税原则

卢旺达的社会保险分为养老保险和失业保险。计算社会保险缴纳额的依据是雇员的工资总额。工资总额包括工资收入、加班工资及其他依法取得的个人收入。社保比例为工资的8%，其中6%为养老保险，养老保险的3%为企业承担，3%为雇员自己承担。2%为失业保险金，由企业承担，于次月15日之前申报。

2. 外国人缴纳社保规定

外国人在卢旺达工作需要缴纳社会保险金。目前中国政府和卢旺达政府未签订社保互免协议，中方人员在卢旺达缴纳的社保金在离开卢旺达时无法申请退还。

第三节　外汇政策

一、基本情况

卢旺达外汇管制较为宽松。为了便于国际贸易和国际资本流动的正常进行，提高外商对该国投资的积极性，美元、欧元等国际主流货币可自由兑换，投资本金及利润被允许自由汇回。

1995 年，卢旺达政府实施货币自由兑换政策，建立了市场决定的浮动汇率体系。在该体系下，贷款和存款的利率都是自由浮动的。

卢旺达外汇进出自由，但 2 万美元以上的外汇需要提供相关发票或合同等证明材料。

二、居民及非居民企业经常项目外汇管理规定

（一）货物贸易外汇管理

卢旺达外汇业务无需单独申请外汇管理部门许可，货物采购款汇出需要提供采购材料合同、采购发票等单据；外币资金汇入目前无政策方面的限制。通过银行账户支付外汇工资，需要提供根据相应当地币缴纳的个人所得税凭单和工资申请单，但并无申请支付上限限制。

（二）服务贸易外汇管理

服务贸易外币汇出需要提供服务贸易合同、相关发票等支持性文件方可汇出，同时由于卢旺达各类银行在开户时会要求提供在卢旺达注册文件，所以只有在卢旺达注册的企业方可在银行办理开户、汇款等业务。

（三）跨境债权债务外汇规定

在购汇时需要提供：双方签署的借款协议，还款时间表，收款证明材料；如提前还款，需借款人书面同意。卢旺达对于债权债务外汇汇出无金

额限制。

（四）外币现钞相关管理规定

美元等外币现钞可自由兑换、流通。

三、居民企业和非居民企业资本项目外汇管理

（一）外汇账户相关管理规定

在卢旺达注册的公司需携带公司批文方可在任意一家银行开立外汇账户。外汇账户数量上也没有任何限制。在账户管理上，卢旺达并无特殊规定，等同于当地币账户。

（二）所在国其他特殊外汇管理规定

卢旺达对企业资本项目外汇管理无其他特殊规定。企业在卢旺达经营所得利润可自由汇出。

四、个人外汇管理规定

个别银行规定外汇账户外币现金提取需收取一定手续费。手续费比率可跟银行商谈。卢旺达携带现金出入境时，个人出关最多可携 5000 美元或等值的现钞。

第四节　会计政策

一、会计管理体制

（一）财税监管机构情况

在卢旺达注册的企业如果有经济业务发生，均需按照国际财务报告准则 IFRS 要求建立会计制度进行会计核算。卢旺达财税监管机构为卢旺达财政经济部下属的税务总局，税务局根据企业规模大小进行分类，由税务局常务总干事下属的境内大企业联合会、中小企业联合会对企业进行监督管理。卢旺达财政经济部通过颁布各类财政经济类法律法规对财税加强监管，

各企业需要按照统一格式上报会计和税务资料。

（二）事务所审计

需事务所进行审计。每年第一季度末进行上一年度所得税申报的时候，企业出具的年度财务报告，需经卢旺达认可的注册会计师审核签字并加盖会计师事务所公章后，方可提交税务局。

（三）对外报送内容及要求

会计报告中主要包含以下内容。①企业基本信息，行业分类、经营范围、股东情况、公司地址、银行账户信息、税务登记号等；②企业经营情况表，资产负债表、利润表等；③披露信息，费用类、资产类、关联交易等。

上报时间要求：每年第一季度末进行上一年度所得税申报的时候，企业出具的年度财务报告，需经卢旺达认可的注册会计师审核签字并加盖会计师事务所公章后，于次年第一季度末前提交给税务局。

二、财务会计准则基本情况

（一）适用的当地准则名称与财务报告编制基础

卢旺达的会计处理和财务编报基础采用 IFRS 国际财务报告准则（International Financial Reporting Standards）。卢旺达财政部将在 IFRS 国际财务报告准则的基础上进一步对会计处理进行规范和细化。

（二）会计准则使用范围

所有在卢旺达注册的企业均需按照会计准则进行会计核算并编制报表。同时非营利组织和非政府组织也需编制财务报表。

三、会计制度基本规范

（一）会计年度

卢旺达的会计年度为：1 月 1 日—12 月 31 日。

（二）记账本位币

卢旺达没有明确的法律或者条例来规定记账本位币必须使用某种货币，但是根据《国际会计准则》规定，企业需使用当地流动的法定货币作为记账本位币，因此企业通常使用的记账本位币为卢旺达法郎。

（三）记账基础和计量属性

以权责发生制为记账基础。一般采用历史成本或公允价值对会计要素进行计量。在保证所确定的会计要素金额能够取得并可靠计量时，亦可以采用重置成本、可变现净值、现值等对会计要素进行计量。

四、主要会计要素核算要求及重点关注的会计核算

（一）现金及现金等价物

列示于现金流量表中的现金是指库存现金及可随时用于支付的存款现金等价物。现金等价物是指持有的期限短（从购买日 3 个月以内到期）、流动性强、易于转换为已知金额现金及价值变动风险很小的投资。此外，如果银行透支是公司现金管理的一部分，则应包括在现金等价物中。

（二）应收款项

根据国际会计准则，应收款项的减值损失如果满足一定的条件需要转回。在应付和应收不同方向的金额抵消上，法规规定如果存在法律上的抵消合约则可以抵消。

（三）存货

存货为：商品，原材料，和原材料有关的供应品、半成品、成品，以及在盘点日企业拥有所有权的物资。

存货初始计量以历史成本为计量属性，包括买价以及必要合理的支出。进口货物因清关所发生的相关费用也计入存货的成本。

存货出库有两种核算方法：先进先出法和平均法（移动平均或加权平均）。禁止使用后进先出法。企业应根据存货的性质和使用特点选择适合的方法进行存货的出库核算。

存货跌价准备的计提方法与国内的方法基本一致。企业在期末由于一些不可扭转的原因导致存货价值低于账面价值时，应根据存货的可变现净值与账面价值的差额计提存货跌价准备。存货减值在满足一定的条件时，需予以转回。

（四）长期股权投资

外币业务按照汇率折成本位币卢旺达法郎入账。折算为列报货币时，一般规定为：资产和负债以期末汇率折算，收入和费用以交易发生日的汇率折算。

（五）固定资产

固定资产是指企业为生产产品、提供劳务、出租或者经营管理而持有的，使用时间超过 12 个月的，价值达到一定标准的非货币性资产。固定资产包括房屋、建筑物、机器、机械、运输工具以及其他与生产经营活动有关的设备、器具、工具等。根据规定，不同类别需按照规定的折旧年限进行折旧。

（六）无形资产

无形资产大致包括专利权、非专利技术、商标权、著作权、特许经营权、商誉等。对无形资产所采用的核算方式并无其他特殊规定。

（七）职工薪酬

在应付职工薪酬的会计核算上，卢旺达企业所采用的核算方法与国内所采用的核算方法基本一致。卢旺达共和国《劳动法》规定，员工的工资一般由净工资、税金和社保三部分构成。企业在发放员工工资时，只需将员工净工资部分支付给员工，员工所需承担的个人所得税及社保由企业进行代扣代缴。

（八）收入

卢旺达取得收入确认标准与国内标准类似。当期经营活动中形成的、能基本确定金额且很可能流入企业的经济利益，企业须确认为当期收入。在收入准则中，IFRS 仅规定了收入计量的一般原则，即要求收入以已收或应收对价的公允价值计量，没有根据不同收入确定单独的计量原则。

针对建筑行业，卢旺达规定该行业不适用建造合同收入成本法，而是在取得业主结算确认单后才能确认相应收入。卢旺达国家税务总局以计量发票开出日期来确认收入发生区间。以本期计量金额为本期收入金额。预付款发票、质保金发票均不核算本期收入。

2018 年起，国际财务报告准则的新收入准则开始实施。在履行了合同中的履约义务，即在客户取得相关商品或服务的控制权时确认收入。对于在某一时段内履行的履约义务，在该段时间内按照履约进度确认收入，并按照一定方法确定履约进度。履约进度不能合理确定时，已经发生的成本预计能够得到补偿的，按照已经发生的成本金额确认收入，直到履约进度能够合理确定为止。

（九）政府补助

卢旺达参照国际财务报告准则对政府补助采用全面收益法，规定凡是政府给的无论是现金补助还是非现金补助，都应算作损益。

除非具有合理的保证企业能符合补助所附的条件，并且即将收到补助，否则，政府补助不能予以确认。收到一笔补助本身并不能提供结论性的证据，证明补助所附的条件已经或即将满足。

收取补助的方式，并不影响对补助采用的会计处理方法。因此，不论是收到现金，还是减少对政府的负债，都应以同样方式对补助进行会计处理。

对于政府提供的可免予归还的贷款，如果可以合理地保证企业将满足免予归还贷款的条件，则可作政府补助处理。

一旦确认一项政府补助，任何有关的或有事项，都应按《国际会计准则第 10 号——或有事项和资产负债表日以后发生的事项》进行处理。

（十）借款费用

借款费用是指企业因借款而发生的利息及其相关成本。借款费用包括借款利息，折价或者溢价的摊销，辅助费用以及因外币借款而发生的汇兑差额等。卢旺达因为金融行业欠发达，借款融资成本较高。

（十一）外币业务

外币交易在初次确认时，应按交易日报告货币和外币之间的当期汇率将外币金额换算成报告货币予以记录。

在随后资产负债表日的报告，外币货币性项目应以期末汇率予以报告。以外币历史成本计价的非货币性项目应采用交易日汇率予以报告。以外币公允价值计价的非货币性项目应采用确定价值时存在的即期汇率予以报告。一个项目的账面价值应按有关的国际会计准则加以确定。例如，某些金融工具以及不动产、厂房和设备可能以公允价值或历史成本计量的。不管账面价值是以历史成本还是以公允价值确定的，为外币项目所确定的金额均应根据 IFRS 第 21 号准则的要求以报告货币来报告。

（十二）所得税

卢旺达的企业所得税应纳税所得额为当年财务报表利润加减各种纳税

调整项目。每个纳税年度为日历年度。次年 3 月递交上一年度企业所得税申报表。企业应当上报经过社会中介机构审计的上年度财务报表和据此计算的应纳税金额，并在 3 月 31 日办理税金缴纳。在本税务年度内，纳税人应最迟于应税经营活动发生当年的第二、三、四季度分别向税务行政机关缴纳金额为上一税务年度纳税申报单缴税款 25% 的预付税金。

五、其他

卢旺达会计法规中没有单独企业合并准则，但根据卢旺达会计处理和财务编报基础采用 IFRS 国际财务报告准则，目前卢旺达企业合并会计处理适用于 IFRS 国际财务报告准则。

因此该会计系统的企业合并处理与中国企业会计准则企业合并中非同一控制下企业合并类似。

第三章 马达加斯加税收外汇会计政策

第一节　投资环境基本情况

一、国家简介

马达加斯加共和国（英语：The Republic of Madagascar；法语：La République de Madagascar），简称马达加斯加（Madagascar）。位于非洲大陆以东、印度洋西部，是非洲第一大、世界第四大岛。隔莫桑比克海峡与非洲大陆相望。面积 590750 平方公里（包括周围岛屿），海岸线长约 5000 公里。马达加斯加全国人口约 2422 万（2015 年），首都塔那那利佛（Antananarivo）人口约 243 万。官方语言为法语和马达加斯加语。货币为阿里亚里，2018 年平均汇率 1 美元兑换 3280 阿里亚里。马达加斯加实行两院制，国民议会（Assemblée Nationale）和参议院（Sénat）为国家立法机构，设最高法院、最高司法法院、高等宪法法院。马达加斯加现行宪法为 2010 年 11 月 17 日，过渡政权推动全民公投通过的《第四共和国宪法》。

二、经济情况

马达加斯加国民经济以农业为主，农业人口占全国总人口的 80% 以上，经济发展严重依赖外援，工业基础非常薄弱。马达加斯加矿藏丰富。主要矿产资源有石墨（96 万吨）、铬铁、铝矾土（储量 1 亿吨以上）、石英、云母、镍矿（储量 130 万吨）、钛铁（储量 7500 万吨）、铁矿（储量 6 亿吨以上）、锰、铅、锌、煤（储量 5 亿吨以上）等，此外还有较丰富的宝石、半宝石资源以及大理石、花岗岩和动植物化石。西部及西海岸大陆架有一定的油气资源和沥青。石墨储量居非洲首位，开采产能为 5000 吨/年。

2017 年马达加斯加 GDP 为 115 亿美元，人均 GDP418 美元。其中第一产业占比 28.9%，第二产业占比 17.1%，第三产业 54%。经济增长率 4.2%，通货膨胀率 7%。2017 年，马达加斯加对外贸易总额为 64.69 亿美元，较去年同期增长 28.56%。其中进口额 36.59 亿美元，同比上涨 27.68%；出口额

28.1 亿美元，同比增长 29.74%。贸易逆差约 8.49 亿美元，较去年同期增长 21%。自 2014 年政治危机结束后，马国政权稳定，经济、财政、货币政策保持平稳，营商环境进一步得到改善，经济增长率达 4.1%，是撒哈拉以南非洲增长率较高的经济体之一[①]。但外部风险和不确定因素依然较多，受马政党斗争纷扰、经济结构单一、进出口程序繁琐导致商品流通率低等多因素影响，马国的经济发展仍面临不少的困难和挑战。

马达加斯加是岛国，政治、经济对外交流相对闭塞，是非洲联盟与南部非洲发展共同体的重要成员，同时也是国际刑事法院成员，受美国双边豁免协定保护。

三、外国投资相关法律体系及法律

马达加斯加为民法与习惯法混合体系，《宪法》为最高法律。马达加斯加司法制度下，宪法法院是最高机构，其下有（常设、行政和财政）三个分支，分别由最高上诉法院、国务委员会和审计院领导。2014 年马达加斯加回归宪政，结束政治危机后，经济社会发展逐步回到正轨，投资环境逐渐改善，政策法规相对健全，创立公司手续简便。政府先后出台了《投资法》《免税区及免税企业法》《外汇法》《海关法》《公司法》《公私合营伙伴关系法》等法律文件来吸引外来投资。

马达加斯加《投资法》规定，所有马达加斯加或外国的自然人或法人，在遵守马达加斯加现行法律前提下，均可在马达加斯加境内投资和设立企业。马达加斯加鼓励独资、合资、租赁等多样化的投资方式，允许外资并购当地企业，马达加斯加通常以土地、厂房等不动产入股，对外资所占比例无严格限制。但涉及如金融、保险、矿业、石油、电讯、医疗、医药和医药辅助行业时，需经过特别批准方可经营，且占股比例亦需经个案批准。目前，中资企业进入马达加斯加市场的主要方式为在当地直接设立企业。在马达加斯加投资的国内外经营者享有同等待遇。对于已与马达加斯加签订了互惠措施的国家投资者，可避免双重征税。公司可根据企业自定的章

[①] 数据来源：《对外投资合作国别（地区）指南——马达加斯加》，2017 年版，商务部国际贸易经济合作研究院，中国驻马达加斯加大使馆经济商务参赞处，商务部对外投资和经济合作司。

程，自主管理企业。在遵守马达加斯加《劳动法》的前提下，公司享有自主的人事管理权。

马达加斯加《投资法》规定，在马投资的企业，对于根据企业自身需要聘用外籍专业技术人员可以申请工作签证。中国劳务人员到马达加斯加从事专业技术工作，须由企业向主管部门申请工作许可，马达加斯加驻中国大使馆根据该工作许可签发入境工作签证（时效为 30 天）。劳务人员入境后，应及时到企业主管部门申请延长工作签证（有效期一般不超过三年）。

四、其他

2015 年 12 月 9 日，马达加斯加国民议会通过了《公司合营伙伴关系法》（PPP 法）。面临日益增长的基础设施建设需求，由于缺乏财政资金，国家希望使用多种融资方式，鼓励私营行业用 BOT[①] 和 PPP 方式对基础设施建设作出贡献。该法案旨在界定公私合作伙伴关系实施的法律和制度框架，在有效和透明的社会经济条件下进行项目招投标，并实现公共支出的优化。

另外，中马两国政府在 2005 年 11 月 21 日签订了《中华人民共和国政府和马达加斯加共和国政府相互促进和保护投资协定》，该协定已于 2007 年 7 月正式生效，为中国企业在马达加斯加投资提供了法律上的保障。

第二节 税收政策

一、税法体系

马达加斯加实行属人法制，即对所有法人、自然人进行征税。马达加

---

① BOT：Build — Operate — Transfer，是私营企业参与基础设施建设，向社会提供公共服务的一种方式。我国一般称其为"特许权"，是指政府部门就某个基础设施项目与私人企业（项目公司）签订特许权协议，授予签约方的私人企业来承担该基础设施项目的投资、融资、建设、经营与维护，在协议规定的特许期限内，这个私人企业向设施使用者收取适当的费用，由此来回收项目的投融资、建造、经营和维护成本并获取合理回报；政府部门则拥有对这一基础设施的监督权、调控权；特许期届满，签约方的私人企业将该基础设施无偿或有偿移交给政府部门。

斯加的税法体系以《税法通则》（CODE GENERAL DES IMPOT）、《海关税法》和每年修订的《财政法案》为主。每年修订的《财政法案》是唯一可以用于修改或细化《税法通则》的法律；税务局每年对企业进行培训，让企业熟知修改的部分。

其他相关的法律及文件有《免税区及免税企业法》《马达加斯加与法国双边税务协定（1983年）》《马达加斯加与毛里求斯双边税务协定（1994年）》，目前和中国没有签订相关的税务协定。

二、税收征管

（一）征管情况介绍

马达加斯加税收征管主要由隶属于财政部的税务管理总局（大企业征管中心和地区税务征管中心）和海关总局，根据《税法通则》和《财政法案》的规定，共同负责国家财政收入主要组成部分的税收征收工作。税务管理总局下设技术管理中心、大企业征管中心、地区税务征管中心、立法处、稽查处和追索税务委员会等。税务管理总局（DGI）负责征收除关税和进口环节相关税种外的所有税种，海关总局（DGD）负责征收关税（包括进口增值税和特定进口商品特别消费税）。

财政部（立法处）每年修订《财政法案》，对税法进行修订、制定税法实施条例或对《税法通则》进行解释，经国民议会和参议院审议通过，政府委员会确认后，由总统颁布实施。

（二）税务查账追溯期

税务管理总局下设的稽查处每两年对企业的税务缴纳情况进行稽核，并出具稽查报告，企业在稽查报告出具后1个月内可提出书面申诉，并由稽查处出具最终稽查报告，最终稽查报告提交税务追索委员会。最终稽查报告具有特定法律效力，稽查处一般从上一次稽查账务截止日期下发本次稽查通知（每两年）。最终稽查报告不影响企业偷税、漏税或被投诉时对某一特定税种的追溯查账，追溯查账不受年份限制。税务追索委员会可对企业任何年份的税务漏缴、滞纳金、罚款进行追索并解决企业的税务争议事宜。

（三）税务争议解决机制

在马达加斯加在纳税人与税务管理部门存在分歧或意见不一致的情况

下，纳税人有权提出上诉，行政上诉或诉讼上诉：

1. 行政上诉

当纳税人与税务管理部门存在争议时，该案件可通过行政上诉方式至追索税务委员会（CFRA）审查，由该委员会对此案件提出意见。不论税务总局是否参考委员会提出的意见，追索委员会都将对此案件作出判定。

2. 诉讼上诉

若在提出行政上诉一个月后税务机关对此不予回复则表示税务机构拒绝纳税人提出的要求，或纳税人对税务追索委员会的判定仍存异议，则纳税人必须采取诉讼上诉手段，案件将通过法律手段处理，则此案件至此需提交至司法部门处理。

三、主要税种介绍

（一）企业所得税

1. 征税原则

在马达加斯加的税法中，关于企业在所得税中使用的是"常设机构"的概念。在《税法通则》第01.01.02条定义了"常设机构"：是指企业指定一个固定营业场所，并通过该场所经营其全部或部分业务。常设机构主要包括：①总部；②分公司；③办事处；④工厂；⑤车间；⑥矿井、石油井或天然气井，采石场或任何其他开采天然资源的地方；⑦建筑工地，安装或组装项目或与该项目相关的监理活动，条件是该建筑工地、项目或业务持续时间超过6个月；⑧由某家公司以服务为目的聘用员工或其他人员提供服务，包括咨询服务，条件是在马达加斯加境内从相关财政年度开始到结束的12个月内（为同一项目或附属项目）从事该性质服务的期限累计超过183天。

非常设机构应按照第01.01.04条中规定的马达加斯加来源的收入缴纳所得税，01.01.04条规定：以下收入被认定为在马达加斯加实现：①无论来自哪里，任何所在地位于马达加斯加的法人所实现的收入；②居住在马达加斯加的自然人实现的无论何种来源或形式的收入。对于名词"马达加斯加"，是指马达加斯加共和国领土和领海；③拥有的一份财产或者与这些财产有关的权益所产生的收入；④在马达加斯加进行的主营业务或任何以盈利为目的的业务所得收入以及在马达加斯加的任何利润来源产生的收入；⑤在马达加斯加没有公司所在地或住房的自然人或法人在马达加斯加实现的收入，但不包括已经支付动产所得税的有价证券收入。

2. 税率

马达加斯加针对法人的企业所得税（IR）税率为利润总额的20%。但针对农业、手工业、工业、酒店、交通、矿业、旅游业经营者年纳税额不低于10万阿里亚里 + 营业额的5‰，其他领域业务年纳税额不低于32万阿里亚里 + 营业额的5‰，公路特许经营公司的最低税额为32万阿里亚里 + 营业额的5‰。

3. 税收优惠

马达加斯加为鼓励投资及其他方面的需要，在某些区域及某些行业实行一定的税收优惠政策。根据马国《税法通则》规定，在建筑和公共工程领域投资的公司可以根据以下条件，享受一定的所得税减免：①营业额高于2亿阿里亚里的企业（期权制公司不包含在内）；②该税收优惠政策仅适用于成立了三年及三年以上的公司；③投资应为公司的正常运营资金；④可享受该优惠政策的年投资额应大于或等于1亿阿里亚里；⑤相关投资列入在资产负债表中，在三年及三年以上分摊，并列入年度所得税申报表附表中。互助小额信贷机构自最终注册成立之日起的前五年免征所得税，并在第十个财政年度前减免50%。非互助小额信贷机构自最终注册成立之日起的前五年免征所得税。经批准的管理中心在其存在的前三年内免征所得税。投资于可再生能源生产和供应以及农业，旅游业，工业，建筑和公共工程部门的公司可以享受相当于相应税率50%的税收减免。

马达加斯加还颁布了《关于马达加斯加免税区和免税企业法》，为免税区的企业全部或部分免除所得税。除免税区的企业外，一般情况下国家不为其他企业下发免税文件。

企业进入免税区，可提交申请，有马达加斯加经济发展局（EDBM）审核后，颁发免税企业证明书。免税区企业按照10%的税率缴纳所得税，最低征收标准是5‰，免税区企业在其投产前二至五年，可享受免交企业所得税。

4. 所得额的确定

《税法通则》规定，应纳税所得额是指企业每一纳税年度的收入总额，减除不征税收入、免税收入、各项扣除及允许弥补的以前年度亏损后的余额。企业应纳税所得额的计算，以权责发生制为原则。根据马国《税法通则》规定，所得税税前可扣除的费用：①与收入相匹配的成本支出；②实际发生的年度管理费用；③公司正常经营所需而承担的摊销费用；④在非注册、受5%综合税约束的供应商处发生的采购费用。所得税税前不可扣除的费用：①与股东之间发生的利息支出；②在非注册并不受5%综合税约束的供应商处发生的费用；③实物或现金捐赠，自然灾害情况除外；④没有经过司法或诉讼程序的可疑或有争议的债务预提；⑤投资减值损失及其他债权的预计损失；⑥分支机构的总部管理费用（超过了营业额1%的部分）；⑦不在国家社会福利基金范围内的报酬支付；⑧超过正常水平的大额工资。

亏损弥补年限为五年。纳税人某一纳税年度发生亏损，准予用以后盈利年度的应纳税所得弥补，亏损可在五年内结转。

5. 反避税规则

（1）关联交易。马达加斯加在税法上规定关联方交易必须符合公平交易原则，否则要进行纳税调整。

为了确定与位于马达加斯加境外的一家关联企业进行一次或多次商业或金融交易的某一企业的应缴所得税，应以符合公平原则的方式确定其应税所得额。如果这些交易的条件与独立企业在类似情况类似交易下约定的交易条件一致时，则视为遵守了该项公平的原则。

（2）转让定价。《税法通则》规定，关联企业之间的交易应遵循公平交易原则，广泛适用的反避税规则可用于防止相关外国交易方将交易价格作为一种利润操纵手段。在《税法通则》第01.01.13条中，对企业与关联方之间发生租金支付、工程分包、购买不动产、工人工资、管理费等事项时，相关合同都应事先交到税务局备案，备案时税务局有权力对转让价款进行合理性调查，合同未备案或超过备案价格的转让事宜，视作关联方之间的不公平交易，企业应做纳税调整。

（3）资本弱化。马达加斯加税务对于"资本弱化"规则也有相关的规定，如《税法通则》：第01.01.10条应纳税所得额的计算中允许扣除的费用：对第三方欠款的利息。但是，在合伙人足额缴纳公司股本金份额的情况下，可扣除的利息仅限于不超过两倍的股本金额的借款本金，利率也不得超过马达加斯加中央银行相应利率外加2个百分点计算出来的利息。

6. 征管与合规性要求

根据税法规定，企业应按上年度的应缴税款于1、3、5、7、9、11月进行分期预缴，年度结束后汇算清缴。年度汇算清缴的期限为在下述期限内进行上一年度损益和收入申报：①对于会计年度与日历年度相符的，不迟于次年的5月15日；②对于公司财政年度截止日期为6月30日的，不迟于同年的11月15日。

（二）增值税

1. 征税原则

自然人或法人在马达加斯加境内实施的日常或偶然性交易，独立采购、销售或从事商业、工业、农业、手工业、矿业、医疗业、商务服务或专业服务经营行为等必须缴纳增值税。普遍来讲，所有营业额超过1亿阿里亚里的公司均需缴纳增值税。新成立的公司，第一年的营业额一旦超过了1亿阿里亚里，第二年公司自动列入缴纳增值税的义务人行列。

2. 计税方式

所有营业额超过1亿阿里亚里的公司均采用一般计税，小于1亿阿里亚里的公司采用简易征收管理，但所征收的税不称为增值税，而是综合税。

3. 税率

增值税税率为20%，无低档次税率。小于1亿阿里亚里营业额的企业综合税率为营业额的5%。

4. 增值税免税

按照法律规定，可享受增值税免税的情况包括：一般性、技术或职业教育课程的学费；以现金方式出资带来的红利收入；卫生行业所提供的服务；报纸的进口和销售，报刊、书籍、教育性书册的出版和销售；货物和乘客的航空运输；稻米和稻谷的进口和销售；货币市场国内货币跨行经营行为；煤油的进口和销售等。进入免税区的企业可免除缴纳进口增值税。

5. 销项税额

销项税额通过如下因素确定：①应税交易金额，或者收取的财产价值或服务价值；②纳税人供应或自身提供商品、财产或服务的价值；③资产转让或预付款金额，包括不动产置换、工程施工内容。此价值等于资产、商品、财产、工程或服务的售价，如果消费者或用户没有标准的价格，则以交货或服务提供地点的价值为准。如果折旧后的资产、供货、产品和财产出让价格低于成本价，或者不具备任何价值，课税价值则低于成本价。如果财产、机器和设备在完全折旧之前降价出让，课税价值则低于账面价值。

6. 进项税额抵扣

按照法律规定，需缴纳增值税的纳税人在正常生产运营过程中取得的与生产运营有关的货物或服务的增值税发票可以进行抵扣。但以下几种增值税不可享受抵扣：采购发票上没有单独列出的增值税；与公司经营行为无关的增值税支出；采购发票上没有供应商的税务登记号时所支付的增值税；购置、租赁、维修乘用车而支付的增值税（租车公司除外）；购买家具而支付的增值税（酒店经营者除外）；虚假发票、虚假海关的申报等。

进项发票需在取得后 6 个月内在税务局进行备案，超过 6 个月不能进行抵扣，备案后，可作为增值税抵扣项进行增值税申报。

7. 征收方式

纳税人根据当月实施的经营行为确定增值税销项税额，抵扣进项税额后，根据余额申报缴纳；最迟于次月 15 日提交征税机构，采用征税机构提供的固定报表格式进行申报。如有留抵税额可以在以后期间继续抵扣，在税务局备案后的进项税发票所计算出的留抵税额无时间限制。

外国公司在马达加斯加没有常设机构但向马达加斯加纳税人提供服务时，必须指定一名税务代表代收代缴增值税。否则，服务受益人必须代表外国供应商代收代缴增值税。

8. 征管与合规性要求

纳税义务时间为次月 15 日之前。未按规定缴纳增值税受到以下处罚：

表3-2-1　违规处罚表

罚金率	违规行为
10%	1. 所有的销售有发票但不正规，未收取销项税；2. 所有的销售均无发票，也没有收取销项税
40%	1. 税务部门查实的少缴部分，在收到征缴通知8日内，将少缴部分予以补缴并罚款40%；2. 所有的销售都有增值税，开票并记账，但增值税金额未在发票上明显列出（价税分离）
80%	1. 偷税漏税，通过非法手段取得的税务减免或抵扣，在收到处罚通知8日内，将非法减免税金归还并罚款80%；2. 未征得税务局同意的延迟申报；3. 进项税发票上未明确显示税金，但做了抵扣；4. 所有开出的与实际经营业务不符的发票（虚开发票）

数据来源：CGI-2018马达加斯加《税法通则》（2018）第三卷共同条款：第一部分税的征收：第三章处罚和罚款：第三节因少缴、错缴、偷税或漏税的处罚：第20.02.54.2款。

9. 增值税附加税（无）

（三）个人所得税

1. 征税原则

《税法通则》第01.03.01条规定：在马达加斯加实现的工资、薪金和类似收入，需征收个人所得税（IRSA）。个税起征点为：月收入超过350000阿里亚里。未受雇于机构的个人提供劳务、销售物资等取得的收入，由支付机构代扣代缴支付金额5%的综合税。

2. 申报主体

以个人为单位进行申报。雇主或付款机构须在每月15日前，到主管税务中心进行申报缴纳，申报格式按照税务局规定的格式，并附员工名单和工资明细表，无论是否超过起征点都应包含在内。

从两个或多个雇主或支付机构获得收入的纳税人在1月15日之前到地区主管税务局申报其收到的由雇主或付款机构支付的月薪或月计收入金额。雇主或支付机构在海外的纳税人需按照规定在马达加斯加自行申报并支付税款。

3. 应纳税所得额

第01.03.07条规定，薪金、工资、津贴、报酬和各类补贴以及纳税人享有的实物报酬，构成总收入。

4. 扣除与减免

第01.03.09条规定，下列费用允许从收入中扣除：①为构成养老金或退休金由雇主进行的扣款及个人进行的支付，所扣款项在薪金总额的10%范围以内。②雇主为员工支付医疗费用。③保险费用。④伙食补助，最高5000阿里亚里。⑤雇员在征税上一年度承担的以下经过证实的费用：无偿支付的年金欠款，条件是该项付款属于法定义务；法定抚养费。

5. 税率实行累进税率

（1）通用税率。

表3-2-2 个人所得税通用税率表

单位：阿里亚里

序号	月收入	税率
1	350000 以下	0%
2	350000 以上	20%

数据来源：CGI-2018马达加斯加《税法通则》（2018）第一卷国税：第一部分所得税类：第三讲个人所得税：第六章税率的确定：第01.03.16款：A项。

但是，超过350000阿里亚里的应付税额不得低于2000阿里亚里。

（2）特殊税则。尽管有上述规定，但对于某些具有特殊性质、按单位价格（计时或计件工资）支付的报酬，由负责财政部立法处通过部长令确定清单，税率规定如表3-2-3：

表3-2-3 个人所得税特殊税率表

单位：阿里亚里

序号	单位价格	税率
1	700 及以下	2%
2	700~2000 之间	4%
3	2000 以上	10%

数据来源：CGI-2018马达加斯加《税法通则》（2018）第一卷国税：第一部分所得税类：第三讲个人所得税：第六章税率的确定：第01.03.16款：B项。

6. 征管与合规性要求

个人所得税按月申报缴纳，截止日期为每月15日之前。

（四）关税

1. 关税体系和构成

根据《海关法》第 8 条规定，进出关税地区的货物，根据实际情况，需按关税率缴纳进口关税或出口关税。

2. 税率

表3-2-4 给出了各类设备目前使用的税率，供参考：

表3-2-4 各类设备关税税率表

税费编号	产品名称	单位（UQN）	关税（DD）	进口增值税
87.05.1000	卡车—起重机	台	5	20
84.28.9000	起重机械和设备	台	5	20
84.14.4000	移动式压缩机	千克	10	20
85.01	电机和发电机，不包括发电机组			
85.01.1000	功率不超过 37.5W 的发动机	台	5	20
85.01.2000	功率超过 37.5W 的通用发动机	台	5	20
85.01.3100	其他直流发动机，支流发电机．功率不超过 750W	台	5	20
85.01.3200	功率超过 750W 但不超过 75 kW	台	5	20
85.01.3300	功率超过 75 kW 但不超过 375 kW	台	5	20
85.01.3400	功率超过 375 kW	台	5	20
85.01.4000	其他交流单相发动机	台	5	20
85.01.3100	其他直流发动机；直流发电机：功率不超过 750W	台	5	20
85.01.5200	功率超过 750W 但不超过 75kW	台	5	20
85.01.5300	功率超过 75 kW 或 u520 ex	台	5	20
85.01.6100	交流发电机功率不超过 75 kVA	台	免	免
85.01.6200	功率超过 75 kVA 但不超过 375 kVA	台	免	免
85.01.6300	功率超过 375 kVA 但不超过 750 kVA	台	免	免
85.01.6400	功率超过 750kVA	台	免	免
84.29.5900	施工机械（铲土机、压实机、挖掘机、机械铲等）	台	5	20
94.06.9099	平房 / 建筑工地营房	千克	5	20

数据来源：马达加斯加海关总局官网：http://www.douanes.gov.mg/。

3. 关税免税

临时入境的特殊制度：该制度为一项特殊的海关程序，允许对某些进口货物暂停全部或部分进口关税和税费，而不实行经济性质的进口禁止或限制（参见《伊斯塔布尔公约》第19条和《海关法》第190条）：为了某一明确的目的，用于再出口，在规定期限内，除使用造成的正常折旧外没有其他修改。

暂免全部关税的临时入境制度：由于货物或设备的进口旨在用于再出口（例如，用于生产待出口产品的投入品，或最终目的地在他国的过境货物），进口商在相关货物或设备进入海关领土时无需缴纳关税和进口增值税。根据具体情况，海关总署也可对其他情况批准该项临时入境制度。相关财产可以在马达加斯加停留12个月（可延续）。因此，在12个月期限届满时，相关财产必须重新出口，否则，财产必须投入使用，从而支付相应的关税和税费。

暂免部分关税的临时入境制度（也称为"临时特别入境"或ATS）：通过该项制度，海关总署对机械、设备、办公或工厂设备、机车车辆、水上运输工具、铁路、海运、空运工具和公共工程机械设备的进口暂免征收部分关税和税费，相关设备应暂时在马达加斯加使用，并在特定期限内用于再出口（一般不超过十年）。

上述设备的关税和进口增值税由进口商在财产的缩减价值基础上缴纳，该缩减价值考虑到了财产在再出口前于马达加斯加境内的使用。关税和增值税可以每月或每年支付（如果根据海关总署的决定，财产在马达加斯加的停留时间可以超过一年）。

4. 设备出售、报废及再出口的规定

在临时入境期结束时，设备必须重新出口。因此，海关当局会批准进口商卸货。例如：当原本拟出口并按照临时入境制度进入马达加斯加的货物不能再出口时，经海关总署授权后，可以在缴纳相应关税和增值税后将相关货物投入消费。马国《海关法》第193条规定：当临时入境货物无法再出口的理由充分且获得海关总署批准时，可以通过缴纳关税和增值税将临时入境申报合法化，从而将相关货物投入消费。临时入境物品的投入消费应遵守法律条文关于剩余价值的规定。

5. 关税的征收管理

马达加斯加关税的申报、查验、征税、放行，由海关总局统一管理。

（五）企业须缴纳的其他税种

国税：

（1）综合税（IS）：税率为5%，对于年营业额、总收入或不含税所得低于1亿阿里亚里的自然人、法人及独立经营者征收的一种税。

（2）关于文书及转让的印花税：在马达加斯加境内发生的所有文书及转让行为或者对位于马达加斯加共和国境内与财产相关文书及转让行为按固定或者根据相关文书及转让的性质按比例缴纳的一种税种。

签证印花税为固定税额，5000~250000阿里亚里；在签发或续签携带和拥有武器的许可证时，征收20000阿里亚里印花税。详见《税法通则》第02.05.01条至第02.05.09条。

（3）国内消费税（DA）：对在马达加斯加境内制造、开采、生产加工、进口以及附表中所列的产品和服务按不同的种类进行征收的一个税种，包括酒类、烟草、打火机等。

该消费税为从价消费税，计税基础是：

对于进口产品，货物的CAF值加关税。

对于本地制造的产品，生产价值加上工业保证金，即对于给定产品，其在生产地的第三方的实际销售价格，而该价格低于生产成本加上工业利润率。

对于制造使用马达加斯加生产的烟草重量大于或等于烟草总重量70%的卷烟，减少量为2%。

对于服务，成本价格加上商业利润，详见《税法通则》第03.01.01条至第03.01.106条。

（4）保险合同税：与保险公司或任何其他马达加斯加或外国保险公司签订的任何保险或终身年金合同，无论其所在地或日期为何，均受年度和强制性税收的约束，税率为：海上、河流，以及空中航行保险为4%；用于工业、商业、农业、手工业、采矿、旅游或运输货物的火灾险为7%，其他火灾险为20%；人寿及类似的保险为3%，包括三年及以上的延期年金合同；终身年金合同的5%，包括少于三年的递延年金合同；其他保险为

4.5%。详见《税法通则》第 02.06.01 条至 02.06.19 条

（5）判决登记税：固定税额，4000~16000 阿里亚里。详见《税法通则》第 02.02.01 条至第 02.02.10 条。

（6）资本收入所得税（IRCM）：税率为 20%，针对法人、法人公司、合伙公司以及自然人取得的股份、收入和其他债权和借款收益，信贷机构发放存单的利息，以任何名义支付给董事或董事会成员或无论任何头衔履行董事职责的人员的会费、出席会议车马费、一次性费用报销和其他任何形式的酬金，支付给公司和企业债权人和债券持有人的份额和偿还溢价，收取应收账款、存款、担保收入，属于所得税类的税种。详见《税法通则》第 01.04.01. 条至第 01.04.15 条。

（7）不动产资本利得税（IPVI）：对自然人在不动产有偿转让时实现的增值部分按 20% 税率进行计算缴纳的税项。详见《税法通则》款第 01.05.01 条至第 01.05.13. 条。

地税：

（1）土地税（IFT）：税率为 5%~10%。地皮按其用途分为植地、森林、耕地、闲地、可开发用地和非农业用地，前 5 种按公顷数征收，第 6 类按照市值征收。由土地的业主或实际占有人按年对其实际占有的土地根据不同的土地类型适用不同的税率缴纳土地税。详见《税法通则》第 10.01.01 条至第 10.01.10 条。

（2）对建筑物不动产征收的土地税（IFPB）：是对建筑产权按建筑物的租赁价值适用 5%~10% 税率征收的一种土地税。详见《税法通则》第 10.02.01 条至第 10.02.13 条。

（3）公共安全税：对拥有家养的具有危险性的狗或其他动物以及刀具的所有人按年根据不同的种类固定的税额征收的一种税。详见《税法通则》第 10.03.01 条至第 10.03.06 条。

（4）住房开发税：对年满 21 岁，常住该市镇的所有人员按年征收每人每年 5000 阿里亚里住房开发税。详见《税法通则》第 10.04.01 条至第 10.04.07 条。

（5）住宿税：任何酒店经营者、提供有偿住宿的宾馆、家庭旅馆及其他留宿及接待客栈均须缴纳住宿税。税金确定为：四星到五星的酒店和

客栈：2000 阿里亚里 / 夜 / 房间；一星到三星的酒店和客栈：1000 阿里亚里 / 夜 / 房间；公寓型留宿客栈及不符合分类类别的客栈（宾馆、度假村、家庭旅馆及其他）：每个成年人每夜 500 阿里亚里。详见《税法通则》第 10.05.01 条至第 10.05.06 条。

（6）酒精及酒精产品许可税：销售酒精和含酒精产品必须缴纳专卖许可税，每年由市政或社区委员会对每类销售许可证对应的许可费率在下列金额的范围内：100000~200000 阿里亚里进行表决，此费用可能因许可类别而异。除以上费率外，夜总会，舞厅和类似场所，还将增加 50%。

销售许可税应按季度提前支付，任何季度均应全额到期。展览类费率每 24 小时固定在 5000 阿里亚里。详见《税法通则》第 10.06.01 条至第 10.06.78 条。

（7）广告税：具有商业特性的任何形式的借助海报、广告牌、灯光招牌、固定载体、行驶车辆、小旗、旗帜、气球、飞艇和其他本章未规定的载体制作的在市镇区域内的广告，以及在马达加斯加发布的所有视听广告，在电视、广播或通过纸媒开展的任何形式、具有商业性质的广告活动都必须缴纳名为"广告税"的税收。广告税的计税基础为广告的面积，针对不同类型的广告单价不同，如用于普通纸上的海报，印刷或手写：面积不超过 25 平方分米的海报为 30 阿里亚里；25 平方分米至 50 平方分米为 60 阿里亚里；50 平方分米至 2 平方米为 90 阿里亚里；超过 2 平方米为每平方米增加 180 阿里亚里。

详情请见《税法通则》第 10.09.01 条至第 10.09.10 条。

（六）社会保险金

1. 征税原则

除正常工资外，雇主每月还应为雇员缴纳占其工资总额 14% 的社会福利保险费 CNAPS（其中 1% 由雇员自己承担）和 6% 的医疗保险费 OSTIE（其中 1% 由雇员自己承担）。这两项费用占工资总额的 20%，由雇主一起缴纳。

2. 外国人缴纳社保规定

马达加斯加《劳动法》对外国人无特别规定，强调所有劳动者不分来源、肤色、国别、年龄、政治观点、所属工会，都按统一标准缴纳社保。

第三节　外汇政策

一、基本情况

马达加斯加的外汇管理部门为外汇交易建管处（SSOC）和财政预算部（MFB），马达加斯加的货币名称为阿里亚里（Ariary，一般标注为 MGA 或 Ar，简称阿里），自 2005 年 1 月 1 日开始流通。2018 年 9 月汇率为：3970 阿里左右兑换 1 欧元，3420 阿里左右兑换 1 美元。2013 年以来，马达加斯加货币贬值幅度较大。

马达加斯加外汇管理制度相对比较严格，允许用美元、欧元等国际通用货币兑换当地币；用当地币兑换外汇需要提供兑换理由和外汇交易材料。2006 年 8 月 2 日第 2006 - 008 号马达加斯加共和国总统府颁布了《外汇管理法》的法令。根据马达加斯加《外汇管理法》，在马达加斯加注册的本国及外国企业可以在马达加斯加银行设立外汇账户，用于进出口结算。但办理外汇进出业务要求预先申报、批准并置于控制之下。

二、居民及非居民企业经常项目外汇管理规定

（一）货物贸易外汇管理

对于贸易企业，马达加斯加政府规定在马达加斯加免税区企业、普通企业须分别在出口商品装运之日起 190 天、90 天内将所得外汇汇入马达加斯加。

（二）服务贸易外汇管理

允许与日常经营相关的服务贸易的外汇进去，要向外汇管理机构提供相关支持性文件，并经批准。马国未对此做特别的限制。

（三）跨境债权债务外汇规定

允许与日常经营相关的跨境债权债务的外汇进出，需要向外汇管理机构提供相关证明材料，并经批准。

（四）外币现钞相关管理规定

根据马达加斯加海关规定，旅客出境时携带外汇价值超过 1000 万阿里亚里（约合 5000 美元）需主动向机场海关申报，价值低于 5000 美元的可以不申报。但在海关对出境人员进行检查时，应主动出示合法的兑换证明，否则携带出境的外汇有可能被没收。

三、居民企业和非居民企业资本项目外汇管理

（一）外汇账户相关管理规定

外汇账户不能透支也不能进行当地货币的结算。外汇账户可以与当地币账户之间进行资金兑换。

（二）所在国其他特殊外汇管理规定

《外汇管理法》第 3 条为保护国家利益，政府可根据财政部部长的建议，以政府部长会议决议的形式，采取以下措施：（1）对下列业务要求预先申报、批准或置于控制之下：①发生在马达加斯加境内居住的侨民与马国驻外侨民之间的外汇兑换以及其他各种结算业务；②涉及上述第 1 条所规定的资本金交易业务，但不包括那些对马达加斯加的外国直接投资；③货币黄金的进出口以及所有发生在马达加斯加共和国与外国之间的具有重要价值的物质交换行为。（2）明文规定将出口商品、提供服务所产生的外汇收入以及所有在与外国发生的金融关系中所产生的收入或产品收回本国。（3）指定特许中介机构，负责从事本条（1）①、（1）②、和（1）③所述的交易业务。第 6 条根据需要，财政部部长可起草外汇管理的相关规定和实施细则，并将负责监督这些法规的落实，以确保有关规定得到严格遵守。该部长可对所有从事外汇交易的自然人和法人以及经批准的中介机构进行检查。经批准的中介机构和兑换处必须定期向下列主管部门汇报统计数据，这些部门是：财政部、贸易部、马达加斯加中央银行、银行监督委员会。

四、个人外汇管理规定

《外汇管理法》第 2 条在马达加斯加共和国的侨民和外国侨民之间可自

由进行金融业务往来。但自由往来应在遵守本法令及马达加斯加所加入的其他国际协约规定的前提下实施。允许向国外账户划拨属于日常交易行为的工资和薪金。允许向国外账户支付常驻或非常驻外国侨民提供技术援助的费用。禁止两个常驻居民及其实体之间进行外汇转账。

第四节　会计政策

一、会计管理体制

（一）财税监管机构情况

在马达加斯加注册的企业如果有经济业务发生，均需按照国际财务报告准则（IFRS）体系制定的《2005年总会计方案》要求建立会计制度进行会计核算。税务总局（DGI）包含4个管理中心：技术管理中心（DiTech）、大型企业管理局（DGE）（是一个管理中心，具有税收征管职能）、地区税务管理局（DRI）（具有税收征管职能）、地区企业服务中心（SRE）。各级税务机构按其管辖范围对企业进行监管，各企业需要按照统一格式上报财务和税务资料。

（二）事务所审计

在马达加斯加，股份有限责任公司的所有财务报表须每年进行审计。其他类型的企业无强制审计要求，税务年检和工商登记也无需提供年度审计报告。

（三）对外报送内容及要求

会计报告中主要包含以下内容：①企业基本信息，行业分类、经营范围、股东情况、公司地址、银行账户信息、税务登记号等；②企业经营情况表，资产负债表、利润表；③披露信息，费用类、资产类、历年营业额（五年内）、权益变动；④关联交易中，采购定价相关的证明材料及交易申明。

上报时间要求：会计报告须按公历年度编制，于次年的5月15日前完成。

二、财务会计准则基本情况

（一）适用的当地准则名称与财务报告编制基础

马达加斯加根据 2004 年 2 月 18 日 2004—272 号法令颁布的《2005 年总会计方案》进行会计处理及财务报告的编制。《2005 年总会计方案》由马达加斯加共和国经济财政和预算部、马达加斯加共和国总秘书处、马达加斯加共和国会计最高理事会（CSC）、马达加斯加共和国会计和专家协会、马达加斯加共和国金融国家统计局等部门及协会参与编制及制定，作为马达加斯加会计处理与财务报告编报的基本制度，基本符合国际会计准则。根据《2005 年总会计方案》编制的财务报告是每个年度营业额在 1 亿阿里的法人机构作为所得税汇算清缴的依据以及必须提供给税务局的资料。

（二）会计准则使用范围

所有在马达加斯加注册企业均需要按照会计准则进行会计核算并编制报表。

三、会计制度基本规范

（一）会计年度

《2005 年总会计方案》123-1 条规定：一个会计年通常为 12 个月。特殊情况下会计年度可以多于或少于 12 个月（主要指企业在年中、月中进行开始或结束或修改会计年度终止日期），但必须在会计报表附注中加以说明及解释。

（二）记账本位币

《2005 年总会计方案》123-4 条规定：财务账目需要注明使用马达加斯加货币：阿里亚里。《2005 年总会计方案》123-5 条规定：财务报表以本国货币呈现。《2005 年总会计方案》410-2 条：会计和财务报表都需以使用本国货币作为计量单位，所用货币须在所有财务报表中予以说明。

（三）记账基础和计量属性

《2005 年总会计方案》中对会计的记账基础和计量属性作出了一系列的

规定，主要有：

121-1 条，企业独立：企业被认为是一个独立整体，独立于其所有人，合伙人或股东。一个企业的账目一定要与其领导或对其成立和发展有贡献的自然人或法人的资产区别开。企业财务报表只考虑其自己的交易和相关事项。

121-2 条，货币要求：记录公司的交易需要用到货币单位，由此货币也被选为计量单位用来传达财务报表的信息。财务报表只记录可由货币量化的交易和事件。但若某些不可量化的信息会产生财务影响，那么在财务报表附注中也应该有所体现。

121-3 条，权责发生制：根据有关企业的规定，交易和其他事件按权责发生制记账，即按交易和事件实际发生时间记账，并不考虑相应款项是否收到或付出。以上信息都在相应期间的财务报表中体现。

121-4 条，经营业务连续性：财务报表需要在经营业务连续的基础上编制，也就是说相关单位会在可预见的未来持续经营该业务，除非在该账目发布前发生突发事件或有突然的决定使该企业可能在不久的将来进行清算，全部或部分停止其经营活动。

《2005 年总会计方案》还规定了清晰性、可理解性、合理性、可信度、可比性等会计核算属性（122-1~122-6），也对会计原则如会计年度独立原则、重要性原则、审慎原则、方法一致性原则、历史价值原则、期初余额不可侵犯原则，实质重于形式原则、非补偿原则做出相应解释。

四、主要会计要素核算要求及重点关注的会计核算

（一）现金及现金等价物

会计科目第 5 类记录现金、银行存款及现金等价物。会计科目（51）核算现金，会计科目（52）核算银行存款。

现金是持有的现金和活期存款；现金等价物，是持有的短期流动性强，易于兑换为明确金额，并且其价值变化的风险可忽略不计的存款或权益性证券。

对于现金及现金等价物，《2005 年总会计方案》在"131-3 流动资产""250-4 现金和现金等价物""250-5 以下现金流，如果不影响所提供信

息的确切性，可以按净值呈现"中明确了计量和列报原则。

（二）应收款项

会计科目第4类记录应收、预付款项。应收款项泛指会计主体拥有的将来获取现款、商品或劳动的权利。它是会计主体在日常生产经营过程中发生的各种债权，是会计主体重要的流动资产。特指企业在经营过程中形成的各种债权（应收和预付）。

《2005年总会计方案》在"220-2 需要分别列在资产负债表中的基本信息""卷III- 账户功能第四类往来账户"等条款中对应收款项的确认、计量、报告及会计科目的使用作出了详细的规定。

（三）存货

会计科目第3类记录存货（原材料、产成品、半成品和在途物资等）。存货是指企业在日常活动中持有以备出售的产成品或商品、处在生产过程中的在产品、在生产过程或提供劳务过程中耗用的材料或物料等，包括各类材料、在产品、半成品、产成品或库存商品以及包装物、低值易耗品、委托加工物资等。

《2005年总会计方案》在"131-3 流动资产""131-4 经营周期""333-1 库存包含以下资产""333-2 库存包括用于转售的购买和持有的资产""333-3 库存成本包括将库存运到目前场所和达到相应状态所需的一切成本""333-4 当不能按通用估值规则确定库存的购买或生产成本时，可根据最相近日期购买或生产的同等资产的购买和生产成本进行估价""333-5 当以成本为基础进行估价无法实现时，库存资产可按其可变现的净值进行估价。可变现净值指在正常生产经营过程中，以存货的估计售价减去至完工估计将要发生的成本，估计的销售费用后的金额""333-6 按照审慎原则，存货按照最低成本和可变现的最低净值进行估算。可变现净值相当于预估售价，减去至完工时的成本和销售成本""333-7 存货成本高于其可变现净值时，存货的跌价损失在利润表中记为支出""333-8 可替代资产离开商店或盘点时，或按照先进先出顺序进行估算，或按加权平均成本进行估算""333-9 农产品需在初始入账时进行估算，每个账目期末估算其公允价值，减去预计销售发生的成本。减去预计销售成本后公允价值的变动所带来的收益或损失要在其发生的预算年度计入净利润中"及"卷III- 账户功能第三类存货和在途账户"等条款中对存货的确认、计量、报告以及会计科目的使用作出了详细的规定。

（四）长期股权投资

长期股权投资是指通过投资取得被投资单位的股份。企业对其他单位的股权投资，通常视为长期持有，以及通过股权投资达到控制被投资单位，或对被投资单位施加重大影响，或为了与被投资单位建立密切关系，以分散经营风险。

《2005 年总会计方案》在"131-5 非流动资产""230-2 利润表或附件中还可包括以下信息""332-1 除投资性有价证券以外，企业持有的证券和债券，以及其他用于交易的，列为流动性资产的金融资产要按收购时规定的用途和理由或改变的用途计入下列四个类别""332-2 证券和债券纳入企业资产之日要按其成本，也就是按照对价公允价值入账：包括经纪费，不可回收税费和银行手续费，但不包括未支付与收购前产生的股息和利息""332-3 在个别财务报表中，在不以短期内转让为目的子公司、联营公司和合营公司的分红及相关应收款项以折余成本入账。每个财年末，按照资产评估的一般规则进行减值测试，以确定可能的价值损失""332-4 摊销成本为金融资产在初始认定时确定的金额，减去本金偿还和任何减值或不可收回价值""353-1 联营企业是母公司对其有重大影响，但不是其子公司，也不是因对某项经济活动实施共同控制而组建合营企业的企业""353-2 编制合并报表时，对联营企业的投资采取权益法进行会计处理"等条款中对长期股权投资的确认、计量、报告以及在合并财务报表中的处理进行了详细的规定。

（五）固定资产

固定资产是指企业为生产产品、提供劳务、出租或者经营管理而持有的、使用时间超过 12 个月的，价值达到一定标准的非货币性资产，包括房屋、建筑物、机器、机械、运输工具以及其他与生产经营活动有关的设备、器具、工具等。固定资产是企业的劳动手段，也是企业赖以生产经营的主要资产。

马达加斯加的会计核算中并没有单独提出"固定资产"概念，而是作为非流动的有形资产来确认计量和报告。在《2005 年总会计方案》有关非流动的有形资产的相关条款有"131-5 非流动资产""220-2 需要分别列在资产负债表中的基本信息""331-3 以下原则用于合并或拆分有形资产""331-4 企业收购资产按收购价格记录，企业生产的资产按其生产成本记录""331-5 已经计入资产的无形资产和有形资产的后续支出如果能够恢复资产的效益水平，则在当年的账目中记为支出，如果它们提高了资产的账面价值，也就是说企业未来获得了高于资产原值的经济利益，就需要计入资产并增加到资产的账面价值""331-6 折旧是根据折旧计划表，在资产使用期间系统分摊的资产折旧额结果，还要考虑试用期结束后资产的剩余价值。有形资产的使用寿命，折旧方法必须定期审查，在估值和先前预测发生重大变化时，当下会计年度的折旧费必须调整""331-7 折旧即是对有形或无形资产产生经济利益的消费""331-8 当年的折旧费记为支出。然而在某些情况下，公司把资产的经济利益纳为生产其他资产的一部分，而不作为支出。在此情况下，折旧费包括了其他资产的部分成本，被包括在账面价值中""331-9 土地和建筑为不同资产，即使同时收购在会计上也要分别处理；建筑是计提折旧资产，土地通常为非计提折旧资产""331-14 有形资产在进行资产初始确认后，需在其折旧累积和未来价值损失的基础上入账"。对折旧政策和折旧年限规定较为详细，可查表确定。

（六）无形资产

无形资产是指企业为生产商品或提供服务，租赁或用于行政目的而持有的非货币、可识别的非实物资产。例如获得的商业投资、商标、计算机软件、特许经营权或其他经营许可证、用于商业采矿开发的存款免赔额或开发费用。

在《2005 年总会计方案》有关无形资产的相关条款有："331-10 通常假设无形资产的使用寿命不超过 20 年。如果折旧时间超过 20 年或者没有进行无形资产摊销，则要在财务报表的附注中提供具体信息""331-11 当且仅当该实体能够证明以下所有内容时，内部项目开发阶段产生的开发支出或费用构成无形资产：①完成无形资产的委托或销售的技术可行性；②打算完成该无形资产并使用或出售该无形资产；③其使用或出售该无形资产的能力；④无形资产将如何产生可能的未来经济利益。除其他事项外，主体应证明无形资产或无形资产本身存在生产市场，或者在内部使用；⑤是否有足够的资源（技术，财务和其他资源）来完成开发，使用或出售无形资产；⑥能够可靠地估计无形资产在开发过程中发生的支出"。

（七）职工薪酬

《2005年总会计方案》在卷Ⅲ–账户功能第四类往来账户中设置"421职工–应付薪资""422社会资金–社会工作""425职工–预付款和存款""426职工–收到存款""427职工，质疑""428职工–预提费用和应计收益""43社会团体和相关账户""431社会团体A""432社会团体B""438社会团体–预提费用"等账户对支付给职工、为职工支付及与职工个人往来款项进行核算"。并在第五节员工福利项下对员工福利作如下规定的解释："345–1企业为员工提供的活动或非资产类福利，在员工完成可换取福利的计划工作或企业对员工履行义务的条件得到满足时计入支出"。

（八）收入

会计科目第7类记录收入，收入是指企业在日常活动中所形成的、会导致所有者权益增加的、非所有者投入资本的经济利益的总流入，包括销售商品收入、劳务收入、让渡资产使用权收入、利息收入、租金收入、股利收入等，但不包括为第三方或客户代收的款项。

当所售资产或提供的劳务在所有权上的重要风险和报酬已经转移，相关经济利益很有可能流入企业且金额能够可靠计量时确认收入。《2005年总会计方案》在"132–1利润表是在某一期间内企业支出和收入的情况摘要""132–1利润表是在某一期间内企业支出和收入的情况摘要。通过收入和支出呈现该期间内的净利润""132–3收益是指在财务年度期间以收入，或是资产的增加，或是负债的减少等方式实现经济利益的增加。不同于各参与者向股东权益增加投资，但效果都是股东权益的增加""132–4营业额是指实体在日常财务年度中与第三方发生的，通过销售商品和出让财产或服务，按不含税的价格得出的数据""132–5净利润相当于该会计年度总收入与总支出之差"对收入明确了计量和列报原则。

（九）政府补助

政府补助：政府向受益人以转移资源的形式补偿其因遵守或将遵守相关条件已承担或将要承担的费用。

《2005年总会计方案》在"334–1补助即将公共资源转移给符合一定

条件的受助者，用来补偿其已经或需要承担的成本""334-2 补助在利润表中记为收入。按要补偿的成本的使用进度计入一个或多个财年中。对可折旧资产的补助按入账折旧比例在利润表中记为收入。投资补助构成未摊销的递延收益，要单独列在资产负债表中""334-3 用于偿还已发生的费用或损失的补助，或是给予公司的，与未来成本无关的直接财政补助在其获得之日计入收入""334-4 对不可分期摊销的不动产的补助，其收回在该不动产不得转让期分摊进行""334-5 补助，包括非货币补助计入利润表或负债（作为递延收益），需有以下合理保证：企业符合补助条件；补助将被接受""334-6 在企业需返还政府补助的特殊情况下，返还金额做会计估计变更处理：还款首先列入所有与补助相关的不进行摊销的递延收益；超额部分计入费用"等条款中对政府补助进行了定义、确认、计量和报告。

（十）借款费用

借款费用，是指企业因借款而发生的利息及其他相关成本。

《2005 年总会计方案》涉及借款费用的相关条款有："336-1 借款的杂费和借款的发行或偿还费用需精算分摊到借款期限内""336-2 借款成本包括：银行透支和借款的利息；发行溢价摊销或借款偿还，以及借款实施的杂费成本摊销用于金融租赁的财务费用；外币借款带来的汇率差，只要其被视为利息成本的调整。借款成本在其所发生财年计入财务支出。除非该成本按下条规定记为资产成本""336-3 借款成本若直接关系到资产的获得，构建或生产且该资产在使用或出售前需要很长的准备期（不动产投资等），该借款成本计入相关资产成本。在生产活动中断，或为资产达到使用和销售状态的准备工作结束的情况下，借款成本暂停资本化"。

在《2005 年总会计方案》中与借款有关的会计科目设置有"账户 16，借款和相关债务""账户 17，与投资相关的债务"等。

（十一）外币业务

《2005 年总会计方案》只针对外币业务核算内容中的外币交易业务进行了详细的规定，主要内容包括：

346-1 条，外币确认的资产或负债在初始入账时要转换成本国货币，要按照交易发生日的即期汇率进行转换。

346-2 条，以外币计入的债权和债务，如果是商业交易则按照当事人签署交易协议之日的汇率转换为本国货币。如果是财务交易则在能够支配外币之日转换为本国货币。

346-3 条，当债权和债务的产生和偿还发生在同一会计年度时，汇率变化引起的与资产原值之间的差异金额构成汇率损失或收益，分别列入财务支出或财务收入。

346-4 条，资产负债表日，以外币计入的债权和债务继续列在资产负债表中时，记录的原值须按资产负债表日最新的汇率进行修正。入账的原始值（历史成本）与资产负债表日的转换值之间的差额导致原始值的增加或减少。该差额构成会计年的财务支出或财务收入，但受条款 346-5、346-6 限制。

346-5 条，公司进行外币交易的同时还附加了另一笔对称交易旨在抵销或弥补汇率浮动带来的后果，称为套期保值。汇率的盈亏只有在风险未被涵盖时才可计入利润表。

346-6 条，如果货币大幅升值或贬值带来的汇率差影响到以外币收购资产直接相关的负债，该汇率差可以计入相关资产的账面价值。但须满足以下条件：调整后的账面价值不得高于该资产的最低更换成本和可收回金额。

（十二）所得税

所得税会计核算包括当期所得税和递延所得税。

核算内容：当期所得税核算内容为当期所得税费用，相关条款有"230-1 利润表至少要呈现以下信息：所得税费用"；递延所得税核算内容为递延所得税费用、递延所得税资产、递延所得税负债，相关条款有"220-2 需要分别列在资产负债表中的基本信息有：递延所得税资产，递延所得税负债""250-3 经营活动产生的现金流通过直接法或间接法进行列报，间接法要调整当期净利润，需要考虑：时间差异或调整（递延所得税）"。

确认及计量原则：当期所得税费用为由税务局核定的应纳税所得额与现行税率的乘积；递延所得税负债与递延所得税资产的确认与计量参照以下条款："343-2 递延所得税可以是在未来会计年度需要缴纳的利润所得税（递延所得税负债）或在未来会计年度可以抵扣的利润所得税（递延所得税资产），在资产负债表和利润表中记录以下情况引起的递延所得税：会计核算的收入和支出和其在之后会计年度应纳税所得额之间的暂时差额；税务亏损或税收抵免如果在可预见的未来都可以通过税收优惠或未来税收缴扣，则可以延迟。会计期末在计量该科目时，只要在可预见的未来能够带来税务支出或收入，就可以将递延所得税资产或负债的暂时差异入账。在会计报告中，递延所得税资产应区别于当期应收税款。递延所得税负债应区别于当期所得税负债""343-3 递延所得税应在每个账目期末，按当期现行税法或按资产实现或负债偿还的会计年度及相应预期的税法规定进行确认或重新审定。

五、其他

关于企业合并，《2005 年总会计方案》中对合并的定义是"43 合并：通常指两家公司的合并。①一个公司的资产和负债被转移到另一家公司，第一家公司解体。②两家公司的资产和负债被转移到新公司"。

《2005 年总会计方案》中对于企业合并及合并会计报表有关的条款有：

351-1 条，合并报表旨在将一个企业集团所有企业的资产，财务状况和利润作为一个会计主体处理。

351-2 条，任何总部设在马达加斯加或在马达加斯加开展主营业务的企业，且控制一个或多个子公司，每年须编制公布综合反映所有企业状况的合并财务报表。

351-3 条，具主导地位的公司（或称母公司）的行政，管理或监督部门负责编制合并财务报表。

351-4 条，具主导地位的公司若还受其他公司控制则服从合并义务，免除编制合并财务报表。然而，豁免权只能在以下情况下提出：如果企业进行了公开发行；如果持有主导地位公司至少 1/10 的股东集体要求合并报表。

351-5 条，企业集团累计营业额和职工累计平均数量连续两个会计年度超过财政部的最低要求，适用于合并报表。最低要求参考最近几年合并报表设定。

351-6 条，控制指有权决定一个公司的财务和经营政策的权利，控制在下列情况下存在：直接或间接持有（通过子公司）另一个公司的大多数投票权；与其他合伙人或股东协定的超过 50% 的投票权；有权任免另一公司大部分的领导层；依据法规或合同，有权决定公司的财务和经营政策；在公司管理机构会议上有权联合大多数投票权。

351-7 条，严格的长期限制挑战了母公司对该企业的控制或影响，或是它们的资金转移能力，此类企业排除在合并报表范围之外。同样适用于以最终转让为目的持有股份的公司。该条款提到的不执行合并报表的企业，须在合并报表附件中说明理由。

第四章 马尔代夫税收外汇会计政策

第一节　投资环境基本情况

一、国家简介

马尔代夫（The Republic of Maldives）位于东经 72°33′~73°46′，北纬 7°6′~南纬 0°42′，由 1192 个珊瑚岛组成，其中 198 个岛屿有人居住，总面积为 9 万平方公里（含领海面积），陆地面积仅占 0.331%，约 298 平方公里，首都马累。马尔代夫总人口约为 40.8 万人，其中常住人口 40.2 万，本地人 33.8 万，迪维希语（Dhivehi）是马尔代夫的官方语言，直至 20 世纪 60 年代，迪维希语一直是马尔代夫学校唯一的教学语言，后来为发展教育的需要，学校普遍使用了英语。现在官方和上层社会通用英语。马尔代夫法定货币是卢菲亚（MVf, Rufiyaa）。2016 年全年，1 美元平均兑换 15.4 卢菲亚。马尔代夫为总统制国家。

伊斯兰教是国教，属逊尼派。伊斯兰教对马尔代夫社会生活产生了全方位的影响。尽管马尔代夫 1932 年就颁布实行《宪法》，但日常的司法实践中，深受《古兰经》和伊斯兰教法的影响。

二、经济情况

马尔代夫为南亚区域合作联盟成员国之一，支柱产业为旅游业，近 40 年来，自马尔代夫开始发展旅游业以来，经济一直保持较快增长，年均 GDP 增速达 7% 以上，但近十年来受自然灾害、全球金融危机以及本国政局动荡等因素影响，马尔代夫经济增长放缓，经济波动较大。2017 年马尔代夫国内生产总值 48.66 亿美元，名义 GDP 增长 10.24%，人口达 43.63 万，人均 GDP11153 美元。截至 2017 年末，马尔代夫外债总规模占 GDP 比重约 60%。[①] 马尔代夫目前仍为国际货币基金组织（IMF）受控国。

---

① 数据来源：世界银行。

三、外国投资相关法律

（一）投资方式

马尔代夫与投资相关的法律法规有《商业登记法》《公司法》《合伙经营法》《合资企业法》《独资经营法》《外资法》。除个别行业外，原则上马尔代夫对外国投资方式没有限制。根据马尔代夫政府有关规定，渔业捕捞禁止外资进入，零售业须与当地人合资经营。

凡不符合马尔代夫《宪法》第9条中规定的马尔代夫公民条件者都属于外籍人，包括海外注册的公司、合资公司、社团和商业实体。外籍人可以选择建立一家公司、合资企业、在领土外国管辖权内再注册一家公司或在马尔代夫组建外企的分支机构。当前，有两种机制为国外投资者在马尔代夫投资提供服务：《外资法》规定下的一般机制和《经济特区法》规定下的特区机制。

《商业登记法》规定允许外籍人在马尔代夫经商的条件包括：法律、医疗、财会、税务、金融服务等专业服务领域；企业股份资本超过了100万美元且在马尔代夫政府指定的机构中存了10万美元的押金；批发商；有马尔代夫政府许可的银行颁发的资信证明；非从事小生意或零售业的零售商。满足了上述条件，外籍人需要依照马尔代夫《公司法》成立一家公司或依照《合伙经营法》组建合伙经营关系。马尔代夫《公司法》也允许国外公司在马尔代夫再注册或组建分支机构。马尔代夫允许外资进入所有主要的经济领域，但是以下领域除外（这些领域仅限于马尔代夫当地人）：摄影及相关活动，纪念品买卖及相关活动（批发零售），通过海面进行的各岛间乘客运输服务（如果当地人持股51%则外籍投资者可以经营这个领域），水上运动及相关活动（如果当地人持股51%则外籍投资者可以经营这个领域）、关税检查区保税仓库的经营，马尔代夫专属经济区内捕鱼，购买、加工和出口鲣鱼。

2014年9月，马尔代夫通过了《经济特区法》，其主要目的是吸引私有资金对有重大经济意义的项目进行大规模的投资。凡在经济特区投资者均可享受特区的特殊税收和优惠政策。能够享受到特区优惠政策的投资规模相对较大，要求1.5亿美元以上，且与《经济特区法》中所列出的政府战略重点相符合。这个重点清单每年都要由总统审核修订一次，根据政府的战略规划做出更新。可供特区投资的战略领域有：出口加工类；港口转运，国际物流，港口，机场，大宗拆装，燃料仓储，船坞勤务；办设大学，三级医院，高级专科医院和研发设施；信息通信技术园区及相关设施；国际金融服务；油气探测。经济特区可以享受的优惠政策有：免去企业所得税、免去商品和劳务税、免去预提税、雇佣外籍员工条件宽松、只要当地人持有至少 50% 的股份，则可以用自由保有土地在马尔代夫注册公司。

（二）劳工方面主要规定

马尔代夫于 2008 年 10 月颁布《就业法》(Employment Act)，该法规对在马尔代夫的工作年龄、工作时间、劳动合同、工资津贴、假期、解雇、就业代理、劳动监管等方面进行了规定。

外国人在当地工作的规定：马尔代夫对外籍劳务的输入控制和管理很严格。未经青年和体育部批准，任何外国人不得在马尔代夫工作。马尔代夫政府还规定，外国人持旅游签证入境后，未经许可不准就业、做生意或从事无论有偿还是无偿的任何职业。

根据《移民法》，工作签证是可以多次出入境的长期签证，签发给在马尔代夫工作的外国人。工作签证申请程序为：1. 从移民局获取外籍员工配额；2. 拿到配额之后，获取用工许可；3. 身在国外的潜在员工拿到用工许可之后必须在 90 日之内入境。员工到达后立即发放为期 15 天的免费签证。在此期间，此潜在员工需要办理以下手续：在指定的医疗机构做强制体检，购买医疗保险，申请并获取工作签证，工作签证要求签证持有人只能为其用人单位并在指定的工作地点工作。即将进入马尔代夫工作的外籍员工必须获取用工许可才可以入境工作。用人单位必须为雇佣的每一位外籍员工向移民局缴纳保证金。一旦此外籍员工离境，此保证金即可退回。

（三）环境要求

马尔代夫环保管理部门是马尔代夫环境与能源部。马尔代夫主要环保法律法规为《环境保护法（1993 年第四号法案）》。

提倡全民环保意识，各相关政府部门均需要制定相关行业的环保条例；明确负责环境保护和评估的政府职能部门和职责；对废弃物、油、有毒和有害物品进行了界定；制定了破坏环境的具体惩罚标准。

马尔代夫制定了"一岛一度假村"政策；每个度假区内的建筑占地面积只能占景点面积的20%；度假区内建筑的高度不能超过最高的棕榈树；马尔代夫的一些环状珊瑚岛周围禁止捕猎鲨鱼；海龟是保护动物，禁止买卖海龟。

2009年，马尔代夫曾提出到2020年将马尔代夫打造成全球第一个碳中和国家，即二氧化碳排放为零。因此该国将对游客自愿征收每年高达1亿美元的碳税。

目前，马尔代夫环保评估主管机构为环境与能源部下属的环境保护局（网址：www.epa.gov.mv）。马尔代夫环评法规主要为2007年住房部出台的《环境影响评估规定》。该规定就环评报告的范畴、申请程序、项目规划、法定责任等一一作了规定。根据该规定，申请人（本国与外国企业）在马尔代夫开展投资或工程承包前，向具有资质的环评顾问提供材料，请其就项目对环境与生态系统的累积影响等出具鉴定意见，而后申请人将鉴定意见与其他材料提交至环境保护局，环境保护局于5个工作日内召开会议审核材料，并确定是否需要做现场勘查，审核后在2周内向申请人签发环境决定声明，对申请人的项目或行为是否会对环境与生态构成严重影响或威胁作出结论，申请人需负担期间所有费用与支出，并向环保局支付一定的管理费用，费用金额视项目规模而定，需提前缴纳，且不能退还。

四、其他

世界银行发布的《2017年营商环境报告》显示，马尔代夫在190个经济实体中，排名第135位。中国尚未与马尔代夫签署双边投资保护协定和避免双重征税协定。

2017年12月7日，在国家主席习近平和马尔代夫总统阿卜杜拉·亚明·阿卜杜尔·加尧姆的共同见证下，商务部国际贸易谈判代表兼副部长傅自应与马尔代夫经济发展部部长穆罕默德·萨伊德分别代表两国政府，在北京正式签署《中华人民共和国政府与马尔代夫共和国政府自由贸易协定》（以下简称中马自贸协定）。

在货物贸易领域，中马自贸协定实现了高水平关税减让，双方承诺的零关税产品税目数和贸易额比例均超过95%。由于我国是第一个与马尔代夫签署双边自贸协定的国家，协定实施后，我国企业将获得比其他国家更优惠的市场准入待遇。

第二节　税收政策

一、税法体系

马尔代夫的税法体系主要包括《企业所得税法》(Business Profit Tax Act)、《企业所得税规定》(Business Profit Tax Regulations)、《银行利润税法》(Bank Profit Tax Act)和《商品及服务税法》(Goods and Services Tax Act)等。针对各主要的税务法律，马尔代夫还颁布了具体的税收规章(tax regulations)、税收裁定(tax rulings)和税收政策(tax policy)，共同构成马尔代夫税法体系。

马尔代夫税收体制相对简单，但近年来有增加趋势。其主要税种包括：进口税、旅游税、商品及服务税(GST)、旅游商品及服务税(TGST)、企业所得税、银行利润所得税、个人所得税、机场服务费、电信税(2013年实行)等，除税收外，旅游岛租赁费也是马尔代夫财政收入的一项重要来源。此外，马尔代夫政府也征收其他名目的税费，如公司注册费、特许经营费、印花税和机动车船税等。

2017年底，马尔代夫加入BEPS包容性框架，未来将与OECD及G20各个国家一起参与实施BEPS行动计划。

二、税收征管

（一）征管情况介绍

马尔代夫因国家较小，无中央税地方税之分，马尔代夫海关负责征收进口关税，税务局(MIRA)负责征收增值税、企业所得税、预提税、印花税等。马尔代夫处理税收争议的主要部门为国家税务局和税务上诉法庭。

（二）税务争议解决机制

税务争议的主要类型可能包括税收立法缺陷引起的争议，如征纳双方对税法理解不同引起的争议，纳税人责任引起的争议或税务机关责任引起的争议等。

主要解决途径：

1. 提出异议

（1）可以提出异议的事项。如果纳税人认为税务机关在税务审计和调查中做出的核查结果不正确或违反了相关法律，纳税人可向税务机关提出异议。

（2）不可提出异议的事项。根据马尔代夫《税务管理法案》第3章42节的规定，纳税人不可以对税务机关做出的如下决定提出异议：税务机关关于内部管理的规定；对纳税人进行税务审计和调查的决定和相关通知；就从第三方获取有关影响纳税人纳税义务的信息的决定；关于免除罚款的决定；就分期缴纳税款的安排的决定；关于采取执法行动的决定，例如，冻结纳税人银行账户；其他事项，除非在法律中另有明确规定可以向税务机关提出异议。

（3）税务事项异议申请表。如果纳税人对税务机关做出的税务核查有异议，须填写《税务事项异议申请表》（Notice of Objection）（MIRA 903 表）提交给税务机关，其他提交方式将被视为无效。《税务事项异议申请表》可在国内收入局官网（www.mira.gov.mv.）下载。

（4）提出异议的时间。纳税人必须在收到《税务核查通知书》的30天内（不包括法定节假日）提交填好的《税务事项异议申请表》，否则将被视为接受税务机关的税务核查决定。

（5）税务事项异议申请表的内容。纳税人应详细阐述提出异议的事项及理由，例如：为何对税务机关的税务裁决提出异议；为何认为税务机关要求补征的税款过高。纳税人可以参考适用的法律规定进行说明。

如果纳税人对税务机关核查确定的应纳税额有异议，纳税人应在《税务事项异议申请表》中附上自己认为正确的应纳税额的计算过程；

如果纳税人认为税务机关的核查结果或决定是错误的，应提供相关的证据佐证其观点或测算，如税收收据、付款凭证、合同、协议或信函等。但如果纳税人在税务核查通知书下达之前未向税务机关提交文件或证据，在后续提出异议时也不能提交作为支持证据。纳税人可以请注册税务代理、会计师、律师协助准备异议申请表；

　　如果税务机关驳回纳税人的异议申请，纳税人可向税务上诉法庭（Tax Appeal Tribunal，TAT）提出上诉，请注意上诉申请书应以迪维希语（Dhivehi）准备或附上迪维希语翻译件。

　　（6）税务机关对税务事项异议申请表的处理。纳税人提交的《税务事项异议申请表》将会由国家国内收入局异议处理部门受理。根据TR-2015/A2号税务裁定规定，如果税务机关在税务审计期间向纳税人索取相关文件或证据，但纳税人没有提供，在后续税务异议处理期间税务机关将不会接受上述文件或证据。税务机关将会基于相关的法律法规来审查纳税人提出税务异议的依据，并决定是否接受该异议。税务机关可能会通过电话或邮件要求纳税人提供额外的信息或资料，纳税人应在给定的截止日期前向税务机关提供上述信息或资料。税务机关也可能会要求与纳税人面谈沟通《税务事项异议申请表》中的事项。

　　（7）撤回税务事项异议申请表。如果纳税人希望撤回税务异议，应通过书面方式提出。纳税人撤回异议申请后，税务机关做出的税务核查结果或决定将维持原判不变。

　　（8）异议处理结果。税务机关对纳税人提交的异议做出审查决定后，将会向纳税人出具书面的异议审查报告。如果税务机关同意纳税人的异议，会相应地修改税务核查结果。

　　（9）支付税金和缴纳罚款。即使纳税人向税务机关提交了《税务事项异议申请表》，纳税人仍应在纳税截止日前向税务机关缴纳有争议的未缴税款。如果异议审查结果有利于纳税人，纳税人已缴纳的税款可用于抵扣以后的应纳税款。如果纳税人没有在纳税截止日前向税务机关缴纳税款，虽然未缴纳税款存在争议，但纳税人仍需缴纳逾期罚款和滞纳金。如果税务机关接受纳税人提出的异议，纳税人之前多缴纳的税款可用于抵扣以后的应纳税款。

　　（10）税款追偿。在税务机关对纳税人提出的税务异议事项做出决定之前，不会采取任何行动来追偿税款。

2. 向税务上诉法庭提出上诉

（1）异议驳回后向上诉法庭提出上诉。如果税务机关驳回纳税人提出的异议（或异议的一部分），纳税人不满意的，在异议审查报告出具后的 30 天内，纳税人可以向税务上诉法庭提出上诉。根据《税务管理法案》第 3 章 44 节，任何有争议的未缴税款以及任何根据税法应支付的款项，须在税务上诉法庭接受纳税人的上诉之前全部支付给税务机关。

（2）直接向上诉法庭提出上诉。纳税人可以就以下事项直接向税务上诉法庭提出上诉，无需事先向税务机关提出异议：根据《税务管理法案》第 3 章 31 节（h）条，税务机关在税务审计期间向纳税人发出的准备文件的通知；税务机关做出的要求纳税人将应支付给另一拖欠税款的纳税人的款项直接支付的国内收入局的通知（该上诉只能由第三方提出）；税务机关根据《税务管理法案》和《企业所得税法》做出的民事处罚。

三、主要税种介绍

（一）企业所得税（Business Profit Tax）

1. 征税原则

马尔代夫政府从 2011 年 7 月 18 日开始征收企业所得税。在此日期之前，马尔代夫从未征收任何所得税。满足在马尔代夫注册成立或不在马尔代夫注册成立，但实质管理和控制机构在马尔代夫之一的为马尔代夫的居民纳税人，马尔代夫居民企业应就其在马尔代夫境内和境外开展业务所取得的利润缴纳企业所得税。两个条件均不满足的企业属于非居民纳税人，非居民企业需就马尔代夫境内开展业务所取得的利润缴纳马尔代夫企业所得税。非居民企业需就如下收入在马尔代夫纳税：①在马尔代夫从事租赁土地或建筑取得的收入；②扣除可扣除成本及费用后，企业通过设置在马尔代夫的常设机构进行的全部或部分商业活动产生的利润；③任何从居民或拥有常设机构的非居民处收取 / 可收取的特许权使用费或管理费用。

2. 税率

对于该年度不超过 500000 卢菲亚的应纳税利润，税率为 0%；

对于该年度超过 500000 卢菲亚的应纳税利润，税率为 15%。其中

500000 卢菲亚为免征额，年度应税利润超过 500000 卢菲亚的，仅就超过部分征税。

3. 税收优惠

马尔代夫对特定行业及行为免税有：银行、慈善机构和外国投资的免税、航运或空运业务免税。

马尔代夫货币总局规定，在马尔代夫注册成立的所有商业银行适用银行利得税，免除企业所得税，经税务局批准并为推广伊斯兰教、济贫、医疗救济或教育或类似一般公用事业的任何其他目的而设立的任何团体、协会或事业单位适用免税。《特别经济区法》规定符合条件的开发者享有税收优惠。满足条件的利润全部来源于境外的企业享受 5% 的低税率。

4. 所得额的确定

居民企业源于马尔代夫或非源于马尔代夫的利润（包括利息收入和股息收入等）都须征收企所得税。

在计算应纳税所得额，只有为取得相应收入而产生的同一年度支出准予扣除。

企业所得税按应纳税所得额的 15% 征收。提供给每个纳税人的年度减免应纳税津贴为 500000 万卢菲亚（约 32435 美元）。但对于集团企业，免税津贴额按均分比例分配至每个集团子公司。在一个纳税年度所发生的税务亏损可结转至下一年度以抵扣将来的应纳税所得额（亏损可结转五年）。可使用的税务亏损没有限制。

企业所得税是按照《企业所得税法》和其规定去计算的。表 4-2-1 是一些可作税前列支费用的例子：

表4-2-1 税前列支明细表

费用	
不可作税前抵扣	可作税前抵扣
任何因不遵守马尔代夫法律而应付的罚款或利息	坏账
家用或私人支出	资产租赁支出
资本开支	伊斯兰捐献（Zakat al-mal）

续表

费用	
不可作税前抵扣	**可作税前抵扣**
坏账准备	支付给总公司费用（不超过总收入的 3%）
其他费用的准备	员工福利费
贷款利息年利率超过 6% 的部分（除非是支付给马尔代夫税务机关认可的银行或金融机构）	支付给马尔代夫税务机关认可的机构或协会的现金捐赠（不超过特定利润的 5%）
—	现金支付的退休基金费用
—	资本免税额
—	董事酬金（不超过指定利润的 10%）
—	贷款利息
—	开业前 / 开始运作前所产生与业务有关的费用，可在业务开始后的第一年作税前抵扣。
—	从马尔代夫居民企业收到的股息
—	未实现收入准备或费用准备的逆转
—	审计费

5. 反避税规则

（1）转让定价。当一家企业在计算其应税利润中涉及直接或间接与其关联方进行的交易时，须考虑转让定价。如果一家企业对另一家企业有控制权，或这两家企业都被第三家企业控制，则这两家企业被认为是关联方。在这样的情况下，关联企业间的交易应当以独立交易原则进行定价。根据马尔代夫《企业所得税法》，关联关系指的是：①一方直接或间接控制另一方，或者双方直接或间接同为第三方控制；②一方与另一方有亲属关系，即：一方是另一方的配偶；一方是另一方或另一方配偶的兄弟、姐妹、父母、祖父母或子女；一方是上述所指人员的配偶；子女包括继子女。

（2）旨在避免或减少税务责任的安排。如果税务局（MIRA）有合理理由相信执行交易的主要目的或主要目的之一（无论是在本法案生效之前还是之后）旨在避免或减少任何纳税年度的税务责任，则税务局（MIRA）可行使以下权力：发布估税，该税款不超过税务局认为已避免或减少的税额；发布通知，废除企业向税务局要求的税款偿还；发布通知，要求企业在收到税务局的退还款后，原数将税款重新交给税务局。

（3）资本弱化。2018 年 4 月 26 日，马尔代夫国内收入局发布税务裁定 TR-2018/B64，引入了关于计算企业所得税可扣除利息的资本弱化规则，该裁定自 2018 年度起适用。根据裁定，在计算纳税人应纳税所得额时，纳税人可在税前扣除的已支付或应付利息总额不应超过以下两项的较低者：①年利率为 6% 的利息，支付给经马尔代夫国内收入局批准的银行和金融机构除外；②纳税人已支付或应付的实际利息总额，支付给经马尔代夫国内收入局批准的银行和金融机构的除外。

此外，在计算纳税人应纳税所得额时，纳税人已支付或应付的利息支出中超过以下限额的部分不得税前扣除：弥补亏损前利润 / 亏损加上根据《企业所得税法》11（a）可扣除的不超过 6% 年利率的利息和根据《企业所得税规定》第 4 章规定可扣除折旧摊销额后金额的 25% 部分。该条款不适用于：①保险公司；②住房金融公司；③融资租赁公司。

裁定所指利息包括：①各类债务（包括贷款、金融工具、融资租赁、金融衍生品，或产生利息、息票、折价或其他可扣除财务费用的任何安排）的利息；②经济上相当于利息的支付款；③为筹措资金而发生的费用，包括安排费用和担保费用。

6. 征管与合规性要求

（1）税务登记。在马尔代夫从事任何贸易、商业、生产及非日常经营的贸易，农业、园艺、林业和木材，水产、捕鱼、家禽或家畜饲养，授权占有不动产以换取报酬，或其他任何以赚取利润为动机的业务或者活动的实体均需要在马尔代夫进行税务登记。这些实体包括：马尔代夫注册的公司，在马尔代夫经营业务并赚取源于马尔代夫利润的非居民企业，出租位于马尔代夫的土地及建筑物赚取租金的人士，从马尔代夫居民或常设机构收取特许权使用费收入或管理费收入的个人。

（2）报税要求。按照《企业所得税法》规定，在马尔代夫税务机关注册的公司须按以下要求作申报：

表4-2-2　企业所得税税务申报表

申报类型	申报时间
首次中期申报	前一纳税年度的总纳税额的， 同一年的 7 月 31 日前申报
第二次中期申报	前一纳税年度的总纳税额的， 次年的 1 月 31 日前申报
最终申报	会计期末起 6 个月内；或次年的 4 月 30 日前。 （以较迟者为准）

（3）滞纳金。①纳税人未在规定期限内申报办理企业所得税税务登记的，自规定期限后第一天起，处以每日 50 卢菲亚的罚款，最高不超过 5000 卢菲亚。②在规定期限内不缴或者少缴企业所得税税款的，从滞纳税款之日起，按日加收滞纳税款 0.05% 的罚款，最高不超过滞纳税款的两倍或 250000 卢菲亚，以较高者为准。并从滞纳税款之日后一个月起，至解缴税款之日止，对滞纳税款加收年利率 5% 的利息。③未在规定期限内办理企业所得税申报的，将按以下规定处以罚款：如果存在缴纳税款义务，从滞纳税款之日起，处以每日 50 卢菲亚的罚款，最高不超过 125000 卢菲亚；如果不存在缴纳税款义务，自规定期限之日起，处以每日 50 卢菲亚的罚款，最高不超过该纳税期间应纳税额的两倍。④未在规定期限内向国家国内收入局报送所要求资料和信息的，将按以下规定处以罚款：如果存在缴纳税款义务，从滞纳税款之日起，处以每日 50 卢菲亚的罚款，最高不超过 125000 卢菲亚。如果不存在缴纳税款义务，自规定期限之日起，处以每日 50 卢菲亚的罚款。

7. 预提所得税

（1）利息。马尔代夫不征收利息预提所得税。

（2）股息。马尔代夫不征收股息预提所得税。

（3）特许权使用费。马尔代夫对如下支付给非居民企业的款项按总金额的 10% 征收预提所得税：①特许权使用费或其他因使用厂房、机器、设备和其他财产从事商业活动而支付的类似款项；②用于研发活动的费用；③使用电脑软件而支付的费用。

预提税款需于支付款项的次月 15 日之前，向马尔代夫税务局申报扣缴。

（4）其他。马尔代夫对某些特定的支付给非居民企业的款项按总金额的 10% 征收预提税，且预提税款需于支付款项的次月 15 日之前，向马尔代夫税务局申报扣缴。以下特定款项支付需征收预提所得税：①租金或其他因使用厂房、机器、设备和其他财产从事商业活动而支付的类似款项；②因接收管理、个人或技术服务而支付的费用和其他类型佣金或非受雇所得性质的费用；③支付给在线旅行社非居民经营者的费用。

8. 其他规定

马尔代夫没有对于将利润、股息、收入、财产收益汇出马尔代夫的限制。

当纳税人从位于马尔代夫的不动产获得收入时，该纳税人可以选择根据《企业所得税法》第 9 节来计算应交税额。如果做出这样的选择，该纳税人可以从实际获得的租金中扣除 20% 后作为应税所得。

（二）增值税

1. 征收原则

增值税是自 2011 年 10 月 2 日起对在马尔代夫供应的商品或服务的价值收取的一种税。纳税人应于税款发票开具时，全额或部分收到付款时确认相关增值税。相应的，纳税人全额或部分收款后，应在收款日所属的应税期间按照全额款项计算并支付相应增值税。

根据《增值税法》24（a）条，已登记的公司必须根据以下时间向马尔代夫税务局提交增值税申报表并支付相应增值税：若该公司供应的相关增值每月的总价值低于 100 万卢菲亚，则每 3 个月进行一次增值税申报和支付；若该公司供应的相关增值每月的总价值高于 100 万卢菲亚，则每月均须进行一次增值税申报和支付。

2. 计税方式

（1）简易计税。满足以下任何条件，可依照税法获批使用发票金额以外的计税基础计算应纳税额：注册人是市政委员会或政府管理部门；或者注册人提供服务不以营利为目的；或者注册人的年度应税销售额不超过 200 万卢菲亚。纳税义务人应在满足条件情况下向税务局署长书面申请，获批后方可适用简易计税方法，征收率 6%。

（2）一般计税方式。除满足简易计税申请条件的纳税义务人外，均适用一般纳税方式，计税方式为扣税法，以发票金额为基础，销项税额减去进项税额，差额进行纳税。

3. 税率

一般商品或服务：6%；

旅游商品或服务：12%；

部分商品：0%。

4. 增值税免税

根据《增值税法》，部分商品和服务增值可以免税。提供以下服务适用于增值税免税政策：在有关政府当局或国家机构登记的电力服务提供单位所提供的电力服务、供水设施、邮政服务、排污设施、教育、医疗服务；在相关政府当局或国家机构登记的药房，提供的相关政府当局授权销售的药品以及根据本法案制定的条例所列明的医疗器械；在相关政府当局或国家机构登记的非营利机构或协会，出售作为捐赠或礼品收到的商品，以及金融服务、租赁不动产所赚取的租金、国际运输服务、收到的罚款；政府或政府通过第三方按照社会保障性住房计划出售的公寓、土地和建筑物；在有关政府当局或国家机构登记的日托中心所提供的托育服务。

5. 销项税额

增值税税基为销售货物或提供服务的全部价款。符合下列条件的内容不包括在税基内：发票上的现金折扣；可回收的包装物（若包装物不退回则需缴纳增值税）。

6. 进项税额抵扣

进项税抵扣的依据应为具有纳税人公司名称及税号（CST TIN）的发票。不能抵扣进项税的情形有：无有效税务发票、首次申报的应纳税期截止后已过 12 个月，该商品或服务不在马尔代夫提供。不能申报进项税的支出为：提供免税增值，给员工以外的人带来利益，为个人使用或非商业目的购买的增值，俱乐部或协会的会员费，购买免费配送的商品，筹款活动。

7. 征收方式

根据《增值税法》规定，纳税人在申报缴纳货物和服务税时，销售和提供商品和服务增值的销项税额可以抵减进项税额，但免税商品和服务增值的对应的进项税额不能用来抵扣。

8. 征管与合规要求

已登记的实体须在相关服务完成起 3 日内，就所有提供的服务开具税务发票或收据。增值税应当在税期结束次月的 28 日前申报纳税，如果未能及时申报纳税，纳税人应当按照表 4-2-3 计算滞纳金。

表4-2-3　增值税滞纳金一览表

类型	征收方式
未进行增值税登记	限期过后征收 50 卢菲亚（3.24 美元）（按每日计算），上限为 5000 卢菲亚（324 美元）
逾期未缴	以欠缴税额的 0.05% 征收（按每日计算）
逾期未申报	如果没有应缴税款，限期过后征收 50 卢菲亚（3.24 美元）（按每日计算）。如果存在应缴税款，应纳税额的 0.5%
预期未向马尔代夫税务局提交相应文件或提供相应信息	如果没有应缴税款，限期过后征收 50 卢菲亚（3.24 美元）（按每日计算）。如果存在应缴税款，应纳税额的 0.5%

数据来源：马尔代夫《增值税法》。

（三）个人所得税

马尔代夫目前不征收个人所得税。但是对于在马尔代夫取得且存入在马尔代夫当地开立的银行账户的薪酬，在汇出到他国时征收 3% 的个人收入汇出税（Remittance Tax）。

（四）关税

1. 关税体系和构成

马尔代夫涉及进口的税收只有两种，即增值税和进口税，马尔代夫海关为关税的征收机构。马尔代夫对货物进口实行较为严格的许可证管理制度，区分了禁止进口商品、限制进口商品和需提供有关证明（许可）可进口的商品。

2. 税率

根据各商品品目的不同，按进口货物的到岸价分别征收 5%~200% 的关税。马尔代夫平均适用关税率约为 20%。但实际上，在马尔代夫开展投资活动，关税免税申请并不困难。

3. 关税免税

根据马尔代夫《进出口法》，马尔代夫政府总统有权对任何具有促进马尔代夫当地就业和经济增长作用的投资项目豁免进口税。如果投资额超过200万美元，总统可批准豁免进口税。但即使进口税得到豁免，每一批进口货物仍须分别填报豁免申请表（向总统申请许可）并分别申请豁免。

在进口税免税期间，公司可以免税进口机器设备和建筑材料（不需要支付进口税后再申请退税）。然而，每一批的进口货物须分别申请进口税减免。

4. 设备出售、报废或再出口的规定

免税物资出售需要补税，免税设备在规定期限退出马尔代夫，不需缴税，但是进行深加工再出口的货物需要缴纳再出口税。再出口税的征收依据是《进出口法》（法第31号/79），适用于所有以现有的形式出口的产品或经深加工和制作后再进口到马尔代夫国内的产品。税费是根据出口产品的FOB价值计算的。

凡在马尔代夫从事再出口业务者在获得经济发展部颁发的证照后均需到马尔代夫国内税务局登记。

（五）企业须缴纳的其他税种

1. 印花税

马尔代夫印花税，是对合同、注册证照、进出口执照、货运单、特定车船执照等征收的一种税。纳税人通过在文件上加贴印花税票，或者盖章来履行纳税义务。现行印花税只对以下列举的凭证征税：

表4-2-4　印花税一览表

项目	美元	卢菲亚
公司注册	32.43	500
商标注册	6.49	100
标志注册	1.62	25
运输标志注册	3.24	50
进口商品销售执照注册	0.65	10

续表

项目	美元	卢菲亚
咖啡馆执照注册	0.65	10
旅游度假村注册	64.85	1000
旅游酒店注册	64.85	1000
旅游者旅馆注册	6.49	100
旅游船只注册	19.46	300
政府向私营部门出租建筑、土地的文件	1.62	25
有关电力供应的协议	0.65	10
有关电话安装的协议	0.97	15
出版图书的许可文件	0.32	5
出口执照（以许可额度的每100卢菲亚为单位计算）	0.65	10
进口执照（以许可额度的每100卢菲亚为单位计算）	0.65	10
宣布私有土地所有权的文书	6.49	100
航空公司运货单	0.65	10
货运提单	0.65	10
长度低于3米的船只	0.65	10
长度超过3米低于6米的船只和汽车	1.95	30
长度超过6米低于9米的船只和汽车	2.59	40
长度超过9米低于12米的船只和汽车	3.24	50
长度超过12米低于15米的船只和汽车	6.49	100
长度超过15米低于20米的船只	6.49	100
长度超过20米低于30米的船只	6.49	100
长度超过30米低于40米的船只	6.49	100
长度为40米的船只	6.49	100
长度为40米的船只，就每米或每0.5米的加长部分	6.49	100

3. 环保税

环保税将会按照每个游客每天 6 美元的标准统一征收。旅游度假村、旅游宾馆和观光船只都要负责向每个游客收取环保税。2015 年 11 月 1 日起开始征收环保税。该税种由度假酒店、旅馆、观光船纳税代扣代缴，须于次月 28 日前按月填报环保税申报表并缴纳税款。

4. 旅游用地租金

马尔代夫旅游用地租金根据《马尔代夫旅游法》(法第 20 号 /2010)的第二修正案征收的。旅游用地租金的计算是根据岛屿土地面积和向政府承租用于旅游设施建设的地块做出的。季度租金必须在季度开始前支付。以下是用于旅游设施的土地的租金(旅游度假村、旅游宾馆、招待所):

表4-2-5 旅游用地租金一览表

面积(平方米)	适用租金
土地面积不足 200000	1000000 美元
土地面积 200001~400000	1500000 美元
土地面积大于 400001	2000000 美元

数据来源:《马尔代夫旅游法》。

所有应付土地租金的旅游设施，一旦和旅游部签署了合同，都必须到马尔代夫国内税务局(MIRA)登记交租。

5. 免税特许权使用费

免税特许权使用费的征收依据是《马尔代夫免税区管理法》(法第 9 号 /81)。马尔代夫所有的免税店都要根据其营业额按月缴纳一定比例的使用费。依据表 4-2-6 计算应付使用费:

表4-2-6 特许权使用费计算表

项目	缴费金额占营业额比例
化妆品与香水	12.5 %
烟酒、打火机	12.5 %
运动服装	12.5 %

续表

项目	缴费金额占营业额比例
玩具	12.5%
电子游戏	10%
花店	10%
糖果糕点	7.5%

数据来源：《马尔代夫免税区管理法》。

任何有意在马尔代夫开展免税店业务者均需到经济发展部为每一个免税店注册领照。免税店领到证照后必须到马尔代夫国内税务局办理登记缴费手续。

6. 外国投资管理费

根据马尔代夫《外国投资法》（Foreign Investment Act），所有在马尔代夫经济发展部注册的外国投资项目，均须支付管理费2000美元。

7. 公司年费

所有马尔代夫的公司均须缴纳年费，公众公司每年10000卢菲亚，私人公司每年2000卢菲亚。

8. 机动车管理费

各种机动车辆均须按年缴纳，摩托车、汽车根据发动机排气量收费标准从180~7500卢菲亚不等。

（六）社会保障金

《马尔代夫退休金法》（第8/2009号法令）强制规定雇佣方和雇员均需向"马尔代夫退休基金计划（Maldives Retirement Pension Scheme（MRPS））"缴纳符合退休基金计划要求的工资的7%，其工资包括所有以银行转账形式支付的报酬、补贴、津贴、奖金等。根据《移民法》《劳工法》规定，这一要求对马尔代夫的当地雇员强制执行，而对来自境外的外派人员则可自愿选择。

第三节　外汇政策

一、基本情况

马尔代夫货币管理局（Maldives Monetary Authority（MMA））是负责制定和施行马尔代夫货币政策的机构。根据 1987 年 3 月 1 日开始施行的货币法规（Monetary Regulation），需要进行货币兑换的企业均需向马尔代夫货币管理局申请相应执照用以进行货币兑换业务及购买外汇。马尔代夫实行与美元挂钩的钉住汇率制度。根据《马尔代夫金融管理法》，总统可以改变汇率安排并调整汇率，美元在官方市场上的买入和卖出价受马尔代夫金融管理局限制。

根据马尔代夫税务局发布的一则通知，自 2014 年 9 月 1 日起，任何以美元计算，并可以用马尔代夫卢菲亚支付的税费或其他相关款项，均须以 15.42 卢菲亚对 1 美元的固定汇率进行换算。

以功能货币（马尔代夫卢菲亚）以外的货币进行的交易在记录时，均须在以马尔代夫货币管理局公布的相关日期汇率为基准上下浮动 2% 的汇率范围内进行货币换算并记录。

二、居民及非居民企业经常项目外汇管理规定

（一）货物贸易外汇管理

马尔代夫外汇业务需经马尔代夫货币管理局许可，材料采购款汇出需要提供采购材料合同、海关资料等凭证；外币资金汇入目前无政策方面的限制。

（二）服务贸易外汇管理

服务贸易视同资本利得，盈利汇出需要提供财务报表、利润分配决议等支持性文件，报马尔代夫货币管理局审批同意后方可汇出。

（三）跨境债权债务外汇规定

在购汇时需要提供：双方签署的借款协议，还款时间表，收款证明材

料；如果提前还款，需借款人书面同意。

三、居民企业和非居民企业资本项目外汇管理

目前涉及资本项下的外汇在投资条款中明确可以自由汇出，汇款时，银行根据货币管理局要求提供投资合同和相关证明文件办理支付。涉及在马企业对外投资，需要签订投资协议，明确被投资企业的股权比率、公司成立决议或增资决议，公司业务性质等解释文件。马尔代夫对于利息收入汇出、股息红利的汇出不征收预提所得税。

对外国投资者，马尔代夫不施行外汇管制。如果向马尔代夫注入资金，相关投资必须以马尔代夫卢菲亚或美元进行。外汇换算会根据马尔代夫货币管理局公布的汇率进行（美元兑换卢菲亚）。

四、个人外汇管理规定

马尔代夫外汇储备不足，无论是个人还是企业，美元现金取现都非常困难，外币现金提取无手续费，个人出关最多可携带 10000 美元或等值的现钞。

第四节 会计政策

一、会计管理制度

（一）财税监管机构情况

在马尔代夫注册的企业如果有经济业务发生，均需按照国际会计准则要求建立会计制度进行会计核算。税务局（MIRA）为财税监管机构，要求各企业需要按照统一格式上报会计和税务资料。

（二）事务所审计

在马尔代夫注册的企业报送的报表均需要由审计机构进行审定，有资格进行外审的事务所在税务局官网有所公布，税务局在稽查时会对企业是否进

行外部审计予以关注，并且税务局会在外审完成后对企业进行抽查审计。

（三）对外报送内容及要求

完整的财务报表，主要包括当期期末财务状况表、当期综合收益表、当期权益变动表、当期现金流量表、附注（包括重大会计政策概述和其他说明性信息，主体追溯采用会计政策、追溯重述或重分类其财务报表项目时最早可比期间的期初财务状况表）。

根据国际财务报告准则编制财务报表的主体应在附注中明确、无保留的披露这一事实。只有当财务报表遵循了国际财务报告准则的全部要求时，主体才可将该财务报表描述为遵循了国际财务报告准则。采用国际财务报告准则，并在必要时提供额外披露，则被认为将达到财务报表的公允列报。

财务报告应当按照公历年度编制，于次年的 6 月 30 日前完成。

二、财务会计准则基本情况

（一）适用的当地准则名称与财务报告编制基础

马尔代夫财务报告编制适用国际财务报告准则。企业应当以持续经营为基础，根据实际发生的交易和事项，按照国际会计准则的规定进行确认和计量，在此基础上编制财务报表。以持续经营为基础编制财务报表不再合理，企业应当采用其他基础编制财务报表，并在附注中声明财务报表未以持续经营为基础编制的事实、披露未以持续经营为基础编制的原因和财务报表的编制基础。

在编制财务报表时，企业应当对持续经营的能力进行估计。如果已决定进行清算或停止营业，或者已确定在下一个会计期间将被迫进行清算或停止营业，则不应再以持续经营为基础编制会计报表。如果某些不确定的因素导致对企业能否持续经营产生重大怀疑时，则应当在财务报表附注中披露这些不确定因素。如果财务报表不是以持续经营为基础编制的，则企业在财务报表附注中对此应当首先予以披露，并进一步披露财务报表的编制基础，以及企业未能以持续经营为基础编制财务报表的原因。

（二）会计准则使用范围

所有在马尔代夫注册成立的企业均需要按照国际会计准则的规定和要求记账、编制报表，实际操作中，大中型企业因为审计更加严格，规范程度也被提出了更高要求。

三、会计制度基本规范

（一）会计年度

公司会计年度与历法年度一致，即公历年度 1 月 1 日至 12 月 31 日为会计年度。

（二）记账本位币

企业会计系统必须采用所在国的当地语言迪维希语或英语。记账本位币应当为马尔代夫卢菲亚或美元，财务报表币种应与记账本位币一致。

（三）记账基础和计量属性

企业以权责发生制为记账基础，以复式记账为记账方法。国际会计准则的核心计量属性是公允价值，以增强会计信息的相关性。比如固定资产的计量基础，国际会计准则规定采用公允价值或历史成本。又如在非货币性交易中，国际会计准则规定以公允价值确定换入资产的入账价值，确认利得或损失。

四、主要会计要素核算要求及重点关注的会计核算

（一）现金及现金等价物

会计科目应设置银行存款、现金、现金等价物科目。资产负债表、现金流量表中列示的现金是指库存现金以及可随时用于支付的银行存款，现金等价物是指持有的期限短（从购买日 3 个月以内到期）、流动性强、易于转换为已知金额现金及价值变动风险很小的投资。主要涉及资产有现金、银行存款。

（二）应收款项

应设置应收、预付款项科目。应收款项科目记录应收账款的初始计量按初始价值计量确认，同时规定了坏账准备、折扣、可回收包装物的会计处理。年末应收款项需要按公允价值计量确认；财务报表中已经在会计利润中扣除的坏账准备为税会差异，不能在税前扣除。

（三）存货

存货应以成本和可变现净值孰低者计量，存货成本应当包括所有的采

购成本、加工成本以及使存货达到目前位置和状态而发生的其他成本。存货的成本应当采用先进先出法或加权平均成本法计算。

存货出售时，这些存货的账面金额应在确认相关收入的当期确认为费用。存货减记至可变现净值形成的减记额和所有的存货损失，都应在减记或损失发生当期确认为费用。因可变现净值增加而使减记的存货转回的金额，应在转回当期冲减已确认为费用的存货金额。

（四）固定资产

企业应设置固定资产科目核算不动产、厂房和设备。

确认时的计量：满足资产确认条件的不动产、厂房和设备项目，应按其成本计量。不动产、厂房和设备项目的成本等于确认时的等值现金价格。如果付款延期支付超过正常赊销期，等值现金价格与总支付金额之间的差额，应确认为赊销期内的利息费用，除非根据《国际会计准则第 23 号——借款费用》应将该利息费用资本化。

确认后的计量：主体应选择成本模式或重估价模式作为会计政策，并将其运用于整个不动产、厂房和设备类别。

成本模式：确认为资产后，不动产、厂房和设备项目的账面价值应当为其成本和扣除累计折旧和累计减值损失后的余额。

重估价模式：确认为资产后，如果不动产、厂房和设备项目的公允价值能够可靠计量，则其账面价值应当为重估金额，即该资产在重估日的公允价值减去后续发生的累计折旧和累计减值损失后的余额。重估应当经常进行，以确保其账面价值不至于与报告期末以公允价值确定的该项资产的价值相差太大。

不动产、厂房和设备项目的减值，应根据《国际会计准则第 36 号——资产减值》进行确认。

满足以下条件时，不动产、厂房和设备项目的账面价值应当终止确认：①处于处置状态；②预期通过使用或处置不能产生经济利益。

（五）无形资产

无形资产应当以初始成本计量，单独获得的无形资产成本包括购买价格、可直接归属于达到资产预计使用状态的成本。无形资产初始计量采用历史成本，企业应在其预计使用期限内对资产计提摊销。无形资产期末计量按可回收价值计量，如果发生减值，计入减值准备。使用寿命不确定的无形资产不应当摊销，应当于每年度以及可能出现减值迹象的任何时点对使用寿命不确定的无形资产进行减值测试，并比较其可收回金额和账面价值。

（六）职工薪酬

企业应设置雇员福利科目，雇员福利，指主体为换取雇员提供的服务而给予的各种形式的报酬。职工薪酬分为短期薪酬（指在雇员提供相关服务的期末以后 12 个月内应全部到期支付的雇员福利）、离职后福利、其他长期雇员福利（指不在雇员提供相关服务当期末 12 个月内结算的雇员福利）和辞退福利。

（七）收入

马尔代夫收入的确认适用《国际财务报告准则第 15 号——客户合约收益》，核心原则是，企业向客户转让增值时确认收入，确认的收入金额应反映该企业交付该增值而有权获得的金额，这项准则对收入的确认采用 5 步法模型。该 5 步法模型（识别与客户订立的合同、识别合同中的履约义务、确定交易价格、将交易价格分摊至单独的履约义务、履行每项履约义务时确认收入）不分具体交易或行业。

工程施工企业应当按照履约进度确认。

2018 年当年或之后开始年度，《国际财务报告准则第 15 号——客户合约收益》生效，则遵循新颁布的准则：在履行了合同中的履约义务，即在客户取得相关商品或服务的控制权时确认收入。对于在某一时段内履行的履约义务，在该段时间内按照履约进度确认收入，并按照一定方法确定履约进度。履约进度不能合理确定时，已经发生的成本预计能够得到补偿的，按照已经发生的成本金额确认收入，直到履约进度能够合理确定为止。

（八）政府补助

政府补助，指政府通过向主体转移资源，以换取主体在过去或未来按照某种条件进行有关经营活动的援助。分为与资产相关的政府补助和与收益相关政府补助。当政府补助需要返还时，应当作为会计估计的修正进行处理（参见《国际会计准则第 8 号——会计政策、会计估计变更和差错》）。返还与收益相关的政府补助，首先是冲减为政府补助所设置的递延贷项的未摊销余额。返还的政府补助超过相关递延贷项的部分，或者不存在递延贷项的情况下，应当将这部分需返还的补助立即确认为费用。返还与资产相关的政府补助，应根据偿还金额，反映为资产账面价值的增加或递延收益余额的减少。

（九）借款费用

借款费用，是指主体承担的、与借入资金相关的利息和其他费用，可直接归属于符合条件资产的购置、建造或生产的借款费用构成资产成本。其他借款费用确认为费用。主体应当将可直接归属于符合条件资产的购置、建造或生产的借款费用资本化计入资产的成本。主体应当将其他借款费用在应承担期间确认为费用。

（十）外币业务

外币交易时，应在初始确认时采用交易发生日的即期汇率折算为记账本位币金额，当汇率变化不大时，也可以采用当期平均汇率或者期初汇率核算。

资产负债表日，外币货币性项目采用资产负债表日的即期汇率折算为外币所产生的折算差额，除了为购建或生产符合资本化条件的资产而借入的外币借款产生的汇兑差额按资本化的原则处理外，其他类折算差额直接计入当期损益。以公允价值计量的外币非货币性项目采用公允价值确定日的即期汇率折算为人民币所产生的折算差额作为公允价值变动直接计入当期损益。

资产负债表日，以历史成本计量的外币非货币性项目，除涉及计提资产减值外，仍采用交易发生日的即期汇率折算，不改变其记账本位币金额。流动性较强的科目、有合同约定的科目应采用外币核算，包括：①买入或者卖出以外币计价的商品或者劳务；②借入或者借出外币资金；③其他以外币计价或者结算的交易。

（十一）所得税

所得税会计的基本问题是如何核算以下事项的当期和未来纳税后果：在主体的财务状况表中确认的资产（负债）账面价值的未来收回（清偿）；在主体的财务报表中确认的当期交易和其他事项。

当期和以前期间的当期所得税，如果未支付，则应确认为一项负债。如果当期和以前期间已支付的金额超过上述期间应付的金额，则超过的部分应确认为一项资产。递延所得税资产和负债，以报告期末已执行的或实质上已执行的税率（和税法）为基础，按预期实现该资产或清偿该负债的期间的税率计量。递延所得税负债和递延所得税资产的计量，应当反映主体在报告期末预期从收回或清偿其资产和负债账面价值的方式所导致的纳税后果。递延所得税资产和负债不应折现。在每个报告期末，应对递延所得税资产的账面价值予以复核。

主体应采用与核算交易和其他事项本身一致的方法核算其纳税后果。因此，对于确认损益的交易和其他事项，任何相关的纳税影响也要确认损益。对于确认为损益外的交易和其他事项（在其他综合收益里确认或直接在权益里确认），任何相关的纳税影响也确认为损益外项目（分别在其他综合收益里或直接在权益里确认）。类似的，在企业合并中，对任何递延所得税资产和负债的确认都会影响商誉的金额或已确认的廉价购买利得。

本章资料来源：

◎《马尔代夫企业所得税法》

◎《马尔代夫企业所得税管理条例》

◎《马尔代夫增值税法》

◎《马尔代夫增值税管理条例》

◎《外国投资法》

◎《移民法》

◎《税收管理法》

◎《商业注册法》

◎《印花税法案》

◎《马尔代夫环境保护法》

◎《马尔代夫关税法》

◎《马尔代夫进出口法》

◎《对外投资合作国别（地区）指南——马尔代夫》（2017 年版）

◎ 国家税务总局《中国居民赴马尔代夫投资税收指南》

第五章 马拉维税收外汇会计政策

第一节　投资环境基本情况

一、国家简介

马拉维系非洲东南部内陆国，属于英联邦国家，国土面积 118484 平方公里，其中马拉维湖面积 2.44 万平方公里。北与坦桑尼亚接壤，东、南与莫桑比克交界，西与赞比亚接邻。全国分为北部区、中部区和南部区三个大区，首都为利隆圭（Lilongwe）。全国人口约 1720 万人，绝大多数为班图语系人。官方语言为英语，货币克瓦查。

二、经济情况

马拉维系联合国公布的最不发达国家之一，农业是国民经济支柱产业，工业基础薄弱，基础设施落后。2016 年马拉维 GDP 增长率仅为 2.6%，有 670 万人面临粮食短缺，对经济社会正常发展造成严重影响[①]。尽管在国际社会的大力帮助下，灾情得到一定程度的缓解，但其经济基础薄弱，政府财政捉襟见肘，未来挑战重重。马拉维作为非盟、南非发展共同体（SADC）、东南非共同市场（COMESA）成员国，在地区事务中发挥了积极作用。

马拉维主要出口烟草、茶叶、蔗糖、咖啡、木材，其中烟草是马拉维第一大出口创汇产品，约占出口额的 60%；马拉维自然资源较为丰富，有铀、钛、铝矾土、煤、石灰石、石棉、石墨、磷灰石、铁和木材等，其中钛矿沙、铝矾土和铀矿储量较大。

马拉维是个非常贫穷的农业国，工业严重滞后，经济发展基本依靠外国援助。近年来马拉维政府面对困难，提出了一系列应对新举措。一是成立国家发展委员会，编制新一期"马拉维增长与发展战略"，明确未来数年马拉维经济社会发展的方向和优先领域；二是推进公共服务改革；三是提

---

① 数据来源：中国商务部 2017 年版对外投资合作国别（地区）指南——马拉维。

出"绿色农业带"的发展倡议，制定农业与灌溉发展规划，实现粮食自给自足和减贫脱困的目标；四是"通过投资青年，驾驭人口红利"，增强劳动力人口素质，提高人民生活水平；五是提出"马拉维要变"的口号，努力将马拉维从进口国和消费国转变成出口国和生产制造国。

三、外国投资相关法律

马拉维的法律体系建立在英国《普通法》（发展于12世纪前后）的基础之上。马拉维共和国《宪法》规定了投资的基本自由，拥有财产的自由，并保证在征收时获得公平的赔偿。法院系统分为治安法院，高等法院和最高上诉法院。该国还设有商业法庭，以加速解决与商业有关的诉讼。与投资合作经营有关的法律有《投资促进法》（最初版本为1991年，目前版本为 Investment and Export Promotion Act of 2012，并依此成立了马拉维投资贸易中心）、《出口加工区法》《产品控制法》《反倾销法》《投资促进法》《劳动法》《关税和消费税法》《增值税法》以及进出口商品许可证管理制度等。

马拉维于1991年颁布实施《投资促进法》，该法律共分7个部分，对马拉维投资促进局职能及相关的投资优惠政策都做了明确规定。按《投资促进法》规定，政府将积极鼓励和扶持私有投资，并优先发展制造业、农业、矿产业、渔业、旅游业等行业；同时为创造有益的投资环境，政府将确保宏观经济稳定，并采取各种激励措施鼓励和吸引投资。有关具体措施包括：投资自由化；经营许可和公司注册；土地转让；关税和税收；外汇；本地融资；劳工；鼓励中小规模企业投资；鼓励出口型企业投资。

按照马拉维《投资促进法》的规定，除一些特殊行业外，政府允许外国投资者以独资或合资方式经营，同时也允许以投资并购方式收购当地企业，但对并购和上市有比较严格的限制，即投资者必须拥有良好的经营业绩。

参与马拉维的外国投资者，最高只允许持有企业49%的股权。马拉维政府鼓励外国企业及个人投资，不对投资的所有权或地点施加限制。除了可能对国家安全、环境、健康构成威胁的部门或活动外，所有经济活动都允许外国直接投资，并且尽可能简化投资程序。

马拉维《劳动合同法》（1964 年颁布（MWI–1964–L–56998）Employment Act（No. 14 of 1964），目前版本 2010–07–29 Employment（Amendment）Act）中对签订、解除劳动合同、工作时间、变动报酬以及外籍工作人员等作了明确规定。按照马拉维外籍人员就业有关政策规定，政府允许在一些人力资源短缺行业及重要岗位雇佣外籍员工，以提高劳动生产效率。根据岗位不同，外籍员工通常给予两种就业许可，分别是重要岗位和临时岗位工作许可。一般每个重要岗位可以雇佣 1 人，若额外增加人数，将视投资企业性质、投资额、创造就业情况而定。按外籍人员就业有关政策规定，外籍就业人员必须符合以下条件：①拥有学历和职业资格证书；②具有一定工作经验；③属于比较重要的工作岗位；④属于在当地难以找到的专业技术人才。

为保证其本国公民获得更多的就业机会，对外国人在马拉维工作实行工作许可制度。临时岗位初始期限为三年，或依据用工合同期限计算，如果时间不够，可再续延三年，但总计不能超过六年。同时，对于临时性岗位空缺，任何公司、机构在雇佣外籍员工之前必须在当地媒体上刊登广告。

四、其他

19 世纪 80 年代后期，英国和葡萄牙两国在这一地区进行了激烈争夺。1891 年英国正式宣布这一地区为"英属中非保护地"，1904 年由英国政府直接管辖，1907 年设立总督，改称尼亚萨兰。1964 年 7 月 6 日宣布独立并改名为马拉维。

马拉维奉行睦邻友好和不结盟外交政策，积极参与国际和地区事务，主张通过谈判解决国际争端和地区冲突。马拉维是联合国、不结盟运动、非洲联盟、南部非洲发展共同体、东南部非洲共同市场等国际和地区组织成员国，与 94 个国家建立了外交关系，在 15 个国家设有使馆，在南非约翰内斯堡设有总领馆。

东部和南部非洲共同市场（COMESA）简化贸易制度（STR）是一种贸易安排，允许东南非共同市场成员地区的跨境贸易商在进口来自成员国的货物时享有免税地位。

通过 COMESA STR，东南非共同市场区域集团通过取消对当地生产的所有商品的出口关税以及在这些区域集团成员中进口商品关税，扩大各国之间自由贸易区的利益，从而鼓励自由贸易。

第二节　税收政策

一、税法体系

马拉维税收体系以现行的《税法》《关税与消费税法》以及2006年进行重新修订的《增值税法》三部法律构成。所得税、个人所得税、营业税等纳税规则基本都涵盖于《税法》（马拉维Taxation Act，1963年由马拉维政府颁布，从1964年至今共修订了64次，目前最新修订版本为2018年版本）法案中。

马拉维在国际间与多国签有各类投资及贸易协定，这些协定包括：避免双重征税协定、双边投资协定、双边贸易协定、单边贸易协定等。

马拉维与瑞典、英国、丹麦、法国、挪威、瑞士、荷兰、南非8个国家签订了避免双重征税协议。

马拉维与中国和欧盟签订了单边贸易协议。2014年11月，马拉维与中国签订了单边贸易协议，该协定规定大约97%的品种（约400种）出口中国可豁免关税，但烟草除外。

二、税收征管

（一）征管情况介绍

马拉维实行统一的税收征管制度，实行税收中央集权制，税收立法权、征收权、管理权均集中于政府，由马拉维税务局（MRA）统一监管，主要的税法由税务局制定，报议会审议通过，由总统签署颁布。纳税申报地点由税务局下设分局进行申报。

（二）税务查账追溯期

因纳税人、扣缴义务人计算错误等失误，未缴或者少缴税款的，税务机关可以追征税款，税务机关在六年内可以追征税款、滞纳金；有特殊情况的，追征期可以再延长三年。对于偷税、抗税、骗税的，税务机关可以追征其少缴税款、并处以滞纳金及 100% 罚息。这里的 100% 罚息是指在偷税漏税缴纳完毕之后，再根据税务局规定处以 100% 罚息。罚息按照当地银行贷款利率计算。马拉维资料存档期为七年，超过七年则超过追溯期且文件不再具有法律效力。

（三）税务争议解决机制

马拉维的税务争议全部由马拉维税务局 MRA 下设的特别仲裁委员会来解决争端，体现税务的合法性、公正性原则。马拉维的税务纠纷解决方式基本为诉讼解决，企业可以聘请专业的机构进行税务诉讼事项，提供相应的诉讼材料。

三、主要税种介绍

（一）企业所得税

1. 征税原则

马拉维企业所得税并未单独成立法案，关于企业所得税的相关规定包含于马拉维《税法》，法案并未明确居民与非居民企业的概念，但实质是引用了此概念，法案规定如果非居民或企业在马拉维境内从事生产，种植，开采，制造，改进，包装，存储或建造等经济活动获得的收入，则应为被视为源自马拉维境内的应税收入，非居民企业及个人应该按相关税务规定履行缴税义务。

2. 税率

企业适用的所得税法定税率为 30%。国外公司的分公司或者代表处需要在马拉维进行注册，注册公司比照马拉维居民企业计算和缴纳企业所得税，如未进行注册，则加征 5% 的税率，适用税率 35%。

3. 税收优惠

为吸引外国投资，马拉维在进口许可、土地转让、进口用汇、融资以及雇佣外籍专业技术人才等方面也给予了一系列优惠政策措施同时马拉维鼓励本土出口加工业的发展，颁布《出口加工区法》，符合条件的企业给予税收优惠。

马拉维指定部分产业为优先发展企业，主要是指农产品加工业、发电及电力传输等，符合国家指定优先发展企业的，可以申请享受不超过十年免除企业所得税的待遇。如果投资一些社会责任项目，例如建立医院、学校，教堂，与青少年体育有关的项目，可申请减免 50% 的税收。

4. 所得额的确定

马拉维《税法》规定，应纳税所得额是指企业每一纳税年度的收入总额，减除不征税收入、免税收入、各项允许扣除以及弥补以前年度亏损后的余额。值得注意的是，如果纳税人有两个或者多个扣除项，根据《税法》规定，只允许扣除一次。企业应纳所得税的计算，以权责发生制为原则。根据《税法》42：01 章第 33 条规定，财政部每年规定减除项扣除的上限规定。商业性质的捐赠不能税前扣除，因违法、违规的各种罚款不可以税前扣除，资本利得不可以税前扣除。

5. 征管与合规性要求

马拉维实行月度报税制度，报税时间一般为每月中旬。马拉维对报税渠道没有严格限制，企业既可以通过会计师事务所报税，也可以自己报税。通常情况是大企业自己报税，小企业委托会计师事务所报税。按照马拉维《税法》规定，一般是由企业填报纳税申报单，并附上企业经营情况报表，经税务部门审核无误后，据此缴纳税款。

企业如果逾期申报、未申报以及逃税将被处以罚款及罚息。

马拉维对未按期申报、未申报及逃税、漏税，将按照缴纳的税款处以100% 罚息，同时根据《税法》第 112 条第 4 小条规定：如果纳税人伪造，或者授权他人伪造虚假账簿和报表为达到偷税漏税目的。经税务部门查处，处以不超过 10000 克瓦查的罚款或者是应纳税额的两倍罚款，两者从高征税。并视情节处以三年有期徒刑。

6. 预提所得税

根据马拉维《税法》规定，任何个人、合伙人、信托公司、宗教、协会、公司、俱乐部、法定机构、理事会、政府部门或任何组织只要向个人付款都有义务向税务局履行预提税义务。付款人为预提税申报主体，付款人向受益人支付款项时，有义务按规定税率扣除款项，之后向税务局申报预提税款项。预提所得税（Withholding Tax）是针对境外非居民纳税人支付时需要代扣代缴的税款。

表5-2-1 企业预提所得税税率表

序号	付款性质	税率
1	特许权使用费	20%
2	租赁	15%
3	向供应商或供应机构提供食品	支付额在 60001 克瓦查以上 3%
4	向供应商或供应机构提供其他物品	支付额在 60001 克瓦查以上 3%
5	会费	20%
6	运输及托运费	10%
7	承包与分包业务	4%
8	公共娱乐	20%
9	临时工资超过 15000 克瓦查	20%
10	服务费	20%
11	银行利息费	20%
12	费用（小费）	10%
13	烟草销售	3%

数据来源：马拉维税务局官网 https://www.mra.mw/。

（二）增值税

1. 征税原则

根据马拉维《增值税法》2006 年修订版规定，增值税是对在马拉维境内从事经济活动中产生增值部分征收的税赋。征税对象为自然人和法人，在马拉维的经济活动包括进口、销售货物给第三方或自用、提供服务。

2. 计税方式

马拉维实行个人及企业月度申报制度，企业和个人自行填报纳税申报单进行缴税，企业采用一般计税，需开具有纳税人识别号的增值税发票。

3. 税率

增值税税率为 16.5%。

4. 增值税免税

根据马拉维《增值税法》2006 年修订版规定，属于免税范围的有大型农业投资建设项目（大坝、土地开垦等）可申请税收减免。农业、养殖业、灌溉业、园艺业、渔业、其他农业产品；旅游业；公路运输、铁路运输、空运中的符合条件的材料；矿业开发；教育、卫生等符合条件的可以申请免税。

5. 销项税额

根据马拉维《增值税法》2006 年修订版规定，增值税税基为销售货物或提供服务的全部价款。

6. 进项税额抵扣

除根据《增值税法》第 28（2）条规定进项税额可以抵扣的行为以外，第 22 条规定以下情况不允许抵扣：进口后再出口汽车类、虚假发票、虚假海关申报等。

7. 征收方式

增值税按销项税额减除进项税额后的余额缴纳，留抵余额不能申请退税，只能用于以后抵扣销项税额。

8. 征管与合规性要求

增值税按月申报，截止日期为每月 15 日之前，逾期申报、未申报以及逃税将被处以 100% 的罚息。

9. 增值税附加税

无。

（三）个人所得税

1. 征税原则

根据《税法》规定，从马拉维境内或被视为在马拉维境内的来源收到或累计收到的任何个人收入进行纳税。个税免征额为：年度总收入不超过 3 万克瓦查，免除征收个税。无论居住在何处，个人将只对马拉维来源收入征税，而不对被动外国收入征税。

2. 申报主体

以个人为单位进行申报，由所在企业或者机构团体等代扣代缴，于每月中旬申报缴纳。

3. 应纳税所得额

根据《税法》第 85 条规定，对个人下列收入进行征收个人所得税：各种形式获得的收入，工资薪金，津贴等。

4. 扣除与减免

未达到个人所得税起征点免征个人所得税。

5. 税率实行累进税率

表5-2-2　个人所得税征收税率表

单位：克瓦查

序号	年收入	税率
1	30000 以下	0%
2	30001~35000	15%
3	35001~3000000	30%
4	3000000 以上	35%

注：表 5-2-2 仅适用于居民纳税人的工资薪金，而对于非居民纳税人的所有类型收入统一税率为 15%。

数据来源：马拉维 Taxation Act。

6. 征管与合规性要求

个人所得税按月申报和缴纳，截止日期为每月 15 日之前。逾期申报、未申报以及逃税将被处以 100% 的罚息。

（四）关税

1. 关税体系构成

马拉维关税和消费税体系由马拉维税务局制定的《关税与消费税法》组成。2009 年 6 月，科迈萨在津巴布韦维多利亚瀑布城召开第 13 届首脑会议，东南非共同市场（Common Market for Eastern and Southern Africa, COMESA）关税同盟正式建立，所有成员国对外将采用统一关税。关税同盟内容包括：成员国之间免关税和贸易配额；对贸易商品进行统一分类；统一关税评价体系；对外采取共同的保护级别和贸易政策；统一海关和收费等的行政管理结构。

2. 税率

海关关税针对共同体与外部国家之间的商品的进出口，实行落地申报。

进口关税因商品不同，税率各异，具体税率以每年税务部门6月更新的税率为准。基本关税税率为25%。

表5-2-3　部分产品进口关税税率表

商品名称	关税税率	商品名称	关税税率
鲜活产品	10%~25%	塑料制品	10%~30%
粮食	0%~10%	纺织品服装	15%~30%
食品饮料	5%~25%	鞋	10%~30%
矿产品	5%~10%	电子产品	10%~30%
化工产品	0%~10%	机械产品	0%~30%
药品	0%~10%	汽车、运输设备	0%~30%

数据来源：中国商务部2017年版对外投资合作国别（地区）指南——马拉维。

3. 关税免税

为吸引外国投资，马拉维在税收减免方面给予一些政策性优惠。

（1）建筑业方面：大部分机械免关税，起重车、混凝土搅拌车、移动式钻井井架和轨道铺设拖拉机免关税。

（2）电力方面：鼓励清洁能源业投资。发电项目和配电项目中，以下商品免关税，熔断器、变压器、吊索、环网柜、绝缘子、加勒链设备、导线、避雷器、二重柱、AAC/ PVC和电力供应测量计；此外，进口其他商品如节能灯泡、太阳能电池、太阳能电池充电器、节能灯、发电机、逆变器免关税。

（3）通信业：取得相关部门批准后，电视台和广播电台投资者将享受专业广播设备进口免税。

（4）旅游业：投资者可享受以下免进口关税、进口消费税的优惠政策：①拥有50个及以上房间的酒店享受以下商品进口免税：餐具、工业餐饮设备、摩托艇潜水、摩托艇、皮划艇、风帆冲浪、脚踏船、空调、发电机、健身器材、信息设备、工业洗衣机、冰箱酒吧、桑拿浴室、热水蒸气浴室家具和摆设、穿梭巴士和观光越野车，均须带有酒店标志。②200人及以上规模的会议中心享受以下商品进口免税：公共广播系统、视频会议设备、电视屏幕放大器、LCD设备及工业餐饮和酒吧设备，均须带有会议中心标志。

（5）另外农业、畜牧业、养殖业等符合进口关税免税条件的皆可以申请免税。

4. 设备出售、报废及再出口的规定

外资企业向马拉维海关监管机构申请鉴定所需出售的车辆、机械和设备，由监管机构鉴定残值后出具书面文件；按残值补缴全额关税、消费税、增值税，并取得结关单后方可出售。免税到期后，如果没有后续免税项目，需按鉴定残值补缴关税、消费税、增值税，企业可自行处理设备；如果转入其他免税项目，需要办理转移登记手续，无需缴税。如果项目结束后设备转场到其他国家，需取得海关监督管理机构的同意，按照核定的残值缴纳出口关税、消费税、增值税。

（五）企业须缴纳的其他税种

营业税。马拉维营业税（Turnover Tax）是基于所有居民企业与非居民企业营业年营业额不超过 600 万克瓦查的需要按照营业总额的 2% 缴纳营业税，所有年收入超过 600 万克瓦查的企业都需向马拉维税务局进行注册，按时进行申报及纳税，到期未提交纳税申报表的将受到每笔 5000 克瓦查的罚款，未按时缴纳税款将受到 20% 的罚息。

卷烟印花税。为保护马拉维制造卷烟的当地行业免受不公平竞争，保护人们免于消费带有健康风险的非品牌和假冒卷烟以及提高税收合规性来促进合法贸易。马拉维税务局（MRA）在 2008 年修正《关税与消费税法》之后，根据第 77 条，于 2011 年 5 月 1 日开始对生产、分销和进口到马拉维的卷烟实施卷烟印花税票。

培训税。2015 年 11 月 1 日，马拉维税务局（MRA）在与技术业教育与培训局（TEVETA）签署谅解备忘录（MOU）后开始面对企业征收 1% 的员工培训税，税基为员工工资总额。这是马拉维政府公共服务改革计划的一部分，目的是资助马拉维批准的技术教育和培训计划，支持技术教育和培训系统的特别计划以及通过奖学金、助学金和贷款提供的免费补贴。征税还用于资助雇主直接投资技术教育和培训，支持技术教育和培训的捐赠基金，以及技术教育和培训系统的政府和管理结构。

员工福利税。根据《税法》第 94 条规定，除政府外，公司为其任何雇员提供附加福利均须按照规定税率进行缴税，简称员工福利税（FBT）。税率为 30%，附加福利是指由雇主或代表雇主向雇员提供的任何资产、服务或其他形式的福利。

员工福利税需要注册，雇主填写员工福利税申报表格，任何向员工提供附加福利的雇主应在开始向员工提供员工附加福利后 14 天进行注册。FBT 按季度支付，并在每个季度结束后的 14 天内进行缴税。

任何未能注册或延迟或未能支付 FBT 费用的雇主，除应支付应纳税额外，还处以 20% 的应缴税款罚息。

（六）社会保险金

1. 征税原则

应缴纳的社会保险金的计算基础为月度员工薪酬的 11.5%。马拉维只有医疗保险和养老保险，每月 15 日之前申报。

2. 外国人缴纳社保规定

外国人在马拉维工作不需要缴纳社会保险金，目前中国政府和马拉维政府未签订社保互免协议。

第三节　外汇政策

一、基本情况

马拉维外汇管理部门为中央银行（马拉维储备银行）。马拉维央行于 2008 年 12 月 31 日发布了外汇固定账户和外币兑换制度的公告，并规定从即日起生效。马拉维的外汇管制法律基础源自 1989 年出台的《外汇管制法案》。马拉维官方货币为克瓦查。人民币与克瓦查不能直接结算。

马拉维为维护汇率稳定以及保证进口用汇，实行比较严格的外汇管理制度。政府允许外资企业在当地开立外汇账户，对外汇汇入基本没有限制，如果是投资资金需要通过商业跟储备银行进行注册备案。只有经过备案的资本股息可以自由汇回注入资本金的境外投资主体。申报的利润总额可以汇出必须要经过中央银行审批；如果申报利润必须完税后方可汇出。

马拉维货币自 2011 年初外汇短缺现象日益严重，马拉维政府为缓解外汇压力适当将本币进行贬值，目前 1 美元兑换 725 克瓦查左右，近三年相对稳定。马拉维外汇管理制度严格，允许用美元、欧元等国际通用货币兑换当地币；马拉维克瓦查只能在本国流通。

二、居民及非居民企业经常项目外汇管理规定

（一）货物贸易外汇管理

马拉维外汇业务在马拉维央行的管理下执行，物资采购款汇出需要提供物资采购合同、海关清关文件等；根据马拉维《劳动法》中对外籍员工的工作规定，为保证其本国公民获得更多的就业机会，对外国人在马拉维工作实行工作许可制度。外国人在马拉维工作必须获得工作准证。除非获得雇佣单位同意和移民局批准，就业许可持有人只能从事所规定职业，允许其将工资纯收入的 2/3 汇到国外。

（二）服务贸易外汇管理

产品出口、服务及其他正当经济活动的外汇收入的 20% 应通过收到外汇的非洲发展银行（ADB）汇入马拉维储备银行；而马拉维储备银行将等值的马拉维克瓦查存入受益人账户。外汇固定账户的外汇持有余额没有限制。外汇兑换和持有管理制度，不适用于全部资金来自国外的外汇固定账户，如：生活在境外的马拉维人、外交使团、国际组织及非政府组织等所开立的账户。

（三）跨境债权债务外汇规定

在购汇时需要提供：双方签署的借款协议，还款时间表，收款证明材料；如提前还款，需借款人书面同意。

（四）外币现钞相关管理规定

马拉维外汇规定比较严格，马拉维中央银行制定了《跨境外汇交易法案》，除了以境外旅行、差旅的方式从银行账户提取外币现钞外，其他情形不可以从账户取现。

三、居民企业和非居民企业资本项目外汇管理

目前涉及资本项下的外汇在投资条款中明确可以自由汇出，汇款时，银行根据外汇管理局要求提供投资合同和相关证明文件办理支付。但是汇出时需要提前申报。申报时间为提前6个月，方便外汇管理局和银行审核，审核无误后，方可汇出。

四、个人外汇管理规定

马拉维对入境人员携带外汇数量没有限制，但必须向海关申报；出境时凭入境申报及税务局出具的证明方可将外汇带离马拉维。在未作申报的前提下，允许旅行者携带每天500美元，但最高不高于10000美元，或等值的其他货币出境。对于超过2天但少于6天的旅行，最高可以申请3000美元的旅行津贴。

旅客需要外汇，可以通过当地国家储备银行和标准银行等经授权的外汇交易银行兑换，银行将按国家外汇管理规定，确定是否兑换和兑换的具体数额，并出具兑换单据。大宗款项建议最好使用电汇方式进行转账。

第四节　会计政策

一、会计管理体制

（一）财税监管机构情况
在马拉维注册的企业如果有经济业务发生，均需按马拉维《会计统一法》体系要求建立会计制度和进行会计核算。

（二）事务所审计
在马拉维注册的企业均需进行审计。

（三）对外报送内容及要求
会计报告中主要包含以下内容：①企业基本信息，行业分类、经营范

围、股东情况、公司地址、银行账户信息、税务登记号等；②企业经营情况表，资产负债表、利润表、所有者权益变动表。

上报时间要求：会计报告须按公历年度编制，于当期会计年度结束后 3 个月之内上报。

二、财务会计准则基本情况

（一）适用的当地准则名称与财务报告编制基础

马拉维尚未建立独立体系的会计标准，目前适用国际多数国家通用的国际企业会计准则 IFRS（International Financial Reporting Standards）。马拉维会计协会 Society of Accountants in Malawi（缩写 SOCAM）1969 年成立，为国际会计师联合会和国际会计准则委员会成员。

（二）会计准则使用范围

所有在马拉维注册外资企业均需要按照国际会计准则进行会计核算并编制报表。

三、会计制度基本规范

（一）会计年度

根据马拉维财政部相关规定，马拉维会计年度是指每年 6 月末到次年 7 月的 12 个月期间或国家公报发布的命令所指定的其他日期，但最短不得少于 6 个月，最长不得超过 18 个月。

（二）记账本位币

根据马拉维财政部相关规定，企业会计系统必须采用所在国的官方语言和法定货币单位进行会计核算。马拉维采用克瓦查作为记账本位币，货币简称 MWK。

（三）记账基础和计量属性

企业以权责发生制为记账基础，以复式记账为记账方法。

企业一般情况下以历史成本基础计量属性，某些情况下采用重置成本、可变现净值、现值、公允价值计量的，应当保证所确定的会计要素金额能够取得并可靠计量。

四、主要会计要素核算要求及重点关注的会计核算

（一）现金及现金等价物

现金是指库存现金及可随时用于支付的银行存款，现金等价物是指持有的期限短（从购买日3个月以内到期）、流动性强、易于转换为已知金额现金及价值变动风险很小的投资。主要涉及资产下的现金、银行存款。

（二）应收款项

应收款项主要包括：应收账款、应收票据、预付款项、应收股利、应收利息、其他应收款等。应收款项科目记录应收账款的初始计量按初始价值计量确认，期末按照初始计量价值，同时规定了坏账准备、折扣、可回收价值的会计处理。

（三）存货

存货初始计量以历史成本计量确认，包括买价以及必要合理的支出。存货的初始核算：存货的采购成本不包含采购过程中发生的可收回的税金。不同存货的成本构成内容不同，通过采购而取得的存货，其初始成本由使该存货达到可使用状态之前所发生的所有成本构成（采购价格和相关采购费用）；通过进一步加工而取得的存货，其初始成本由采购成本、加工成本以及使存货达到目前场所和状态所发生的其他成本构成。存货由全部商品、原材料和有关的供应品、半成品、产成品以及在盘点日企业拥有所有权的物资组成。具体分类如下：商品、原材料、其他储备品、在产品、在建工程、产成品、半成品、在途物资、存货减值。

存货出库可以采用先进先出法和平均法（移动平均或加权平均）。企业应根据存货的性质和使用特点选择适合的方法进行存货的出库核算。确定存货的期末库存可以通过永续盘点和实地盘点两种方式进行。

存货期末计量采用初始成本与可变现净值孰低法，若成本高于可变现净值时，应根据存货的可变现净值与账面价值的差额计提存货跌价准备并计入会计科目作为存货的备抵项。

施工企业存货分两种情况：①在工程账单确认收入方法下，期末采用永续盘点法确认未出库和已领用未办理结算金额。②在建造合同法确认收入情况下，期末采用永续盘点法确认未出库原材料，并用"工程结算和工

程施工"差额确认在建工程。

（四）长期股权投资

长期股权投资是投资企业为了与被投资企业建立长期关系或为了自身的经营和发展而持有的被投资企业权益的投资。

长期股权投资的核算方法有两种：一是成本法；二是权益法。

1. 成本法核算的范围

（1）企业能够对被投资单位实施控制的长期股权投资。即企业对子公司的长期股权投资。

（2）企业对被投资单位不具有控制、共同控制或重大影响，且在活跃市场中没有报价、公允价值不能可靠计量的长期股权投资。

2. 权益法核算的范围

（1）企业对被投资单位具有共同控制的长期股权投资。即企业对其合营企业的长期股权投资。

（2）企业对被投资单位具有重大影响的长期股权投资。即企业对其联营企业的长期股权投资。

（五）固定资产

固定资产是指用于生产、提供商品或劳务、出租或为了行政管理目的而持有的，预计使用寿命超过一个会计期间的有形资产。

1. 固定资产的确认

一项资产如果要确认为固定资产，首先需要符合固定资产的定义，其次还需要符合固定资产确认的条件，即：①与该资产有关的未来经济利益很可能流入企业；②该资产的成本能够可靠计量。

2. 固定资产的初始计量

满足固定资产确认条件的有形资产应按其成本进行初始计量。

固定资产的成本包括：①扣除商业折扣和回扣、包括进口关税和不能返还的购货税款在内的购买价格。②将资产运抵指定地点并使其达到能够按照管理层预定的方式进行运转所必需的状态而发生的直接可归属成本。③使用该项目所产生的拆卸、搬运和场地清理义务费用的初始估计金额。

3. 会计政策

企业应选择成本模式或重估价模式作为其会计政策，并将其应用于整个类别的固定资产。

（1）成本模式。确认固定资产以后，固定资产的账面价值应当为其成本扣除累计折旧和减值损失后的余额。

（2）重估价模式。确认固定资产以后，如果其公允价值能够可靠地计量，则其账面价值应当为重估金额，即该资产在重估日的公允价值减去后续发生的累计折旧和减值损失后的余额。重估应当经常进行，以确保其账面价值不至于与报告期末以公允价值确定的该项资产的价值相差太大。

4. 折旧

折旧是在资产的使用寿命内，按照确定的方法对应计折旧额进行系统分摊。应计折旧额是指应当计提折旧的固定资产原价扣除其预计净残值后的金额。

在资产的使用年限内，能使用各种折旧方法将资产的可折旧金额按系统的基础进行分配。这些折旧方法如下：

（1）直线折旧法是指按固定资产的使用年限平均计提折旧的一种方法，适用于资产的残余价值不变的情况。

（2）余额递减法是指按固定资产使用年限计提折旧逐渐递减的一种方法。

（3）生产单位法是指按实际工作量计提固定资产折旧额的一种方法。

企业选择的折旧方法最能反映主体消耗该资产所含未来经济利益预期实现的方式。估计可使用年限，残余价值及折旧方法须于各报告期末审查，评估变动产生的影响按预先计提的基准入账。

5. 有形资产的折旧与摊销

马拉维有形资产的折旧与摊销一般采用直线法，也可采用加速折旧法。采用加速折旧法时，第一年折旧40%，第二年折旧20%，第三年折旧20%，第四年折旧20%，四年内折旧完毕。

6. 终止确认

不动产、厂房和设备项目处于处置状态或预期通过使用或处置不能产生未来经济利益时，其账面价值应当予以终止确认。出售、转让、报废不动产、厂房和设备所产生的利益或亏损，应当将资产的处置所得扣除账面值的差额，计入当期损益。折旧方法，使用年限以及残余价值需要每年进行审查。

（六）无形资产

无形资产，指为用于商品或劳务的生产或供应，出租给其他单位，或管理目的而持有的，没有实物形态的可辨认非货币资产。

1. 无形资产的确认

（1）归属于该资产的未来经济利益很可能流入企业。

（2）该资产的成本可以可靠地计量。

2. 无形资产的初始计量

无形资产的初始计量区分为单独获得、企业合并获得、以政府补助形式获得、资产交换获得、内部产生的商誉、内部产生的无形资产等种类。

3. 初始确认后的计量

初始确认后，无形资产应以重估价作为其账面金额，即其重估日的公允价值减去以后发生的累计摊销和随后发生的累计损失后的余额。为进行重估，公允价值参考活跃的市场予以确定。重估应足够频繁地进行，以使账面金额不会重大地背离资产负债表日运用公允价值确定的账面金额。

4. 摊销

无形资产的应摊销金额应在其使用年限内摊销。无形资产自可利用之日起，其使用年限不超过 20 年（在极少的情况下，如存在令人信服的证据表明某项无形资产的使用年限超过 20 年的，使用年限可超过 20 年）。摊销应自无形资产可利用之日起开始。

5. 报废和处置

无形资产应在预计未来没有经济利益流入时，终止确认（从资产负债表中剔除）。

（1）无形资产的报废或处置形成的损益，应根据处置收入和资产的账面金额之间的差额确定；并在收益表中确认为收益或费用。

（2）从经营中退出并准备处置的无形资产，应在财务报告中进行披露。

（七）职工薪酬

应付职工薪酬科目核算所有支付给职工的各类报酬。包括以下人员的薪酬费用：行政管理人员，普通员工，临时性雇佣员工，职工代表，提供服务的企业合伙人。提供薪酬时企业需要按照当地税法对员工的个税和社会保障金进行代扣代缴。

（八）收入

1. 收入的确认

收入是指企业在正常经营业务中所产生的收益，可以有各种名称，包括销售收入、服务收费、利息、股利和使用费。

（1）收入应在未来的经济利益很可能流入企业，并且能够可靠地计量时予以确认。

（2）收入仅包括在企业自己的账户中所收到的和应收到的经济利益流入的总额。不包括代第三方收取的销售税、产品和服务税以及增值税之类。但佣金的金额则属于收入。

2018 年起，国际财务报告准则的新收入准则开始实施。在履行了合同中的履约义务，即在客户取得相关商品或服务的控制权时，确认收入。对于在某一时段内履行的履约义务，在该段时间内按照履约进度确认收入，并按照一定方法确定履约进度。履约进度不能合理确定时，已经发生的成本预计能够得到补偿的，按照已经发生的成本金额确认收入，直到履约进度能够合理确定为止。

2. 收入的计量

收入应以已收或应收的对价的公允价值进行计量，扣除企业允诺的商业折扣和数量折扣。对于基建企业，收入可以按计量金额确认收入，也可按完工百分比法确认收入。

（九）政府补助

政府补助，是指政府以向一个企业转移资源的方式，来换取企业在过去或未来按照某项条件进行有关经营活动的援助。这种补助不包括那些无法合理作价的政府援助以及不能与正常交易分清的与政府之间的交易。

1. 政府补助的确认

政府补助，包括以公允价值计价的非货币性政府补助，只有在以下两条得到合理的肯定时，才能予以确认：①企业将符合补助所附的条件；②补助已收到或者即将收到。

2. 政府补助的会计处理方法

马拉维的政府补助会计处理方法采用收益法。政府补助应有规则地在会计期间确认为收益，以便将它们与需要弥补的有关费用相配比。政府补助不应当直接计入收益。

3. 披露

对于政府补助，需要在每个年度的财务报告中对具体情况的详细信息进行披露。

（十）借款费用

借款费用，是指企业发生的与借入资金有关的利息和其他费用。包括：银行透支、短期借款和长期借款的利息，与借款有关的折价或溢价的摊销，安排借款所发生的附加费用的摊销，按照《国际会计准则第 17 号——租赁会计》确认的与融资租赁有关的财务费用，作为利息费用调整的外币借款产生的汇兑差额部分。

借款费用应计入当期损益，符合资本化条件的可予以资本化。在每个年度的财务报告中应披露为借款费用所采用的会计政策，本期将借款费用予以资本化的金额，确定符合资本化条件的借款费用的金额所使用的资本化比率。

（十一）外币业务

外币交易时，应在初始确认时采用交易发生日的即期汇率折算为记账本位币金额，当汇率变化不大时，也可以采用当期平均汇率或者期初汇率核算。

资产负债表日，外币货币性项目采用资产负债表日的即期汇率折算为外币所产生的折算差额，除了为购建或生产符合资本化条件的资产而借入的外币借款产生的汇兑差额按资本化的原则处理外，其他类折算差额直接计入当期损益。以公允价值计量的外币非货币性项目采用公允价值确定日的即期汇率折算所产生的折算差额作为公允价值变动直接计入当期损益。

资产负债表日，以历史成本计量的外币非货币性项目，除涉及计提资产减值外，仍采用交易发生日的即期汇率折算，不改变其记账本位币金额。流动性较强的科目、有合同约定的科目应采用外币核算，包括：①买入或者卖出以外币计价的商品或者劳务；②借入或者借出外币资金；③其他以外币计价或者结算的交易。

所有选用的汇率必须来自马拉维央行公布的汇率。

（十二）所得税

所得税采用应付税款法，不区分时间性差异和永久性差异，不确认递延所得税资产和负债，当期所得税费用等于当期应交所得税。本期税前会计利润按照《税法》的规定调整为应纳税所得额（或由税务局核定的应纳税所得额），与现行税率的乘积就是当期在利润表中列示的所得税费用。所得税费用核算所得税，分为当期所得税费用和以前年度所得税费用调整，年末余额结转至本年利润。

五、其他

随着会计准则国际趋同化的推进，马拉维要求企业均采用国际会计准则，政府部门和公众机构有一套单独的行政法规。

第六章　马来西亚税收外汇会计政策

第一节　投资环境基本情况

一、国家简介

马来西亚，简称大马（Malaysia），是东南亚的一个由十三个州和三个联邦直辖区组成的联邦体制国家。首都吉隆坡，联邦政府所在地则位于布城。1957 年 8 月 31 日独立。马来西亚共分为两大部分：西半部位于马来半岛，常称为"西马"，北接泰国，南部隔着柔佛海峡，与新加坡和印尼廖内群岛相对；东半部常被称为"东马"，南邻印度尼西亚的加里曼丹。马来西亚也是东南亚国家联盟的创始国之一。也是环印度洋区域合作联盟、亚洲太平洋经济合作组织、大英联邦的成员国。马来西亚官方语言为马来语，货币币种为马来西亚林吉特（Ringgit Malaysia）。宪法规定伊斯兰教为国教，依法保护宗教信仰自由。

20 世纪 60 年代马来西亚人口为 816 万人，1970 年逐渐增加到 1091 万人，1980 年增加到 1383 万人，此后剧增，1994 年达到 2021 万，2011 年为 2886 万，2016 年为 3118 万。马来西亚由不同文化和宗教的人组成，只有 50.4% 的人口是马来人，华人人口占比为 23.7%，除此之外还有 7.1% 的印度人。

二、经济情况

20 世纪 70 年代前，马来西亚经济以农业为主，依赖初级产品出口。1987 年起，马来西亚经济连续十年保持 8% 以上的高速增长。1991 年提出"2020 宏愿"的跨世纪发展战略，旨在于 2020 年将马建成发达国家。2008 年下半年以来，受国际金融危机影响，马来西亚政府为应对危机相继推出 70 亿林吉特和 600 亿林吉特刺激经济的措施。2009 年纳吉布总理就任后，采取了多项刺激马来西亚经济和内需增长的措施。2015 年马来西亚公布了以"以人为本的成长"为主题的第十一个五年计划。2018 年 5 月 10 日由前总理马哈蒂尔领导的反对党联盟赢得马来西亚大选,曾经担任总理22年现年92岁的马哈蒂尔将重新执政,成为全球最高龄领导人。

2016年马来西亚GDP2967.81亿美元,2017年GDP3098.58亿美元,位居东南亚地区第四位,人均GDP9660美元,在东南亚地区位居第三位,如果只统计人口在千万以上的国家,马来西亚人均GDP将位居第一位。

三、外国投资相关法律

在马来西亚,所有的商业实体均受《1965年公司法》的管辖。按纳税人主体划分为居民公司和非居民公司,在马来西亚成立一家建筑公司需要得到马来西亚建筑发展局的批准,同时还要获得建筑承包等级证书。外国独资公司不能取得A级执照(相当于中国建筑业特级资质)。而没有A级执照的建筑公司,不能作为主包商参加1000万马币以上的政府招标项目,只能从当地公司中获得分包,私人项目则不受此限制。外国公司要成为A级公司,必须与当地公司合作,而当地公司多半以其信誉或A级资质作为参股条件,并不出资,他们与外方合作的目的是利用外国公司的资金或专业技术,当合资公司遇到困难时,当地公司往往撤身而退,因此要慎选合作伙伴。

任何人从事商业活动必须向马来西亚公司委员会(Company Commission of Malaysia,"CCM")进行注册并成立公司,因此,外国投资者在马来西亚进行商业活动必须在当地成立或注册一家公司。

马来西亚签证种类主要分为五种。

(1)普通签证:发给到马来西亚旅游、探亲访友和从事商务活动的外国公民。普通签证不能延期,但如因健康原因、航班问题而不能及时回国,可凭有关医院和航空公司出具证明函到移民局办理延期。

(2)工作和学生签证。

(3)探亲签证。

(4)entri:这是一个马来西亚入境凭证函,申请人持entri入境马来西亚可停留15天,但是申请人3个月内只能申请一次entri入境凭证函,且必须是从中国直飞马来西亚。

(5)马来西亚电子签证:仅适用于前往马来西亚旅游的申请人申请,

并且需要申请人提供机票和酒店预订单。

四、其他

在马来西亚，外国雇员可以在生产、建筑、种植、农业、服务及家政领域工作。只有来自特定国家的国民才可以在特定领域内工作，具体见表6-1-1：

表6-1-1　外国雇员获批工作领域一览表

获批领域	外国雇员国籍
生产	印度尼西亚
种植	柬埔寨
农业	尼泊尔
建筑	缅甸
服务业	老挝、越南、菲律宾（仅限男性）、巴勒斯坦、斯里兰卡、泰国、土库曼斯坦、乌兹别克斯坦、塔吉克斯坦
服务业（烹饪、零售 / 批发、理发、金属 / 工业废料 / 再循环、纺织）	印度

马来西亚政府将根据个案情况来决定是否批准外商雇佣外国雇员，并可能设置不同的条件。所有雇佣外国员工的申请均需提交至内政事务部一站式服务中心（One Stop Centre，Ministry of Home Affairs）。

马来西亚实行最低工资政策，马来半岛的工人最低工资标准为每月900林吉特，沙巴与沙捞越地区的工人最低工资标准为每月800林吉特。

第二节　税收政策

一、税法体系

马来西亚联邦政府和各州政府实行分税制。联邦财政部统一管理全国税务事务，负责制定税收政策，由其下属的内陆税收局（征收直接税）和皇家关税局（征收间接税）负责实施。财政部下属的内陆税收局（IRBM）负责管理以下法规所规定的直接税：《1967年所得税法》《1967年石油（所得税）法》《1976年不动产利得税法》《1986年投资促进法》《1949年印花税法》和《1990年纳闽岛商业活动税法》。皇家关税局（又称：皇家关税和货物税局）主要征收间接税，主要依照法律：《1967年关税法》《1975年销售税及服务税法》等。

二、税收征管

（一）征管情况介绍

马来西亚实行中央政府一级征税制度，税收立法权和征收权均集中在中央政府。马来西亚联邦政府和各州政府实行分税制。内陆税收局（IRBM）的责任是管理直接税征收，在全国各地设有二十五个评估分支机构和十六个调查中心（主要负责逃税事宜），统筹管理全国各地直接税的评估和调查工作。此外，内陆税收局（IRBM）还具有与外国政府签订避免双重征税协定的职能。皇家关税局主要管理海关税、货物及劳务税，下设六个主要部门：统筹管理和财务处；关税处；国内税收处；预防处；研究、规划和培训处；税收处。

（二）税务查账追溯期

1. 任何未能于规定时间内缴付应付税款的处罚：

（1）罚款马币5万林吉特或监禁不超过三年或两者兼施。

（2）从2016年1月1日起，罚款将基于积欠应付税款的天数计算，如表6-2-1所示：

表6-2-1　积欠应付税款罚款税率表

积欠应付税款的天数	罚款税率
1~30	5%
1~60	15%
1~90	25%
＞90	25%（最高）

注：罚款税率将施加在应付税款的原先金额。罚款将从应付税款到期日后起开始计算。

2. 不正确 / 错误申报

任何提供错误申报（如遗漏任何资料、低估任何销项税或高估任何进项税或因提供错误资料而造成自己或他人税务负债）的人士将处以：①罚款马币 5 万林吉特或监禁不超过三年或两者兼施；②如申报被接受为正确的，将处以相等于所低估应付金额的罚款；③逃税、欺诈。

3. 任何意图逃税或协助他人逃税的人士的处罚

（1）初犯者，不少于应付税款 10 倍以及不超过应付税款 20 倍的罚款或监禁不超过三年或两者兼施。

（2）第二次或以后再犯，不少于应付税款 20 倍以及不超过应付税款 40 倍的罚款或监禁不超过七年或两者兼施。

（三）税务争议解决机制

马来西亚税收争议的解决途径公平、透明。例如任何对货物及劳务税的决定有异议的纳税人可在通报后的 30 日内向总干事申请审查和修订。另外，上诉者应当从作出决定后的 30 日内到审裁处提出上诉。上诉案件可以由纳税人本人或由任何他可委派的代表。除非双方同意在法庭公开，否则听证会不得公开进行。

税务局对不符合法律规定的税收犯罪和逃税将依照所列示的《所得税法》（1967 年）、《不动产所得税法》（1976 年）、《石油（收入）税法案》（1967 年）、《投资促进法案》（1986 年）、《印花税法案》（1949 年）和《纳闽岛商业活动税法》（1990 年）等法案的相关规定受到相应的处罚。

三、主要税种介绍

（一）企业所得税

1. 征税原则

马来西亚企业所得税和个人所得税规定均受《所得税法》（1967 年）及其相关修正案约束。企业所得税的纳税人分为居民纳税人和非居民纳税人，划分的标准是公司的实际经营管理机构是否在马来西亚，若在马来西亚就是居民纳税人，履行无限纳税义务，否则就是非居民纳税人。居民企业指公司董事会每年在马来西亚召开，公司董事在马来西亚境内掌管公司业务，居民企业就来自全世界的所得（经营和非经营所得）纳税。非居民企业仅就来自马来西亚的所得纳税。

2. 税率

2016 年度企业所得税适用的税率为：年初的实收资本为 250 万林吉特以下的居民公司，首次 50 万林吉特应课税收入适用税率为 19%，超出部分适用税率为 24%；年初的实收资本高于 250 万林吉特的居民公司，适用税率为 24%。

非居民公司实行预提税制度。预提税税率为 10%~15%。非居民公司来自马来西亚的利息和特许权使用费缴纳预提税，但是，非居民公司为马来西亚中央政府、州政府、地方当局或法定实体提供信贷收取的利息不征收预提税。1983 年以后，马来西亚加强了对建筑行业非居民承包商的预提税征收，按照承包合同，对非居民承包商的预提税税率为 20%（包括法人税 15%，个人所得税 5%）。

3. 税收优惠

对于特定行业如制造业、信息技术服务业、生物技术业、伊斯兰金融业、节能与环保业，有较多税收优惠政策。包括：长达十年的免税期（主要针对处于行业领先地位的企业）；投资免税额（对于资本投资给予 60%~100% 的免税额，最长十年）；加速资本摊销；加计扣除，以及再投资免税（对于符合标准的项目给予资本投资额 60% 的免税待遇）。

4. 所得额的确定

计算经营所得时，哪些项目可以列支，马来西亚税法并没有明确规定，实务上的判断标准是：①所得税法或其他法律没有特别规定不列支的。②该支出与经营活动有关的。③该支出是在当期经营年度内发生的。④该支出是为创造所得发生的。⑤该支出不是资本性支出。

税务上的扣除项目主要包括：

（1）折旧，税务机关依法认可的折旧资产有：工业用建筑、机械以及设备。部分地区对机械设备购进时的期初折旧采用 20% 的折旧率，而进口重型机械设备则按 10% 计提折旧。机械设备在使用过程中按每年 10%~20% 的比率提取折旧。加速折旧适用于计算机、通信技术设备、环保设备和资源再生设备。

（2）亏损处理，经营亏损在当期从其他经营所得以及投资或资产所得中扣除。不足扣除的经营亏损可以往以后年度无限期结转，但只能冲抵经营所得。

（3）向外国子公司的支付，对国外子公司支付的使用费、管理服务费和利息费用经申请可以从公司所得税中扣除，但必须使用公平交易价格（向非关联公司间的交易价格）。

（4）税额扣除，通常不允许从应纳税所得额中扣除，但是一些间接税如销售税和服务税可以从应纳税所得额中扣除。

5. 反避税规则

（1）关联交易。①关联关系判定标准。根据马来西亚 1993 年《反补贴与反倾销法》第 2 条规定，下列情形的当事方应被视为关联交易的双方：一方对他方有直接或间接的控制权；双方均受第三方的直接或间接控制；双方共同对第三方享有直接或间接的控制权；当事人一方处于对另一方法律上或事实上的指导、约束地位时，认为该当事人对其享有控制权。通常情况下，判定关联交易是否发生的标准不在于是否已经开具发票，而是要看实质的交易是否已经真实的发生。

②关联交易基本类型。关联交易在企业日常交易中较为常见，例如，有形或无形资产的转让或使用、服务的提供、资金融通、资产互换等。IRBM 在其转让定价指南中介绍了判断关联交易是否符合普通商业交易测试的 5 种方法。对于向关联方提供或销售不动产 / 服务的交易，如果不符合公平交易原则，IRBM 有权进行调整。未能证明公平对价的交易可能会引起额外税款和罚款。此外，对于跨境交易可以签订预约定价协议。

③关联申报管理。与关联公司之间的交易，无论是马来西亚境外或境内都必须公开年度所得税申报表，包括购买、贷款和其他费用以及收入。从 2014 年课税年度起，无论他们是否准备好该期转让定价报告，纳税人都必须在年度所得税申报表上申报。虽然没有法定的上交的截止日期，但申报的相关文件需要在年度所得税申报文件归档期限前准备好。这些相关文需要有当时的时效性，同时需符合 IRBM 的要求。

（2）转让定价。①原则。转让定价通常是指相关人员之间转移商品、服务和无形资产的公司间定价安排。马来西亚 2012 年《转让定价指南》（部分内容有更新且从 2017 年 6 月开始实施）根据独立交易原则来管理标准和规范，应用于相关人员之间的事务上。②转让定价主要方法。可用来确定公平交易价格的主要方法有：可比非受控价格法、再销售价格法、成本加成法、利润分割法、交易利润法。前三种方法通常称为传统交易方法。虽然纳税人有权选择任何方法，但重点应是达到一个适当的价格。建议仅在传统交易方法不能可靠应用或不能完全应用时使用利润分割法和交易利润法。这在很大程度上取决于可比较数据的可用性。IRBM 倾向于需要最少调整并提供最可靠的手段结果的方法，因为这将减少未来争议的范围和性质。

6. 征管与合规性要求

（1）纳税年度：财政年度（一般指会计年度）。

（2）合并纳税：要求各家公司独立申报纳税，不允许合并纳税。然而，在某些特定情况下，一家公司 70% 的经调整亏损可用于抵消关联实体的利润。

（3）申报要求：马来西亚采用自我纳税评估体制。预缴企业所得税可按 12 个月分期缴纳。在纳税年度结束后 7 个月之内，公司必须进行年度纳税申报。

（4）罚款：对不遵从税法的行为处以罚款。公司需要在财政年结束的 7 个月里提交税务申报。如扣减提交纳税申报的分期缴付后有任何应纳税收差额，公司需在财政年度结束的 7 个月内缴付余额。如没有按时汇款缴付额给马来西亚内陆税收局（MIRB），罚款率将高达 15.5%。

（5）裁定：纳税人可就特定事项的税收处理申请预先税务裁定。税务机关也会发布公开税务裁定。

（二）个人所得税

1. 征税原则

马来西亚公司所得税和个人所得税规定均受《所得税法》（1967 年）及其相关修正案约束。马来西亚个人所得税是对居住在马来西亚的自然人取得的所有收入或非居住在马来西亚的自然人取得来自马来西亚的收入按年估值进行征收的税种。因此，马来西亚将纳税人分为居民纳税人和非居民纳税人，分别履行无限纳税义务和有限纳税义务。

2. 申报主体

个人所得税的纳税人分为居民纳税人和非居民纳税人，征税时区别对待。居民纳税人对来源于全世界的所得纳税，非居民纳税人只对来源于马来西亚境内的所得纳税。关于居民纳税人和非居民纳税人的判定，《个人所得税法》规定了4种居民的认定标准，即该年在马来西亚居留时间超过182天；该年在马来西亚居留时间不足182天，但该年前一年或后一年的持续居留时间超过182天；该年居留时间超过90天，包括该年在内的四年中有三年是居民或居留90天以上；即使该年不在马来西亚居留，最近三年或者以后年度被认定为居民纳税人。不符合上述4个标准时判定为非居民纳税人。

3. 应纳税所得额

纳税人为居民时，下列所得应当按照规定征税：（1）产生于马来西亚的所得。（2）在马来西亚取得的派生所得。（3）国外汇往马来西亚的所得。纳税人为雇员时，征税收入包括工资、小费、临时收入、实物津贴、税收返还和雇主提供的免租住所。

4. 扣除与减免

短期访问的非居民雇员来自马来西亚的收入不纳税。海外移民在马来西亚运营总部和地区办事处仅就其在马来西亚期间取得的应纳税所得额部分缴纳个人所得税。

5. 税率实行累进税率，如表6-2-2：

表6-2-2 个人所得税税率表

单位：林吉特

应计税收入		2016年	
累进阶段	应纳税的收入段	税率	累计税金
首个	5000	—	0
第二个	5000	1%	50
首个	10000	—	50
第二个	10000	1%	100
首个	20000	—	150
第二个	15000	5%	750

续表

应计税收入		2016年	
累进阶段	应纳税的收入段	税率	累计税金
首个	35000	—	900
第二个	15000	10%	1500
首个	50000	—	2400
第二个	20000	16%	3200
首个	70000	—	5600
第二个	30000	21%	6300
首个	100000	—	11900
第二个	150000	24%	12000
首个	250000	—	47900
第二个	150000	24.5%	36750
首个	400000	—	84650
第二个	200000	25%	50000
首个	600000	—	134650
第二个	400000	26%	104000
首个	1000000	—	238650
第二个	1000000	28%	—

6. 非居民纳税人

如果在马来西亚境内一年内逗留不到 182 天，都是马来西亚税法上的非居民纳税人。

非居民纳税人在马来西亚的收入将被征收不同的税率：商业、贸易或专业类税率为 26%，股息税率为 25%，租金税率为 28%，利息税率 15%，技术咨询、协助或服务税率 10%。

以下情况无需纳税：①在马来西亚工作不到 60 天；②在马来西亚的船上工作；③年龄满 55 岁，并领取马来西亚就业的养老金；④收到银行的利息；⑤收到免税股息。

7. 征管与合规性要求

（1）纳税年度。日历年度。

（2）纳税申报。雇佣收入相关的税款由雇主依据即赚即付的缴税原则为员工代扣代缴并交给税务机关。马来西亚采用自我纳税评估体制。拥有雇佣收入或营业收入的个人必须在日历年 4 月 30 日或 6 月 30 日之前提交上一年度纳税申报表，同时缴清未支付的税金。

（3）罚款。违规行为会被处以罚款。2017 年 4 月 17 日，马来西亚内陆税收局颁布了《关于针对未能申报和正确申报个税征收 100% 罚款的说明》，并将于 2018 年 1 月 1 日起施行。根据条款 113（2），对以下违规行为征收 100% 的罚款：多次在所得税申报表中未申报或错误申报收入；拒绝在审计或调查过程中提供全面配合；未能协助提供审计或调查所需的资料或文件；实行有组织的逃税计划；纳税人在被审计或调查后仍未能遵守税法。

（三）关税

1. 关税体系和构成

马来西亚《海关法》授权财政部部长以发布命令的形式随时在政府公报上公布进、出口应税产品的应税税率、计税价格等。同时《海关法》也授权海关官员对一些进、出口应税产品进行分类、估价，以作为征税的依据。国际贸易及工业部负责促进马来西亚国内贸易。马来西亚皇家海关总署负责进出口及过境货物清关。进出口受《海关法》（1967 年）监管。

2. 税率

马来西亚关税 99.3% 是从价税，0.7% 是从量税、混合税和选择关税。基本食品的关税不超过 5%，主要货物的平均税率约为 5%，中间产品和运输设备的税率平均低于 20%，消费类货物的税率有的高达 60%，高价机动车辆税率高于 100%。2013 年马来西亚最惠国关税简单平均关税税率约 6.0%，农产品最惠国平均简单关税为 8.9%，非农产品该税率为 5.5%。

3. 关税免税

马来西亚作为建设中的东盟自由贸易区（AFTA）的成员国，其关税减让将执行 AFTA 条例中关于"普遍有效优惠关税"（CEPT）计划。2006 年 3 月 22 日起来自东盟内的整车进口关税由 20% 降至 5% 以下，组装车的进口关税为零；对非东盟国家的整车进口关税降至30%，来自非东盟国家的组装车的进口关税根据不同排量和型号，除部分降至0%外，大多降至5%和10%。

4. 设备出售、报废及再出口的规定

为了保护敏感产业或战略产业，马来西亚对部分产品实施非自动进口许可管理，主要涉及建筑设备、农业、矿业和机动车辆部门。例如，所有重型建筑设备的进口必须经过国际贸易和工业部的批准，而且只有在马来西亚当地企业无法生产的情况下方可进口。马来西亚海关负责发放进口许可证。国际贸易及工业部及其他部门负责进口许可证的日常管理工作。

马来西亚规定，除以色列外，大部分产品可以自由出口至任何国家。其余属于禁止出口的产品。部分产品需要获得政府相关部门的出口许可。下列产品的出口受限：短缺物品；敏感或战略性或危险性产品，以及受国家公约控制或禁止进出口的野生保护物种。

国际贸易与工业部及国内贸易与消费者事务部负责对大部分产品出口许可证的管理。

（四）企业须缴纳的其他税种

1. 不动产利得税

2012年起，马来西亚重新启用不动产利得税，并在2013年预算案中将税率增加了5%，2014年财政预算案中不动产利得税增加情况如表6-2-3：

表6-2-3 不动产利得税税率表

期限	公司	居民个人	非居民个人
三年以内	30%	30%	30%
第四年	20%	20%	30%
第五年	15%	15%	30%
第六年（及以上）	5%	0%	5%

非马来西亚公民或永久居民的个人应就其来源于转让不动产或转让不动产公司股份的利得缴纳不动产利得税，五年内的转让税率为30%，超过

五年的转让税率为5%。

2. 合同税

合同税按照0.25%的税率对每位在建筑工业发展委员会注册的承包商所订立的合同金额超过50万林吉特的合同文本征税。

3. 印花税

印花税的课税对象为某些票据和文件，依据票据及文件的种类以及所涉及的交易额采用不同的税率。对于企业来说，其资产首次达到10万林吉特的，征收1%的印花税，超过该金额的，征收2%的印花税。对于可转让债券，印花税税率为0.3%。某些票据，如提货单和版权专利商标等权益转让的票据，免征印花税。财产转让需缴纳其转让价值1%~3%的印花税，股权转让书据适用0.3%的印花税。然而，从2018年1月1日起，财产转让将被征收1%~4%的印花税。

4. 销售税

2018年5月新政府执政当月宣布自2018年6月1日起调整货物及劳务税税率为0%，改自2018年9月1日起恢复征收销售税和服务税，对所有马来西亚制造的产品和进口商品征税，税率范围为5%~10%。

5. 服务税

2018年5月新政府执政当月宣布自2018年6月1日起调整货物及劳务税税率为0%，自2018年9月1日起恢复征收销售税和服务税，根据《服务税法》（1975年）规定，服务税的征收对象包括律师、工程师、建筑师、问卷调查人员以及顾问等在内的专业人员，广告公司、私人医院及宾馆酒店等公司所提供的服务，税率为6%。

6. 娱乐税

依据门票金额按25%的税率征收，不过许多表演是免娱乐税的。

7. 旅游税

从2017年9月1日开始，马来西亚正式实施旅游税政策，凡是入住当地酒店的外国游客，每间房每晚需要额外支付10林吉特旅游税。

（六）社会保险金

雇主与雇员均须向社保机构缴纳社会保险。一般而言，雇主应缴纳部分相当于雇员工资的1.66%~1.85%。

缴纳公积金（EPF）。依照员工的薪金缴付存入员工的公积金账号。雇主缴交 13%，员工缴交 11%。社保以及医疗保险，即社会保险。雇主必须为员工缴付社会保险，提供员工职场医药与意外保障。雇主缴交 1.75%，员工缴交 0.5%。社会保险机构所提供的福利包括工伤保险、医药照顾、现金福利以及康复计划等。

按照马来西亚的《雇员基金法》规定，私营企业雇员必须按照其工资的一定比例缴纳养老保险费，养老保险费占工资的比例则以满足养老需要为原则。目前缴纳比例为：雇员应当按其工资的 10% 缴纳养老保险费，同时雇主也必须按照工资的 12% 缴纳养老保险费。

马来西亚社会保险只适合用于马来西亚籍和马来西亚永久居民员工，外籍员工并不必要缴付社会保险。

（七）纳闽税收优惠政策

纳闽是马来西亚东部的一个联邦直辖区，是热门的国际离岸金融中心，主要发展离岸活动，如离岸银行业务和保险、信托与基金管理，离岸投资控股及跨国公司其他的离岸活动。在纳闽注册公司可以获取以下税收优惠：

（1）下列收入免缴所得税。①从纳闽实体收获的股息；②由受益人从纳闽信托和基金会（包括伊斯兰）获得的分布；③由纳闽合伙人（其中包括伊斯兰合伙人）所分派的利润；④由居民、非居民、其他纳闽实体发布给该纳闽实体的利息；⑤根据 ITA 第 4A（ⅰ）及（ⅱ）协议，由非居民或从其他纳闽实体缴付给该纳闽实体的特许权使用费、质询费和服务费；⑥根据 ITA 第 4F 协议，由非居民缴付给该纳闽实体的其他收益或利润。

（2）以下活动免缴预提税：①由纳闽实体支付给非居民的利息，特许权使用费，服务费用，咨询费，或根据 ITA 第 4F 协议下的其他收益或利润；②由纳闽授权租赁公司支付给非居民的使用动产租赁费用。

（3）以下活动印花税豁免：由纳闽实体执行的所有有关纳闽商业活动的文件，包括章程/组织文件以及股份转让协议书，其印花税一概可豁免。

（4）其他免税项目：①非公民（个人）作为纳闽实体的董事，其董事酬金是免税的；②非公民（个人）就业于纳闽实体担任管理人员，就职在纳闽岛或在其销售办事处或 LFSA 批准的共设办事处，其总收入的 50% 是免税的；③就业于纳闽实体的马来西亚公民，就职在纳闽岛，其房屋津贴的 50% 是免税的；④任何合资格提供专业服务于纳闽实体的人士，如法律、会计、财务及秘书服务，其 65% 的法定收入是免税的。

第三节　外汇政策

一、基本情况

马来西亚中央银行（Bank National Malaysia，简称 BNM），是国家货币与金融机构的最高机构，同时也是马来西亚的外汇管制主体。其职能包括监督、控制和管理商业银行、金融机构以及金融业的活动。其主要目的是促进马来西亚经济可持续成长，保持货币和金融市场稳定。

二、居民及非居民企业经常项目外汇管理规定

（一）货物贸易外汇管理

对进口货物与服务而支付给非居民的款项不受限制，但须以以色列、塞尔维亚及黑山以外的外币支付；出口货物须依买卖合约规定的时间表，在任何情形下都不得自出口之日起不超过 6 个月内将出口收益全部汇回马来西亚，这些收益须兑换成马币或保留在国内银行的核准外币账户内，其隔夜总额限定在 100 万 ~1000 万美元之间。

（二）服务贸易外汇管理

同货物贸易外汇管理规定。

（三）跨境债权债务外汇规定

无特别规定。

（四）外币现钞相关管理规定

马来西亚境内只允许林吉特现钞合法流通，公司或个人应按规定申请兑换留学、旅游等限定项目下的外币现钞。

三、居民企业和非居民企业资本项目外汇管理

（一）外汇账户相关管理规定

外来直接投资：外来直接投资者可自由投资于股权市场，亦可自由汇回其投资，包括资本、利润、股息与利息。

居民的国外投资：超过 1 万林吉特等值投资额的居民国外投资者事先向外汇统制官申请核准。

来自非居民的信贷便利：居民可自由地从领有执照的银行、证券银行与非居民取得总值不超过 500 万林吉特等值的外币信贷便利，若信贷额超过 500 万林吉特，则须事先取得外汇统制官的核准。除非得到统制官的事先核准，居民不得从非居民取得马币信贷。对介于 100 万 ~500 万林吉特等值的外币信贷便利，居民只需向统制官呈报信贷详情。偿还非居民的贷款不受限制，但该信贷便利须遵守有关的外汇条例。

给予非居民的信贷便利：商业银行可自由提供外币信贷便利给予非居民。但是用来购买或发展在马来西亚的不动产的贷款、车辆贷款和股票投资贷款必须符合相关规定条件。

（二）所在国其他特殊外汇管理规定

自 2013 年 6 月开始允许非居民在国内发行外币证券，以及允许本地保险商投资海外。

给予特选公司的特别地位的规定：

1. 纳闽国际境外金融中心的境外公司

在纳闽国际金融中心设立的公司在外汇管制上被认定为非居民，它们只需依据《境外公司法》（1990 年）注册，或依据《境外银行法》（1990 年）或《境外保险法》（1990 年）领取执照。这些公司可毫无限制地与非居民进行外币交易。

2. 多媒体超级走廊公司

在马来西亚的多媒体走廊（MSC）以及已从多媒体发展公司获得 MSC 地位的公司豁免遵守外汇管制。

该豁免只限于公司本身进行的交易；对以色列、塞尔维亚与黑山货币的交易，公司须事先获得核准。MSC 公司也须提交统计文件以供监督

之用。

3. 经核准的营运总部

经核准的营运总部可在马来西亚的商业银行开设外币或多种货币账户以保留出口收益，最高隔夜限额为 1000 万美元，不管出口收益多少。

它们也可在马的商业银行、在纳闽的有执照银行或国外银行开设外币账户，把除出口收益外的外币应收账项记入贷方，数额不限。

这些公司可从马来西亚的商业银行、证券银行以及非居民取得任何数目的外币信贷便利以供自用。若公司的国内马币贷款不超过 1000 万林吉特，这些便利也可转让予国外的相关企业或投资国外。

4. 经核准的国际采购中心

经核准的国际采购中心可在境内的商业银行的外币账户内对其核准的国际采购中心的活动无限制的储存外销收益。它们也可基于预测的营业额与国内的商业银行签订远期外汇合同，以对冲汇率波动的风险。

四、个人外汇管理规定

在马来西亚境内可将马币转换为美元汇到中国国内亲友指定的账户内并直接收到人民币。只是收款人必须是中国居民。

马来西亚原则上规定外国公民在入境或离境时携带超过 1 万美元或等值的其他货币，需向海关申报。

在马来西亚工作的外国人，其合法的税后收入可全部转往国外。

第四节 会计政策

一、会计管理体制

（一）财税监管机构情况

马来西亚财政部缩写为 MOF，其总部设在行政首都布城内，该部的职责是制定财政政策及准备财政预算案，监督金融立法等。税务局为财政部的下属机构，负责税法制定和征收。

（二）事务所审计

根据马来西亚的《公司法》（2016 年），注册成立的所有公司均须接受审计。然而，公司注册相关管理部门有权豁免这些公司的审计要求。马来西亚使用的审计准则与国际审计准则（国际会计师联合会颁布的标准）完全一致。

（三）对外报送内容及要求

公司必须提交年度报表、董事报告和财务审计报告给马来西亚公司委员会（CCM）。财务报告必须经过政府认证审计师的独立审阅。根据《公司法》（2016 年）和《马来西亚公司委员会法》（2001 年），某些类型的私有公司有资格获得审计豁免，即休眠公司，零收入公司和符合门槛的公司。符合条件的公司选择豁免审计时，必须向公司注册员提交未经审计的财务报表，并附上所需的审计豁免证书。

二、财务会计准则基本情况

（一）适用的当地准则名称与财务报告编制基础

在马来西亚，马来西亚会计准则理事会负责认可国际财务报告准则，并不作修改地形成马来西亚财务报告准则（MFRS）。马来西亚的所有公众公司（包括上市公司和金融机构）自 2012 年起，无论是合并财务报表还是单独财务报表，都应当采用国际财务报告准则（当地称为马来西亚财务报告准则）；但是，部分过渡性企业（主要是农业企业和房地产企业）可以选择推迟到 2018 年采用，在此之前，仍可采用马来西亚本国会计准则。马来西亚的非公众公司于 2016 年 1 月 1 日或以后日期开始的年度期间使用马来西亚非公众公司财务报告准则，非公众公司报告财务准则直接采用中小企业国际财务报告准则，除了在房产开发活动及一些术语上有所修改。

马来西亚曾经属于英国殖民地，其政治、经济和文化都深受英国影响，在会计国际化方面也走在了东盟各国的前列，1979 年就加入了国际会计准则委员会，从 2007 年开始，马来西亚致力于财务报告准则与国际财务报告准则的趋同。

马来西亚财务报告准则（FRS）主要分为三部分：第一部分从财务报告

准则 1 至财务报告准则 8，相当于国际财务报告准则（IFRS），比如 FRS 1 相当于《国际财务报告准则——首次采用财务会计报告》；第二部分从 FRS 101 到 FRS 140，相当于国际会计准则（IAS），例如 FRS 101 相当于 IAS 1；第三部分从 FRS 201 到 FRS 204，分别为《财务报告准则 201——不动产准则》《财务报告准则 202——一般保险企业》《财务报告准则 203——寿险企业》和《财务报告准则 201——水产养殖业会计》。

（二）会计准则使用范围

马来西亚公司委员会（SSM）表示，随着《公司法》于 2017 年 1 月 31 日生效，所有公司必须提前呈交财务报告给公司委员会进行审计。根据法令第 267（2）条，凡是公司不活跃和没有收入的公司可享有豁免权，呈现冬眠状态的公司和已经处于非活跃状况的公司，本年和去年财务没有收入的公司都可豁免不必呈交财务报表。包括：在本年和前两年的财务状况中营业额不超过 10 万马币；在本年和前两年财务状况中总资产不超过 30 万马币的公司；在本年和去年的财务状况中员工数不超过 5 人的，都可获得豁免。

三、会计制度基本规范

（一）会计年度

公司会计年度与历法年度一致，即公历年度 1 月 1 日至 12 月 31 日为会计年度。

（二）记账本位币

马来西亚财务报告准则 FRS 121 中关于"外汇汇率变化的影响"（The Effects of Changes In Foreign Exchange Rates）规定，马来西亚采用林吉特作为记账本位币，货币简称 RM。

（三）记账基础和计量属性

会计基本原则，即真实性、有用性、重要性原则等与国际财务报告准则基本一致。计量，是指（经济实体内）负责（会计工作）的会计人员确定财务报表项目在利润表和资产负债表中反映的货币价值（的过程）。计量的基础由会计人员负责选定，而会计人员则须在不同程度和组合内采用相适应的计量基础。会计要素计量属性方面包括但不限于：历史成本

（Historical Cost），这是大多数会计人员选取的计量基础；现行成本；净变现价值（NRV，Net Realizable Value）；现值（PV，Present Value）。

四、主要会计要素核算要求及重点关注的会计核算

（一）现金及现金等价物

现金指库存现金及活期存款，现金等价物指期限短、流动性强、易于转换成已知金额的现金，且价值变动风险很小的投资。

（二）应收款项

应收款项以其公允价值作初始计量，以其摊销成本作后续计量。在多数情况下，应收款项以其预期收到金额列示；然而，当存在"实质信用期间（a substantial credit period）"时，则须对特定往来款项作减记处理。若某一应收账项发生减值，则须将其减记至可回收金额，即可用金额与公允价值减转售支出差额相比较高者。

（三）存货

马来西亚《财务报告准则第 102 号——存货》规定存货可采用先进先出法、加权平均法、个别法等与我国一致的存货发出方法，存货出入库还可采用标准成本、零售价法进行核算。

存货应按成本与可变现净值孰低计量。存货成本包括采购成本、加工成本（原材料、人工成本、制造费用）以及使存货达到目前场所和状态所发生的成本。对不能相互交换的存货项目，其成本应按个别项目予以确定。对可相互交换的项目，存货发出应采用先进先出法或加权平均法。禁止使用后进先出法。当存货出售时，其账面价值应在相关收入确认的期间确认为费用。

（四）长期股权投资

长期股权投资在初始计量方面，不包括同一控制下的企业合并。马来西亚的会计准则中关于对子公司投资的计量问题是由 FRS127 规定的。该准则规定对子公司的投资、对合营企业的投资以及对联营企业的投资如果没有归类为持有待售的非流动资产，投资者在编制单独财务报表时，应按成本法或作为金融资产进行核算，即按成本法或公允价值法进行核算。投资者合并财务报表中对投资的子公司，联营企业及合营企业的会计处理则

根据 FRS127、FRS128 和 FRS131 等的规定，采用权益法等相关方法进行处理。

（五）固定资产

固定资产的初始确认成本包括购买价格，为使该资产达到工作状态而发生的安装、拆除、组装、测试及专业服务费等成本。固定资产入账价值也可以采用重估法确认，重估成本为重估日该资产的公允价值减累计折旧后的金额。如果重估引起资产的账面价值增加，应在其他综合收益和累计盈余中的"重估价盈余"中确认。但是，就同一资产而言，该增值中相当于转回以前确认为损益的重估价减值的部分，应确认为损益。固定资产发生毁损，企业应以账面价值与可回收金额（包括第三方补偿）的差异列为毁损损失。

固定资产的每一部分，相对于该物品总成本的费用重大，可单独计提折旧。企业至少应在每个财政年度末对资产的折旧方法进行复核，如果资产预期未来经济利益的预期消费模式发生重大变化，则应更改方法以反映改变的模式。这种变化应视为会计估计变更，选择最能反映资产未来经济利益的预期消费模式的方法。

马来西亚制定了多类资产的税收折旧政策，折旧减免优惠政策一般是在年度财务预算案中进行公布。办公设备、家具和配件在前八年内可以按每年 10% 折旧率进行计提，一般机械和设备在前六年内按 14% 计提折旧，重型机械和机动车辆在前四年内按 20% 计提折旧，之后的年份根据剩余折旧年限按直线法计提折旧。对于单位价值不超过 1300 林吉特的低价值资产可以在一年内全额计提折旧，而对非中小型企业每年该类低价值资产总额不得超过 13000 林吉特。

（六）无形资产

在满足下列条件时，企业应确认一项无形资产，而不论该无形资产是企业购入或自建的：归属于该资产的未来经济利益很可能流入企业；该资产的成本能够可靠地计量。

确认企业内部产生的无形资产需要满足额外的确认条件。所有研究支出应在发生当期确认为费用。

只有当其最终产品或服务在技术和商业上具备可行性时，开发费用才可以资本化。在企业合并中取得的无形资产，包括进行中的研究和开发项目，如果该无形资产源于合同性的约定或法定权利或能独立于其他经营活动，应与商誉分开并单独确认。企业内部产生的商誉、商标、刊头、报刊名、客户名单、开办费、培训费、广告费和搬迁费不得作为无形资产予以确认。

（七）职工薪酬

《马来西亚财务报告准则》中明确规定了准则适用于雇主对雇员福利的会计核算，不涉及雇员福利计划的报告。雇员福利包括短期雇员福利、离职后福利、其他长期雇员福利、辞退福利和权益计酬福利五种。其中，准则对短期雇员福利、离职后福利、其他长期雇员福利、辞退福利均单独做了规定，不规定对权益计酬福利的确认和计量。在离职后福利和辞退福利中，规定了若支付给设定提存计划的提存金在雇员提供相关服务的期末以后的 12 个月内不全部到期，应使用规定的折现率对其折现，当辞退福利在资产负债表日后超过 12 个月支付时，应使用规定的折现率进行折现。

（八）收入

收入应以已收或应收的价款的公允价值计量。收入的确认原则：

（1）商品销售：主要风险和报酬已经转移给买方，卖方已失去对已售出商品的实际控制及收入的金额能够可靠地计量。

（2）提供劳务：完工百分比法。

（3）利息、特许权使用费和股利（在经济利益很可能流入企业时确认收入）：利息——考虑资产的实际收益率，在时间比例的基础上确认；特许权使用费——按相关协议的性质，在权责发生制的基础上确认。

（4）股利：当股东的收款权利确立时确认。

（九）政府补助

政府补助只有在企业将满足政府补助的附加条件，以及能够收到政府补助时才能予以确认。虽然允许将非货币政府补助以名义金额确认，但通常的处理方法为采用公允价值确认。政府补助采用收益法（在与相关成本配比的期间内分期确认受益）而非资本法（将政府补助直接贷记股东权益）核算。

与收益相关的政府补助可在收益表中作为收益单列，也可在报告相关费用时抵扣该费用。

与资产有关的政府补助可以在资产负债表中作为递延收益列示，也可以在确定资产的账面金额时扣除。归还政府补助应作为会计估计变更进行核算，并按情况（与损益相关或与资产相关）作出不同的会计处理。

（十）借款费用

借款分为短期借款和长期借款。短期借款是指公司向银行或其他金融机构、结算中心等借入的期限在一年以下（含一年）的各种借款；长期借款是指公司向银行或其他金融机构、结算中心等借入的期限在一年以上（不含一年）的各项借款。

借款费用包括按照实际利率法计算的利息、与借款有关的折价或溢价的摊销及安排借款所发生的附加费用的摊销、融资租赁情况下发生的财务费用、外汇借款产生的汇兑差额等。允许选用两种处理方法：

（1）费用化。所有的借款费用在发生当期确认为费用。

（2）资本化。可直接归属于符合条件资产的购置或建造的借款费用可予以资本化，但只限于当借款费用很可能为企业带来未来经济利益；费用能够可靠地计量的情况。其他所有不符合资本化条件的借款费用应在发生当期确认为费用。

（十一）外币业务

FRS 121 对准则的范围作了详细的说明，适用于：外币交易和余额的处理；通过合并、采用比例合并法或权益法被包括在主体财务报表中的境外经营的经营成果和财务状况的折算；将主体的经营成果和财务状况折算成列报货币。同时规定本准则不涉及"外币项目的套期"和"现金流量表中的外币折算"。FRS 121 明确将包含在马来西亚《财务报告准则第 139号——金融工具的确认与计量》中的"外币衍生工具交易和余额"排除在该准则的范围外。

（十二）所得税

所得税采用资产负债表负债法，区分暂时性差异和永久性差异，资产或负债的确认，意味着报告主体预期将收回或清偿该项资产或负债的账面金额。如果账面价值的回收或清偿很可能使未来税款支付额大于（或小于）没有纳税后果的收回或清偿数额，那么准则要求，除少数例外，主体应确认一项递延所得税负债（或递延所得税资产），当期和以前期间的当期税款，在未付款的情况下，确认为负债。如果已经支付的当期和以前期间已经支付的金额超过了这些期间的到期金额，则超过部分确认为资产。扣除上一期可收回税款的减值损益确认为资产。

确认企业合并中的递延所得税资产和负债会影响该企业合并产生的商誉金额或已确认的交易性购买收益金额。

会计利润是指一个期间内扣除所得税费用前的损益。所得税费用（或所得税收益）是指包括在本期损益中的当期所得税和递延所得税的总金额，暂时性差异可能是应纳税暂时性差异和可抵扣暂时性差异。

五、其他

企业合并。所有的企业合并应采用购买法进行核算。根据 IAS 22 的规定，在某些情况下采用的权益联合法，不再允许采用。商誉及其他具有不确定使用寿命的无形资产不需要摊销，但至少每年必须进行减值测试。如果商誉的账面价值超过其内含价值，则该商誉已经发生减值。

所谓内含价值，是指该商誉所分配属于的现金产出单元的可收回金额和该现金产出单元的可辨认净资产当前的公允价值。如果购买方在被购买方可辨认资产、负债和或有负债的净公允价值中所占权益超过了其购买成本，其差额（有时候称作负商誉）应立即确认为收益。购买资产属于少数股东权益的部分应以公允价值计量。少数股东权益在资产负债表上在权益中列报。

本章资料来源：

◎《马来西亚所得税法令》（1967 年）

◎《马来西亚关税法令》（1996 年）

◎《消费税法令》（2014 年）

第七章 马里税收外汇会计政策

第一节　投资环境基本情况

一、国家简介

马里共和国（英语：The Republic of Mali ；法语：République du Mali）简称马里。东临尼日尔、西与毛里塔尼亚和塞内加尔毗邻，南同几内亚、科特迪瓦、布基纳法索交接，北与阿尔及利亚接壤，巴马科（Bamako）为马里首都，是政治、经济、文化中心。马里面积124.1万平方公里，全境主要由塞内加尔河上游盆地、尼日尔河中游和撒哈拉沙漠的一部分组成。人口1759.97万（2015年）。官方语言为法语。货币为西非法郎（FCFA）。马里原为法国殖民地，其法律体系沿袭了法国的法律模式。马里司法独立，主张法律面前人人平等。其司法体制主要由宪法法院、最高法院、高级法院、行政法院、上诉法院、重罪法院、一审法院、巴马科地区法院、商业法院和劳动法院等机构组成。

二、经济情况

经济以农牧业为主，工业基础薄弱，是联合国公布的世界最不发达国家之一。1988年开始实施"经济结构调整计划"和"国营企业改革计划"。1992年后，逐年同世界银行和国际货币基金组织签订结构调整计划协议，在协议规定的期限内马里可获得一定的援助。1994年马里抓住非洲法郎贬值的良机，扩大传统产品棉花和牲畜等的出口，此后经济一度保持较高速度增长。自1999年始，由于国际市场棉花、黄金价格下跌以及油价上涨等因素影响，经济增速放慢。杜尔总统执政后推行经济自由化和私有化政策，努力改善投资环境。根据马里国家规划局／统计局的统计数据显示，2003—2010年，马里经济一直保持较快稳定增长；2011年，由于气候异常、粮食歉收，经济增长率减幅较大，为2.7%；2012年受军事政变和北部战争影响，马里国民经济受到重创，国内生产总值（GDP）约合79.39亿欧元，增

长率为 –1.2%；2013 年依然是因为粮食歉收，经济增长率只有 1.7%，主要来自第二和第三产业，第一产业负增长 7.4%；2014 年马里经济增长率为 2.2%，国内生产总值增长 6.53%，其中第一、第二、第三产业分别预计增长 5.5%、4.7% 和 8.1%；据世界银行统计，2014 年，马里国内生产总值为 120.7 亿美元。

随着区域一体化的发展，马里加入了西非经济共同体（CEDEAO）、西非经货联盟（UEMOA）等区域组织，在贸易、关税管理上受上述区域组织有关规定的约束。国内的《商法》《海关法》等正在逐步协调统一到区域联盟实行的对外统一条例上，如《商法》《统一关税》等。

三、外国投资相关法律

马里外国投资相关法律主要有《投资法》《投资法实施细则》《税法》《劳动法》《关税》等。

根据马里国家法律，投资设立企业的形式包括有限责任公司（SARL）、股份公司（SA）、合伙公司（SNC）和两合公司（SCS）。其中有限责任公司注册资金不少于 5000 西非法郎，股份公司的最低注册资本不少于 1000 万西非法郎。

外国公司可以在马里设立子公司，需持有 50% 以上股权或 100% 股权；还可以设立分公司。

《劳动法》规定妇女和儿童不能从事的工作，规定加班工资（正常工作日增加 50%，节假日增加 100%），还规定劳动合同生效的 4 个条件为：同意、资格、主题、动机，说明了雇主和雇员的关系，以及实习合同、培训合同和工作合同（临时和定期）等。

《劳动法》规定：外国人在马里工作，必须持有该法第 305 条规定的合法签证，否则将会被课以 5000~1.8 万西非法郎的罚款，如再犯则处以 10 万西非法郎罚款。

四、其他

马里是外汇管制国家，外汇不能自由汇进汇出，如业务需美元或欧元结算，应向银行申请办理美元或欧元账户。办理美元账户手续比较繁琐，以马里发展银行为例，企业向银行提出申请后，银行再向总行和马里财政部提出申请，在获得批准后才可开设美元账户。

企业只要合法完税，向商业银行出具税票证明后，就可以将外汇（进口订货用汇、利润所得等）汇往境外，完税后的利润不用再交税。在马里工作的外国人，其合法税后收入也可汇出境外。

第二节　税收政策

一、税法体系

2002 年马里开始税务改革，国家税务局改名为国家税务总局，下设 6 个地区税务局，权力下放。2006 年 12 月 1 日马里议会通过税务修改草案。新《税法》包括 2005 年 12 月 31 日前所有的相关法律规定。新《税法》将原来混为一体的实体法律规定和程序规定一分为二：一为实体规定，即纳什么税，二为有关税法程序的规定，即如何缴纳税。

近年来，税务改革方面出台了一些新规定，机构调整后的新名称等也将写进税法，使其更适应新形势的需要。其中一项改革是将一些税种合并设立综合税。目的是简化程序，扩大征收范围。征收对象为税前年营业额等于或小于 3000 万西非法郎的个体企业经营者、手工业者、商人等，综合税率最低 1.47 万西非法郎，最高为 120 万西非法郎，一次性缴纳，每年交一次。

二、税收征管

马里实行税收中央集权，税收的立法权、征收权、管理权均集中于中央，由财政预算经济部主管。主要的税法由财政部制定，报国会审议通过，由总统颁布。财政部下设税务总局和国家司库，其中税务总局被授权解释并执行税法及实施条例，同时税务总局下设征收部、稽查部、产业经济部（税法制定和税收信息收集）、税务纠纷部（税务内部监督机构及税务纠纷），所征收税款统一缴纳国家司库。缴税申报地点按照 6 个地区税务分局划分，企业征收类型分大型企业和中小型企业分别管理。

年营业额大于等于1亿西非法郎的企业由税务总局的大企业管理局征收；年营业额大于等于5000万西非法郎，小于1亿西非法郎的企业由税务总局的中小型企业管理局征收；年营业额小于5000万西非法郎的企业由区税务分局征收。

税务总局及财政部均设有税务纠纷部来解决税务争议，对于税务总局无法解决的税务争议问题，交由财政部税务纠纷部解决，如果税务总局和财政部均无法解决税务纠纷，则由商业法庭来处理纠纷。

三、主要税种介绍

（一）企业所得税

1. 征税原则

企业所得税纳税人按照国际惯例一般分为居民企业和非居民企业，这是确定纳税人是否负有全面纳税义务的基础。居民企业是指依照一国法律、法规在该国境内成立，或者实际管理机构、总机构在该国境内的企业。《马里共和国企业所得税法》所称的居民企业是指依照马里法律、法规在马里境内成立，或者实际管理机构在马里境内的企业。

根据马里税法，企业所得税征收对象为股份公司、有限责任公司，或者合伙公司，也包括个人公司。

2. 税率

税率为30%。

3. 税收优惠

政府鼓励私人和外来投资，2005年通过的新《投资法》规定，外国投资者和马里公民享有同样的权利。马里有税收优惠规定。税前投资额小于或等于1.5亿西非法郎的企业享受A种优惠待遇，投资额超过1.5亿的企业享受B种优惠待遇。

A种优惠：免交五年企业所得税、工商利润税和营业税；为完成批准的投资计划引进的机械，设备，配件，建材三年免缴进口税费。

B种优惠：免交八年企业所得税、工商利润税和营业税；为完成批准的投资计划引进的机械，设备，配件，建材三年免缴进口税费。

"免税区"待遇适用于80%及以上的产品用于出口的外向型企业，在30年内，企业享受完全免税待遇，免除一切税收、带有税性质的收费，以及海关税。

4. 所得税调整

根据《税法通则》，企业发生的商业性质的捐赠、馈赠不能税前扣除，但对符合条件的捐赠给马里境内的社会福利及政府机构的不超过营业额0.1%（不含0.1%）以内部分可以税前扣除；娱乐、猎、渔、运动、观光等支出不能税前扣除；因违法、违规的各种罚款不能税前扣除；对企业管理层支付显失合理性的薪酬超过部分视为不予税前扣除。

5. 反避税规则

（1）关联方交易。企业与关联方之间的收入性和资本性交易均需遵守独立交易原则。目前马里在当地形成产业链企业并不多，税务机关对关联企业的关注度并不高。税务机关会在税务稽查中，会检查关联交易的相关资料，对比市场价格，对于不合理的交易价格，会进行相应的税务处罚。

（2）转让定价。目前税法上没有明确的规定，但在《商法》会计核算体系上有相关的定价确认原则，一般采用市场比价法。

（3）资本弱化规则。企业支付给关联方的利息支出税务上的可以税前扣除，但需要提供相关的关联企业之间的资金贷款协议和外汇收款证明。

6. 征管与合规性要求

（1）各子公司均须独立纳税，当母公司为马里公司且持有子公司的股权不少于95%时可以合并纳税。

（2）申报时间企业所得税的缴纳实行"分次预缴、年度清算"的方式。每年分四次预缴企业应分别在2月15日、5月15日、8月15日、11月15日以前按照上一年度的税务利润和适用的税率预缴，每次预缴的金额为总预缴金额的1/4年度，结束后在下年的4月30日之前清算上一年度的企业所得税。

（3）企业如逾期申报、未申报以及逃税将被处以罚款及罚息。根据《税法通则》卷一的罚则第522条对未按期申报、未申报及逃税，将按照缴纳税款的处罚100%的罚息，还将处以25万~500万西非法郎的罚款，触犯刑法367条的视情节将对相关人员处以两年至五年有期徒刑。

（二）增值税

1. 征税原则

《增值税法》定义增值税是对在马里境内从事经济活动过程中产生增值部分征收的税赋（简称 TVA）。征税对象为自然人和法人，非营利组织是否征税根据该组织章程里的规定来判断。在马里的经济活动包括进口、销售货物给第三方或自用、提供服务。任何纳税人只要从事有偿的货物和服务交易就要缴纳增值税，增值税是可以抵扣的。纳税基础范围相当广泛，但《税法》中做了明确规定，纳税对象如营业额税前超过 5000 万西非法郎的纳税人、进口商和进口或当地产品销售商、生产商、建筑商、服务商等。税基：进口产品到岸价；所有收入，或部分服务换取的收入；承包工程合同及发票。

2. 计税方式

马里采取一般计税和简易计税相结合的方法，其中个人或机构采用简易征收管理，其他企业采用一般计税，其中大型企业联合会下属的大型企业需出具纳税人识别号（NIF）的发票。

3. 税率

一般计税税率为 18%，简易计税税率为 5%。

4. 增值税免税

《税法》第 195 条规定的 16 种情况属于免税范围主要有：自产农、渔、猎、牧产品；出售开采的产品；个人出售房产；外部利息；博彩娱乐；银行、保险及再保险；社会、教育、文化、慈善、宗教服务；中非税经联盟（UDEAC）关税协定规定免税的进口；医疗产品及服务；学校收取的学费；邮资；作曲、印刷、报纸杂志（广告除外）；农机；出租房屋用于居住等。

5. 销项税额

马里《税法》第 200 条、201 条规定税基为销售货物或提供服务的全部价款，税基不包括增值税和其他多样税。符合下列条件的内容不包括在税基内：开具在原发票上的现金折扣；与原销售金额一致的销货退回；可回收的包装物（若包装物不退回则需缴纳增值税）。

6. 进项税额抵扣

《税法》第 188 条、189 条规定下列增值税进项税可以抵扣：记载在具有纳税人识别号（NIF）的发票中方可抵扣；进口单据；用于自用的申报表；租赁公司的租赁发票。第 200 条规定以下情况不允许抵扣：住宿、餐饮、观看演出；进口再运回原出口国；石油产品（购买用于销售或用于生产电出售的除外）；虚假发票、虚假海关的申报；取得附属于不允许抵扣资产的服务。

7. 征收方式

按进销项相抵后的余额缴纳，增值税征收后不再退回，如有增值税未抵扣余额只能用于以后年度抵扣应交增值税，且抵扣期不超过两年。

8. 征管与合规性要求

（1）增值税按月申报。

（2）逾期申报、未申报以及逃税将被处以 50% 的罚息。

9. 增值税附加税

无。

（三）个人所得税

1. 征税原则

居民个人就全球收入纳税；非居民个人（少于 180 天）只就其源于马里的所得纳税。采用超额累进税率，超过个税起征点为 175001 西非法郎的部分要缴税。

2. 申报主体

以个人为单位进行申报，申报的时候参照家庭情况、婚姻状况和子女数量，由所在企业或者政府机构代扣代缴。

3. 应纳税所得额

个人下列收入征收个人所得税：财产收入；工业、商业及手工艺收入；工资薪金及各种补贴包括小费等；非商业性收入；动产收入；资本性收入；农业收入。

4. 扣除与减免

根据《税法通则》对于未达到个人所得税起征点和外交人员免征个人所得税。《税法通则》规定工资性收入为扣除工资 4% 以内的养老金和社保后的收入；《税法通则》对员工提供的食宿、电话、车辆等视同非货币性薪酬按总工资比例折算为工资。

5. 税率实行累进税率

用家庭净收入除以个人所得税的除数后取整到 1000 西非法郎后，按超额累进税率计算。

表7-2-1　个人所得税税率表

单位：西非法郎

序号	年应纳税所得额	税率
1	0~175000	0%
2	175001~600000	5%
3	600001~1200000	13%
4	1200001~1800000	20%
5	1800001~2400000	28%
6	2400001~3500000	34%
7	超过 3500000 部分	40%

数据来源：《马里税法总典》（2018 年 2 月 15 日出版，马里税务总局、SEAG 税务咨询所编制）。

6. 征管与合规性要求

个税扣减标准从每个纳税年度的 1 月 1 日开始执行。从 2008 年 1 月 1 日起，从纳税人 2007 年 12 月 31 日前的相关收入中扣 2% 的税。

个人所得税按月申报并缴纳。

（四）关税

1. 关税体系和构成

西非经货联盟（西非经济货币联盟）成员对外实行统一关税。统一关税包括共同体统一关税、共同对外关税和统计杂税三部分。

2. 税率

具体细项见表 7-2-2：

表7-2-2　西非经贸联盟成员间关税税率表

类别	说明	关税	增值税	进口总税率
1	社会必需品、药品、外科医疗器械、书、报纸	0%	0%	0%

类别	说明	关税	增值税	进口总税率
2	第一需求品、初级原料、设备、特殊仪器	5%	18%	23%
3	生产中间产品的原件	10%	18%	28%
4	最终消费品、所有不包含在上述类别中产品	20%	18%	38%

数据来源：马里海关。

海关关税针对共同体与外部国家之间的商品或服务的进出口，实行落地申报。关税税率如表 7-2-3：

表7-2-3　非西非经贸联盟间关税税率表

货物种类	类别	税率
少数生活基本必需品	I 类	0%
生产原料和设备	II 类	5%
中间投入品及其他	III 类	10%
消费品	IV 类	20%

数据来源：马里海关。

3. 关税免税

对下列少数属社会功能性质产品实行零关税：涉及公共市场开发及国家发展项目；涉及非政府组织；涉及矿物开发法典；涉及投资法典；援助、捐赠；投资援助；医疗援助。

4. 设备出售、报废或再出口的规定

出售免税车辆、机械和设备须补税：

企业向项目所在地海关监管机构申请鉴定所需出售的车辆、机械和设备，由监管机构鉴定残值后出具书面文件；按残值补缴全额关税并取得结关单后可出售。免税到期后，如果没有后续免税项目，需按鉴定残值补缴关税，企业可自行处理设备；如果转入其他免税项目，需要办理转移登记手续；如果项目结束后设备转场到其他国家，需取得海关监督管理机构的同意，按照核定的残值缴纳 1% 的出口税。

需向海关申请对所需出售设备进行残值鉴定，补缴全额关税，由海关监管机构出具书面文书证明并取得结关单后方可出售。

全额关税进口设备，企业可以自行报废；对海关税收优惠进口设备的报废必须通过海关监督管理机构认定残值，补齐相应关税后进行报废，同时申请海关管理机构进行销关。

（五）企业须缴纳的其他税种

地产税。税法将产权人从在其建筑里从事经营活动所取得的收入列入地产税范围。地产税基：产权人实际取得的收入作为计算纳税的基础。地产税税率：对永久和半永久性建筑，为租金的15%；泥坯建筑为租金的10%。

印花税。对公、私文契课税。根据文契纸张尺寸，印花税票在750~3000西非法郎。按比例缴纳印花税票：对可转让票据为50%；不可转让票据为0.5%。

特别商品税。这是对75种商品进口时或者销售时征收的税，分布在设备材料、农产品、可乐果仁、烟酒、燃料、润滑油、车辆、弹药、矿产品等。对其中有些产品是在销售时纳税（如矿产品）。其中进口时由海关收取。ISCP像进口其他产品申报缴纳海关税一样申报缴纳。对于本国产品，ISCP的申报和缴纳与TVA一样。税率：根据产品不同而异。如矿产品：3%、5%、10%；酒：50%；燃料和润滑油：128%；石油：93%。

注册税。有些原始文契或私署证书注册登记、变更时缴纳的税费。按比例的或累进缴纳的税基是基于价值，通常在文契里列明，或注册登记时申报。注册登记和变更税费：公司：注册资本的2%；地产变更：20%；占用许可：7%；固定税费在1250~12000西非法郎。

综合税。代替原来的工商利润包干税。它将营业税、酒牌税、工商利润税、工资减扣、包干税、增值税等合并为一个综合税。

征收对象是个体企业经营者，年营业额税前等于或低于30000000西非法郎。缴纳营业税的，不论公司形式和大小都不在此例。

综合税率最低14700西非法郎，最高1200000西非法郎。

不可转让的法人财产税。这是一种直接向如注册资本公司、国营企业及宗教社团等法人团体收取的税。税基与地产税基相同。有两种税率：宗教社团0.5%；资本公司和其他社团20%。

（六）社会保障金

1. 征税原则

应缴纳的社会保障金的计算基础为月度员工薪酬的22%（员工承担3.6%，企业承担缴纳18.4%），每月15日之前申报。

2. 外国人缴纳社保规定

外国人在马里工作也需要缴纳社会保障金，目前对外国人在马里缴纳部分离开马里时无法办理退还。

第三节　外汇政策

一、基本情况

马里属于西非共同体成员国家，实行严格的货币管制政策。马里财政部下设外汇管理局，专门负责外汇的登记和审批事宜，银行凭该局许可执行汇入或汇出的业务操作。个人汇款汇入后必须兑换成西非法郎。

马里作为西非经济和货币共同体的成员国，金融环境相对稳定。西非法郎与欧元挂钩，实行固定汇率，1欧元等于655.957西非法郎；美元购汇汇率由各银行根据自己汇率机制定价。

近两年马里政局相对稳定，政府重点发展农业等基础设施建设，国民经济得到了一定的恢复发展。但国家受地域限制和资源稀缺等因素的制约，国家的外汇储备有限，西非法郎的年通货膨胀率很高。美元对西非法郎的汇率整体是走高的。例如2014年3月31日，1USD兑换473XOF；2016年10月22日，1USD兑换602XOF；2017年10月17日，1USD兑换557XOF。这个汇率统计的是国际上的标准汇率，在实际操作中，非洲银行还会有各自的兑换牌价，手续费等费用。西非法郎的波动较大，整体趋于稳定。

目前马里全国有储蓄银行13家、小型投资机构534个、投资银行4家、保险公司10家。马里发展银行（BDM）是第一大商业银行，其他还有泛非经济银行（ECOBANK）、马里互助银行（BRS）、国家农业发展银行

（BNDA）、马里工商银行（BCI）、大西洋银行（Banque Atlantique）、马里投资银行（BIM）等均发展迅速、业务拓展很快。上述银行均可以实行存贷款、收支转账、网上银行及国际汇款业务。

二、居民及非居民企业经常项目外汇管理规定

进出口用外汇都需先向银行申请，经财务部审核才能获得。而且进口用汇额度以进口货物报关的额度冲抵，不足部分须退还外汇额度。

（一）货物贸易外汇管理

企业只要合法完税，向商业银行出具税票证明后，就可以将外汇（进口订货用汇）汇往境外。

（二）服务贸易外汇管理

企业只要合法完税，向商业银行出具税票证明后，就可以将外汇（利润所得）汇往境外。

（三）跨境债权债务外汇规定

企业只要合法完税，向商业银行出具税票证明后，就可以将外汇（进口订货用汇、利润所得等）汇往境外，完税后的利润汇出不用再交税。在马里工作的外国人，其合法税后收入也可汇出境外。

（四）外币现钞相关管理规定

按照马里海关规定，外国人携带外汇出境最高限额为 5000 美元，等同当地货币 250 万西非法郎，如超出需要申报。

三、居民企业和非居民企业资本项目外汇管理规定

在资本项下和个人用汇方面则实行外汇管理制度，管理比较严格，每笔外汇支付须经外汇管理部门层层审查。允许外国投资的本金和利润汇出方面相对比较放松，最初投资总额和申报的利润总额依法纳税后均可以汇出国外。

企业如需美元或欧元结账，应向银行申请办理美元或欧元账户。办理美元账户手续比较繁琐，以马里发展银行为例，企业向银行提出申请后，该行再向总行和马里财政部提出申请，在获得批准后才可为其开设美元账户。

四、个人外汇管理规定

个人换汇可持机票到西非央行驻马里总部办理，每人每次限额 100 万西非法郎等值外汇。外币现金提取需收取提现金额 1.5% 的手续费及以手续费为计算基数 18% 的增值税（TVA）和以 TVA 计算 5% 的增值税附加税（CA）。个人入境携带现钞不超过等值 5000 美元；个人出关携带现钞不超过等值 5000 美元。超过部分需要提前申报。

第四节　会计政策

一、会计管理制度

（一）财税监管机构情况

马里属于《商业公司与经济利益团体统一法案》（OHADA 下称"统一法案"）成员国。遵守该体系下的会计系统（Système comptable OHADA 缩称 SYSCOHADA）。财务报表的呈报内容每年相同，报表每个项目都必须提供上年的数字。

（二）事务所审计

每年营业额超过 5 亿西非法郎的企业需要由审计机构进行审定，税务局在稽查时会对企业是否进行外部审计予以关注。

（三）对外报送内容及要求

会计报告中主要包含以下内容。①企业基本信息，行业分类、经营范围、股东情况、公司地址、银行账户信息、税务登记号等；②企业经营情况表，资产负债表、利润表；③披露信息，费用类、资产类、历年营业额（五年内）、权益变动；④关联交易中，采购定价相关的证明材料及交易申明。

上报时间要求：会计报告须按公历年度编制，于次年的 4 月 30 日前完成。

二、财务会计准则基本情况

（一）适用的当地准则名称与财务报告编制基础

西非会计体系起源于法国会计体系，在理论上与美国会计准则相似。

西非国家目前采用与国际会计标准相符的单独会计体系，即西非会计系统。

西非经济与货币组织下存在的多个会计系统已经进行了废除，取而代之的是西非会计系统。

1998 年 1 月 1 日，西非会计系统在 8 个 UEMOA 成员国内成了官方会计系统。

马里采用 SYSCOHADA 的会计准则。自 2018 年开始所有企业需按新修订后的 SYSCOHADA 准则执行，该体系和 IFRS 逐渐趋同。

SYSCOHADA《会计统一法》中规定了会计处理的具体核算方法，包括会计科目分类规则（共 9 类）及其核算具体内容，同时也规定了借贷记账规则。

马里的会计核算制度与税法联系紧密，在会计核算中会充分考虑税法规定，所以纳税申报时对会计报表纳税调整项较少，与税务政策趋于一致。会计核算按照 SYSCOHADA 中《会计统一法》处理，实务处理时可以参照一些财税部门公布的以前会计处理惯例。在纳税申报时，对与税法不一致的事项进行必要纳税调整，并以调整后的税务报表作为报税依据。

（二）会计准则使用范围

西非会计系统是一个参考框架，包括簿记和会计法层面。它处理一系列已存在的簿记操作和系统。它要求所有的商业公司（除了那些应用公共财务系统，比如银行、财务机构和保险公司）遵守同样的会计方法。

西非会计系统合并了符合亚区域经济现状和管理水平的会计准则，这些亚区域包括贝宁湾、马里、几内亚比绍、塞内加尔、尼日尔和多哥。西非会计系统已经引进，用以实现地区商业焦点的集合和鼓励投资。

西非会计体系下，企业会计确认、计量和报告的基本前提和一般原则包括：持续经营、一致性、历史成本、谨慎原则、重要性、立法一贯性、经营连续性、操作专门性。

三、会计制度基本规范

（一）会计年度

马里会计年度与历法年度一致，即公历年度 1 月 1 日至 12 月 31 日为会计年度。

（二）记账本位币

马里采用西非法郎作为记账本位币，货币简称 FCFA。

（三）记账基础和计量属性

为了将符合确认条件的会计要素登记入账，并在财务报表中以确定的金额显示，会计体系下基本的会计计量方法如下：

历史成本（Coût historique，又称实际成本）、市场价格（Prix vénal，含：重置成本和可变现净值，易物交换价值）、现值（Prix actuel，未来现金流量现值）、合同价值（Prix contractuel，又称双方约定的公允价值）。本规定和现行中国会计准则一致。

四、主要会计要素核算要求及重点关注的会计核算

（一）现金及等价物

包括现金、银行存款及现金等价物。现金等价物是指持有的期限短、流动性强、易于转换为已知金额现金及价值变动风险很小的投资。

（二）应收款项

应收账款的概念：企业在日常经营活动中，提供商品或服务，该销售行为已经发生，但是尚未收到款项，企业应通过应收账款核算，通常收到该款项的期限较短。

企业应在资产负债表日按照备抵法计提坏账准备，计提坏账的比例由企业自行决定；西非会计体系下，企业不允许采取直接冲销法核算坏账。

（三）存货

存货的概念和分类：存货由全部商品，原材料和有关的供应品，半成品，成品以及在盘点日企业拥有所有权在的物资。具体分类如下：商品（marchandises），原材料（matière premier），其他储备品（autre approvisionnement), 在产品（produit en cours）, 进行中的工作（service en cours）, 产成品（produits finis）, 半成品（produits semi-finis）, 在途物资（stock en route）, 存货减值（stock pour dépréciation）。

确定存货的期末库存可以通过永续盘点和实地盘点两种方式进行。

存货的初始核算：存货的采购成本应不包含采购过程中发生的可收回的税金。不同存货的成本构成内容不同，通过采购而取得的存货其初始成本由使该存货达到可使用状态之前所发生的所有成本构成（采购价格和相关采购费用）；通过进一步加工而取得的存货其初始成本由采购成本、加工成本，以及使存货达到目前场所和状态所发生的其他成本构成。

存货出库的核算方法：先进先出法和取得成本法。企业应根据存货的性质和使用特点选择适合的方法进行存货的出库核算。后进先出法存货估价不能使用。

存货跌价准备：在期末，由于一些不可扭转的原因，导致的存货价值低于账面价值时，应根据存货的可变现净值与账面价值的差额计提存货跌价准备。

（四）长期股权投资

西非体系下，长期股权投资属于长期资产的一种，通过该科目核算的长期股权投资，企业投资应占被投资企业注册资本的10%以上，并且长期持有；如果该投资没有达到10%，那么应通过其他投资资产进行核算。

取得的长期股权投资，企业以实际付出的资产成本作为长期股权投资的初始核算成本。

在持续持有期间，采用成本法核算，当被投资单位确认分配股利或盈余时，投资单位应根据能分配到的金额确认为当期投资收益。西非会计体系下尚没有权益法核算，被投资单位所有者权益的变动对投资单位没有影响。会计上以40%为界限确认是否对被投资单位拥有决策权或共同决策权。

当被投资单位发生严重持续亏损时，投资单位应对该长期股权投资计提减值准备。

（五）固定资产

固定资产的初始计量：历史成本、合同价值、市场价格、现值。具体

规定如下，

以有偿方式获得的财产，其成本应记入取得固定资产的价值，具体成本包括：在扣除可弥补的税金后的购买价格；在扣除可弥补的税金后的附带费用（运输费，关税，安装费等）。企业自制资产的价值，应有相应的生产成本构成，具体成本包括：可消耗的供应品和材料的获得成本；生产直接费用；与生产有关的间接费用；无偿获得的资产，其价值应由市场决定；以实物投资形式获得的固定资产，其价值应由合同约定。

固定资产（实物资产）的预计使用年限：企业应对每种固定资产在其预计使用年限内计提折旧，每种固定资产的预计使用年限由企业自行决定。在会计实务操作中，企业通常采用《税法》中114条关于实物固定资产折旧年限和折旧率的规定，例如：商业性和工业性房屋、车库、厂房和库房的折旧率为5%；油罐及储水罐的折旧率是10%；工厂发电机组折旧率是15%；救火设备的折旧率是20%。

固定资产（实物资产）折旧方法：固定资产按税法条款可以使用直线法和工作量法计提折旧，如果经过允许，加速折旧法也可以使用。当企业采用税法规定的加速折旧法计提折旧时，加速折旧和直线法之间的差异需要单列科目进行会计核算。加速折旧计算方法：自固定资产开始使用起，第一年采用固定折旧率40%，从第二年开始在剩余年限内采用直线法计提折旧。在会计实务中，企业应当按照年度计提折旧，在计算年度折旧费用时，在增加和减少固定资产的当月都应计提折旧。

折旧费用：指固定资产原始价值与预计净残值的差额。

（六）无形资产

无形资产是企业持有没有实物形态的资产，能对未来利益产生影响。它是企业从外部取得或自身创造的一种资产形式，不能被出售或转移加工，但可以以持久，直接或间接的形式运用到企业的活动中。

无形资产摊销年限：在会计实务操作中，企业通常采用《税法》中条关于无形资产摊销年限的规定，例如：信息软件的摊销率是100%，没有其他更多的例证。

企业内部研究开发项目开发阶段的支出，确认为当期损益，当满足下列条件时，在开发结束后，确认为无形资产：

（1）开发项目的类型，具体指对企业的经营或产品的性能、质量能产生实质性改变，并且该开发成本能可靠地计量。

（2）开发时有明确的计划，并要论证项目成功的可能性。

（3）该开发支出用于未来的经营或产品具有商业价值。

（七）职工薪酬

职工薪酬核算所有支付给职工的各类报酬。包括以下人员的薪酬费用：行政管理人员、普通员工、临时性雇佣员工、职工代表、提供服务的企业合伙人。

（八）收入

（1）收入确认的一般原则。收入确认按照权责发生制（包括长期合同的全部和部分）确认。

（2）商品销售收入。通常情况下交付商品所有权凭证（如发票）视为销售行为的发生，在会计实务中需要在交付商品实物的同时交付商品所有权凭证，与实际是否收到款项无关（如预收款销售，分期收款销售，后收款销售等）。

（3）建造合同收入。在同一个年度开始并结束的工程，在工程完工并验收之后确认收入；跨越若干年度的建造工程，建造合同收入有成本法和完工百分比法两种方法确认收入。成本法：在每个会计年度以实际支付的成本额确认收入，在工程完工以前的每个会计年度，工程毛利为零；完工百分比法：在每个会计年度，以实际完成的工作量占总工作量的比重视为完工百分比，合同总额乘以完工百分比确认为当年的营业收入。具体完工百分比的计算由年度成本占合同总成本的比重和工程进度等来确定。建造合同收入的确认不以所有权凭证的转移为标准。

（4）出租收入。在会计实务中，根据承租方实际拥有该出租物的使用权时确认收入，并在拥有使用权的期间内分期确认收入。出租收入的确认与发票是否开具、款项是否收到没有关系。

（九）政府补助

政府补助包括三类（前两类也包括第三方补助）：投资性补助、经营性补助和平衡性补贴。

投资性补助类似于中国《企业会计准则第 16 号——政府补助》中与资

产相关的政府补助，是企业取得的为了购置、建造长期资产或为了提供长期服务而取得的补助。会计科目（14）用于核算投资性补助收入。取得时计入会计科目（14）和相关资产；年末结转会计科目（14）中当年分配的收益部分至会计科目（865），计入本年收益；处置相关资产时将会计科目（14）尚未分配的余额计入会计科目（865）。

《会计统一法》中会计科目（71）用于核算经营性补助收入，核算方法类似中国《企业会计准则第16号——政府补助》中与收益相关的政府补助。经营性补助是由政府、公共机构或第三方为了弥补企业产品的售价或其经营费用而给予的补助，既不是捐赠也不是投资性补助。经营性补助分为进口产品补助、出口产品补助。债权人放弃债务权利也视同经营性补助计入本科目，年末本科目结转至本年利润。

平衡性补贴是政府对企业特别事项的补贴，相当于营业外收入，直接通过会计科目（88）"营业外收入"，并在期末结转到本年利润。

（十）借款费用

借款费用是指企业因借款而发生的利息及其相关成本。借款费用包括借款利息、折价或者溢价的摊销、辅助费用以及因外币借款而发生的汇兑差额等。

（十一）外币业务

外币交易。企业发生外币交易的，应在初始确认时采用交易发生日的即期汇率折算为记账本位币金额，当汇率变化不大时，也可以采用当期平均汇率或者期初汇率核算。在结算日，对使用外币核算的科目按照结算日当日的汇率折算为记账本位币金额，由于折算汇率与初始确认时所使用的汇率不同，导致出现的汇兑差额，计入当期损益。

流动性较强的科目、有合同约定的科目（债权债务，未来收付款使用外币），以及采用非历史成本核算的科目应采用外币核算，包括：

（1）买入或者卖出以外币计价的商品或者劳务；

（2）借入或者借出外币资金；

（3）其他以外币计价或者结算的交易。

外币报表折算。编制外币报表的企业，应在资产负债表日，将外币报表折算为记账本位币报表，报表中不同的项目采用不同的汇率折算，具体折算规则如下：

（1）资产负债表中的资产和负债项目，采用资产负债表日的即期汇率折算，所有者权益中项目中除"未分配利润"外，其他项目采用项目发生时的汇率折算。

（2）利润表中的项目采用交易发生时的汇率折算，也可以采用交易发生期间的平均汇率折算。

（3）以上项目折算后产生的外币报表折算差额，在资产负债表中单列项目显示。

（十二）所得税

所得税采用应付税款法，不区分时间性差异和永久性差异，不确认递延所得税资产和负债，当期所得税费用等于当期应交所得税。本期税前会计利润按照税法的规定调整为应纳税所得额（或由税务局核定的应纳税所得额），与现行税率的乘积就是当期在利润表中列示的所得税费用。会计科目（89）核算所得税，分为当期所得税费用和以前年度所得税费用调整，年末余额结转至本年利润。

五、其他

《会计统一法》中没有单独企业合并准则，但《会计统一法》第5章《合并财务报表》明确该体系接受两种国际标准：

国际会计准则理事会批准的标准，即 IASC 发布的 IAS，其中 IAS22 企业合并已经被后来 IASB 发布的 IFRS3 取代，但由于《会计法》并没有修订，没有明确是否自动适用 IFRS3。

欧洲标准（欧洲共同体理事会第 7 号指令），欧盟于 2005 年起对上市公司也执行 IFRS3。

第八章 马其顿税收外汇会计政策

第一节 投资基本情况

一、国家简介

马其顿共和国（马其顿语：Република Македониа；英语：The Republic of Macedonia，以下简称马其顿），位于南欧地区，地处巴尔干半岛内陆地区，首都是斯科普里（Skopje）。马其顿官方语言为马其顿语（Macedonian），属于斯拉夫语系，阿尔巴尼亚语（Albanian）也是国内进行交流的主要语言之一。货币为马其顿第纳尔（英文：Macedonia denar，货币符号：MKD，以下简称第纳尔）。马其顿国土面积为 25713 平方公里，全国人口约为 208 万（2016 年），是一个多民族的发展中国家。主要民族为马其顿族和阿尔巴尼亚族，其他有土耳其族，吉卜赛族，塞尔维亚族等少数民族。主要宗教是东正教和伊斯兰教。

二、该国经济情况

马其顿 2017 年名义 GDP 为 6197.88 亿第纳尔，同比增长 3.5%；折合 113.42 亿美元，同比增长 5.5%。人均名义 GDP 为 298707 第纳尔，同比增长 3.4%；折合 5466 美元，同比增长 5.3%。[①]

南联盟解体前，马其顿地区为国内最贫穷的地区，独立后由于社会主义经济转型、区域局势动荡不安、联合国对塞尔维亚的经济制裁、希腊于 1994—1995 年对马其顿的经济制裁、2001 年内战等原因，马其顿经济停滞不前，直到 2002 年才开始渐渐复苏，至今该地仍是欧洲最贫穷的国家之一。随着国内外环境的改善和各项改革措施的推进，马其顿经济有所恢复和发展。马其顿矿产资源比较丰富，有煤、铁、铅、锌、铜、镍等，其中煤的蕴藏量为 1.25 亿吨。还有非金属矿产碳、斑脱土、耐火黏土、石膏、

---

① 数据来源：世界银行。

石英、蛋白石、长石以及建筑装饰石材等。森林覆盖率为 38.4%。

三、外国投资相关法律

马其顿法律法规比较健全。

贸易方面，马其顿于 2003 年 4 月加入 WTO，现正积极谋求加入欧盟，因此，马其顿对现行经济政策进行调整，为外国企业创造更为良好的投资环境。近几年，马其顿政府颁布的与贸易相关的法律主要有《经济自由区法》《贸易公司法》等。

投资方面，除军事工业、武器交易、麻醉品交易、受保护的文物交易等领域外，其他投资领域均对外开放。《银行法》规定，获取 75% 的银行股份需要得到国民银行的批准；《保险监管法》要求国外投资者在购买涉及保险事业管理权的股票时，必须通过保险业监管机构的同意；《广播法》规定，外国人参与广播公司的投资比例不能超过 25%。另外，马其顿保护市场公平竞争，企业并购需要遵守相关法律，该领域法律主要有《反不公平竞争法》《竞争保护法》等。

马其顿对中国企业投资合作有一定的保护政策。1997 年，中国和马其顿签署了双边投资保护协定。此外，中马两国建立了中马政府间经贸混委会，并举行定期会晤。2015 年 4 月 22 日在北京召开了第七次会议，就加强两国在经贸、农业、基础设施等领域的合作进行磋商，并达成诸多一致意见，有利于中国企业在马其顿开展投资合作。

马其顿国工作签证获取较容易，仅需与所在国机构签订劳动合同，即可获取。

第二节　税收政策

一、税法体系

马其顿属于属地税制，其税收法律尚处于变革之中，部分税收制度继承了前南斯拉夫税收制度的内容，此外，马其顿政府颁布部分新内容。为吸引外国投资者，政府尚在不断修订税法。目前征收的主要税种包括：企业所得税、个人所得税、增值税、消费税、财产税、遗产与赠与税、公共税和关税等。其中，财产税、遗产与赠与税、不动产转让税等属于地方税，由地方政府负责征收和管理。现正在执行的税法包括《企业所得税法》《财产税法》《个人所得税法》《增值税法》《消费税法》《税收程序法》《海关法》等。

满足以下规定的企业被判定为居民企业：从税收的角度讲，一家企业如果在马其顿境内设立，或者将总部设在马其顿境内，那么该企业就会被认定为马其顿的居民企业。如果外国企业的总部不在马其顿境内，那么这些企业将被认定为税收非居民企业。马其顿对居民企业适用所有税种；对非居民企业，不适用资产相关税赋。

马其顿已签署《税基侵蚀与利润转移公约》《税收征管互助公约》等，也为 BEPS 公约签署国。

二、税收征管

公共财政收入办公室（The Public Revenue Office (PRO)）是财政部(Ministry of Finance) 下属的一个国家税收管理机构，该机构是一个独立的法律实体。从 2017 年 1 月 1 日起，根据公共财政收入办公室规则手册里对系统和组织的修改，该机构包含以下部门：总部（位于首都斯科普里）、大企业管理办公室、区域管理办公室、办事处、服务点和移动税务柜台。

公共财政收入办公室负责执行税收政策，维护纳税人唯一的税务登记身份和纳税记录，接受纳税申报，评估应纳税额，征税，退税，收取来源于工资的社会保障金和其他公共税费，开展税务稽查，协助纳税人履行他们的纳税义务，监督和分析税制的运行，为税制的完善提供建议，和其他国家的税务机关合作并提供与税务有关的国际法律援助。

（一）税务查账追溯期

马其顿目前尚未对税务查账追溯期做出明确法律规定，因此严格意义上，马其顿税务局可对所有期限内税务记录进行税务追溯。但由于马其顿独立较晚、经济发展起步较慢，目前税务局对税务追溯多集中于期限较近的税务申报。

（二）税务争议解决机制

马其顿税务局为马其顿国内税务管理的直属部门，有权对企业和个人的涉税问题做出行政裁决，并要求企业和个人缴纳罚金。如企业或个人对税务局的税收裁决存有争议，可向马其顿法院提起行政诉讼，由法院对税务局的税收裁决是否符合马其顿法律作出判决。

三、主要税种介绍

（一）企业所得税

1. 征税原则

马其顿是属地税制，即其税收管辖权按属地原则确立，又称"地域管辖权"或"收入来源地管辖权"。

根据马其顿的法律，外国企业的分支机构需要缴纳企业所得税，其外国母公司需要为在马其顿设立的分支机构负全部责任，包括纳税义务。所有马其顿的居民法律实体和通过常设机构运营的非居民法律实体都有在马其顿缴纳企业所得税的义务。

马其顿的非居民实体在马其顿的机构、场所如果构成常设机构，则需要就其通过常设机构在马其顿境内取得的利润缴纳企业所得税。一般来讲，常设机构是一个固定的经营场所，企业的全部或部分业务在这个场所开展，无论是直接经营还是通过非独立代理人来经营。

非经营性机构（包括政府机构）应就其取得的来源于商业活动的收入缴纳企业所得税。

一家按照其所在国法律注册并开展商业活动的外国企业，可能会因商业活动需要在马其顿成立一个商业代表处，代表处不是法律实体并且可能不进行任何商业活动，因此外国企业在马其顿设立的代表处不用缴纳企业所得税。

2. 税率

马其顿居民企业和非居民企业的企业所得税税率均为10%。

选择按照简易计税方法纳税的企业，适用税率为1%。在企业满足税法中规定的其他标准的前提下，如果其来源于全球的年度总收入是在300万～

600万第纳尔，则企业（提供银行、金融、保险服务和博彩、娱乐服务的企业除外）基于它们的年度总收入可以选择简易计税方法。

选择按照简易计税方法纳税的企业按其相应年度利润表上所列示的所有来源的总收入的1%缴纳企业所得税。

如果企业的年度总收入在接下来的三年里都在以上所述的范围内（年度总收入在300万~600万第纳尔），则该企业不能申请变更简易计税纳税方法。

根据简易计税方法，对年度总收入不超过300万第纳尔的企业可以免征企业所得税。

所有在马其顿境内注册并开展商业活动的法律实体和自然人，以及在马其顿构成常设机构的非居民法律实体和非居民自然人，都有义务在向境外法人支付特定类型的收入时代扣代缴所得税，又称预提所得税。预提所得税税率为10%。

3. 税收优惠

（1）投资利润。马其顿的《企业所得税法》规定，对境内纳税人出于企业发展目的用于再投资的利润，可免征企业所得税。这些符合以上免税条件的利润再投资包含对有形资产和无形资产的投资，但不包括一些被明确列示为用于管理目的的资产。为了能够适用上述的税收减免，纳税人必须从购买之日起对其用再投资利润购买的资产保有五年的所有权。

（2）技术产业开发区。如果纳税人注册在技术产业开发区里，并且满足《技术产业开发区法》里的一些限制性条款和程序，那么自其在开发区内开展商业活动开始之日起，该企业可以享受免征企业所得税十年的优惠政策。

（3）特殊类别的减征。保护残疾人就业的公司（需符合《残疾人雇佣法》的相关规定）；

实施约束和管教青少年的机构里的经济单位（需符合《强制约束法》（Law on enforcement of sanctions）的相关规定）。

4. 所得额的确定

企业所得税的税基是企业本年度实现的利润，该利润根据会计准则进行计算，并且需要根据税法的规定对本年度发生的不可扣除的费用进行税前调整。

应纳税所得额是企业所得税的计税依据,根据《企业所得税法》的规定,应纳税所得额为:

应纳税所得额 = 收入总额 – 不征税和免税收入 – 各项扣除 – 允许弥补的以前年度亏损

企业的收入总额包括以货币形式和非货币形式从各种来源取得的收入,包括销售收入,提供劳务收入,资本利得,权益性投资收益,利息收入,租金收入,特许权使用费收入,其他收入。

《企业所得税法》中规定,在企业当年利润表中列示的亏损额基础上,对不可抵扣的费用进行调整后仍为亏损时,该亏损额可以用下一年度的所得弥补,下一年度的所得不足以弥补的,可以逐年延续弥补,但不得超过三年。

纳税人弥补亏损需根据马其顿《公司法》的相关规定进行,且需要获得税务机关的批准。

根据马其顿税收法规,亏损不得结转至以前年度。

5. 反避税规则

(1)关联关系判定标准。根据马其顿《企业所得税法》,关联关系的判定标准目前应该适用《公司法》中对于关联方的定义。根据该定义,任何在一个实体中拥有其 10% 或以上股份,或者能直接或间接控制该实体的法律实体或个人,即被认定为该实体的关联方。另外,根据 2015 年 1 月生效的《企业所得税法》(修正案),与纳税人有关的非居民企业如果来自低税率国家或地区("避税天堂"),也会被认定为该纳税人的关联方。然而,税务机关并没有对"避税天堂"给出任何定义或者任何可参考的判例。

(2)转让定价。马其顿的《企业所得税法》中规定的转让定价方法是成本加成法(Cost Plus Method)和可比非受控价格法(The Comparable Uncontrolled Price Method),其中税务机关更倾向于纳税人使用可比非受控价格法。税法中暂未引用 OECD 采用的其他转让定价方法。但在可比非受控价格法不适用时,纳税人也可以采用 OECD 转让定价指南中列示的其他方法,但可能需要向税务机关证明该方法是最合适的。

(3)资本弱化。根据马其顿税法的相关规定,如果一家公司的关联方为对其直接控股超过 25% 的非居民股东，且其向公司的借款超过了其在公司股本的三倍，那么从该非居民股东处借款所产生的利息费用中超过扣除标准的部分，是需要缴纳企业所得税的。资本弱化规则不适用于银行或者其他金融机构。另外，对于新成立的公司，在其开始生产经营的前三年内，资本弱化规则同样不适用。

根据马其顿税法的规定，当借款金额超过纳税人权益资本的三倍，且该借款是由持有纳税人 25% 以上股份或表决权的股东或关联方提供的，则纳税人支付的超过固定比例的借款利息不可扣除。这部分超过标准的利息费用需要在企业所得税前进行纳税调增，缴纳企业所得税。

6. 征管与合规性要求

企业所得税的纳税期限为一个公历年度。实际经营期不足一年的，应以其实际经营期为一个纳税年度。企业所得税按月预缴。企业所得税的计算应由纳税人授权的个人或税务咨询师完成。

每个公历年度结束后，企业需要进行企业所得税的评估和缴纳。企业需要填写 DB 表格，并在次年的 2 月 28 日或 29 日之前提交给公共财政收入办公室。通过互联网向注册中心提交年度账簿的纳税人，截止日期为次年的 3 月 15 日。

7. 预提所得税

所有在马其顿境内注册并开展商业活动的法律实体和自然人，以及在马其顿构成常设机构的非居民法律实体和非居民自然人，都有义务在向境外法人支付特定类型的收入时代扣代缴所得税，又称预提所得税。预提所得税税率为 10%。

（二）增值税

总体来说，马其顿的增值税制度与欧盟增值税第 6 号指令（The sixth European Union（EU）VAT directive）的规定是保持一致的，即全面的消费型增值税：以销售收入扣除投入生产的中间性产品价值和固定资产价值后的余额为税基。

1. 征税原则

一般来讲，在马其顿共和国境内销售商品和提供服务以及进口商品至马其顿境内的法律实体或自然人，为增值税的纳税人。具体包括：

（1）销售商品和提供服务的单位和个人，为增值税的纳税义务人。

（2）将货物进口到马其顿共和国境内的单位和个人，为增值税的纳税义务人。

（3）开具增值税发票的单位和个人，不论是否得到授权，都有义务在开票后5日内缴纳增值税。

（4）如果销售货物和提供服务并取得收入的纳税人在马其顿境内未设立总部或者分支机构，则货物的接收方或服务的使用方是增值税扣缴义务人。

2. 税率

增值税的标准税率为18%，该税率适用于所有商品和服务的流转额和货物和服务的进口额，适用低税率的商品和服务除外。低税率商品和服务主要是马其顿较为稀缺的化工材料、药品等物品。

适用增值税低税率5%的商品和服务如下：①用于人类消费的食物；②公共供水系统的水，来自城市废水排放系统的水和用于改善农业用地的水；③包含餐饮的住宿服务；④出版物，主要用于广告的出版物除外；⑤用于农作物生产的种子和种植材料；⑥肥料；⑦植物保护材料；⑧尺子、圆规、橡皮泥、磨刀器、橡皮和涂改液等。

3. 增值税免税

以下环节的出口货物和服务免税，且销售方的进项税额可以抵扣或退还：①出口货物；②价值超过1000欧元并且未进入最终消费环节的货物，从马其顿销售和运送至免税区、保税区或保税仓库；③与进口出口过境相关的服务；④临时入境维修的动产及相关服务；⑤国际航空旅客运输服务；⑥向境外销售、维护和租赁飞机，作国际航空运输用途；⑦为国际航空运输用飞机提供的服务；⑧向马其顿国家银行出售黄金；⑨与上述列明的销售行为相关的中间服务。

以下环节的销售货物和服务免税，但销售方的进项税额不可抵扣或退还：①出售住宅和公寓，不包括建造后五年内的首次出售；②出租公寓作为住宅使用；③马其顿邮政（Mecedonian Post）提供的邮政服务；④银行和金融交易；⑤提供保险与再保险服务；⑥博彩和娱乐游戏；⑦文化领域的机构提供的服务；⑧社会照料和保护机构提供的服务；⑨儿童和青少年机构提供的服务；⑩教育服务；⑪广播电台和电视台提供的服务；⑫国际旅客运输服务（航空运输除外）；⑬医疗保健服务；⑭运送病人服务和销售人体器官、血液和母乳；⑮殡葬机构提供的服务。

以下特殊的进口行为免征增值税：①在马其顿共和国海关管辖范围内，根据过境海关程序进行转移的货物；②进入免税区或免税仓库的货物；③按照海关条例的延期付款制度，将货物放在海关通关程序或海关进口程序中；④同一货物，再次进口时的情况与第一次进口时完全相同；⑤外国大使馆或领事代表机构为满足公务需要以及外交人员的个人需要进口的货物；⑥国际组织进口的货物；⑦在交易会、展销会或类似活动中展出的商品；⑧进口用于检验、研究、分析或测试的货物；⑨根据海关条例规定暂时进口和完全免征关税的货物；⑩如果马其顿政府和外国捐助方的协议中包含免税条款，则使用外国捐赠者或赞助方的资金购买的用于协议项目的必需品在进口时免征增值税。

4. 销项税额

（1）国内销售的增值税税基。增值税税基是纳税人销售货物、提供应税劳务以及发生应税行为时向购买方收取的全部价款和价外费用（包括现金、货物、服务和其他形式的补偿），包括：①税款（增值税除外）和其他费用；②包装费、交通费、保险费、佣金和其他由货物的接收方或服务的使用者支付的费用；③与货物和服务价格直接相关的补贴。

（2）进口货物的增值税税基。进口货物的增值税税基是根据海关确定的进口货物的价格再加下列税费：①关税、消费税和其他进口税费；②相关费用，包括佣金、包装费及将货物运送到马其顿境内第一个交货目的地的交通和保险费用。

5. 进项税额（Input Tax）抵扣

进项税额是指纳税人购进货物和服务时所支付或者负担的增值税税额。进项税额可在同一纳税期间内，从销项税额中抵扣。

（1）以下是准予从销项税额中抵扣的进项税额。①纳税人因开展经济活动而接受商品和服务或进口货物和服务；②纳税人租用建筑物，并购进或进口货物和服务来进行修建、重建、改造、扩建等，以增加租入设施的价值，用于纳税人即承租人的经济活动时，承担或支付的增值税税额；

③根据《增值税法》或《海关申报法》的规定开具的发票上分别列明的进口货物或服务的增值税税额；④纳税人的会计账簿中据实保存的相关发票或海关报税单列明的进项税。

在所有上述条件得到满足且符合税法相关规定时，纳税人可以将当期进项税额从销项税额中抵扣。

（2）以下情况纳税人不准予抵扣增值税进项税额。①购买或者进口的商品或服务用于增值税免税商品或服务的销售；②购买、生产和进口自行车，四轮以下机动车、小客车和与之相关的服务；③代理费；④旅客运输服务；⑤购买或者进口冰箱、音视频设备、地毯和艺术品等用于办公场所的装饰；⑥酒店费用和其他类型的住宿费和餐饮费。

6. 征收方式

纳税人的年度销售总额超过 100 万第纳尔，或者在生产经营活动开始时预估的供应量超过 100 万第纳尔，那么该纳税人就有义务进行增值税登记。不满足上述条件的居民纳税人可以在每一公历年度开始时自愿进行增值税登记。

7. 征管与合规性要求

标准的增值税纳税期限为一个月。上一年度的销售总额超过 2500 万第纳尔的企业，按月申报纳税；上一年度的销售总额未超过 2500 万第纳尔的企业，可以按季度申报缴纳增值税；自愿注册成为增值税纳税人的纳税人，其增值税纳税期限为一年。

增值税纳税人有义务在一个纳税期限结束后的 25 日内提交增值税纳税申报表。

纳税人通过填写 DDV-04 表格的方式进行增值税纳税申报，增值税的计算也需在该表格上完成。所有增值税纳税人需要以电子表单的形式在网上提交增值税纳税申报表。

除了提交相关纳税期间的纳税申报表，纳税人还有义务在网上提交关于其国内交易记录和国外交易记录的中期报告。

纳税人在给定的纳税期间内即使没有产生任何应税收入，也需要进行增值税零申报。在纳税人的生产经营活动终止后，纳税人仍需要在终止经营活动的次月 25 日内进行纳税申报。

（三）个人所得税

1. 征税原则

满足以下规定的企业被判定为居民个人：

在马其顿拥有永久性或暂时住所的个人，无论其是否为马其顿公民，都将被认定为马其顿的居民纳税人。在任意 12 个月的期间内，自然人在马其顿连续或者间断地停留 183 天及 183 天以上，则他将被视为在马其顿拥有一个暂时性住所，即将被认定为马其顿的居民纳税人。不符合马其顿居民纳税人判定标准的纳税人即为马其顿的非居民纳税人。

如果外国自然人的国家与马其顿之间存在避免双重征税协定，则 183 天居民认定原则应与协定的规定保持一致。

2. 申报主体

以个人为单位进行申报，由所在企业或者政府机构代扣代缴。支付工资薪金并代扣代缴个人所得税的雇主有义务每个月分别对员工的工资薪金进行计算，且需要在网上将 MPIN 表格提交给公共财政收入办公室；此外，个人所得税的纳税人每一年度必须在网上向公共财政收入办公室提交 PDD-GI 表格。MPIN 表格为企业代为提交的表格。PDD-GI 表格为个人提交的表格。

3. 应纳税所得额

马其顿的居民纳税人应就其来源于全球的收入缴纳个人所得税。马其顿仅就非居民纳税人来源于马其顿境内的收入征收个人所得税。

马其顿的居民纳税人应就其各种来源的收入缴税。收入的形式不仅包括收到的现金，也包括收到的证券或其他形式的补偿。通常而言，以下几种类型收入需要缴纳个人所得税：

（1）就业所得（Employment Income）。

（2）个人经营所得（Business/Self-employment Income）。

（3）资本利得（Capital Gains）。

（4）资本收益（Capital Revenues）。以下类型的收入属于资本收益：①红利或参与利润分配所得；②向法人或自然人借款取得的利息收入；③持有债券或其他证券的利息收入；④来源于定期储蓄和其他类型的储蓄的利息收入。其中，股息红利的支付者需要根据股息红利总金额代扣代缴

10% 的预提所得税。纳税人取得的利息收入需要根据计算得出的利息总额缴纳 10% 的所得税。

（5）来源于财产和产权的收入。

（6）来源于艺术品的版权和工业产权的收入。

（7）博彩收入。

（8）其他收入。

4. 应纳税额

应纳税额 = 应纳税所得额 × 税率

此外，纳税人在境外已缴纳的税款，可以作为境内税收抵免额，但是该额度不超过相应的收入在马其顿应缴纳的税额。

双边税收减免需要根据已生效的避免双重征税协定的规定来确定。

5. 税率

马其顿对居民企业和非居民企业个人所得税的税率为 10%。

6. 税收优惠

（1）不征税收入。纳税人从国家或地方政府单位发行的债券、公共债券及活期存款取得的利息不需要缴纳个人所得税。纳税人取得的定期储蓄和其他类型的储蓄的利息收入在马其顿成为欧盟成员国之前不需要缴纳个人所得税。

（2）免税收入。2013 年 1 月 1 日起至 2018 年 12 月 31 日，出售证券取得的资本利得免征个人所得税。符合以下情况的不动产在出售或转让时所取得的资本利得可以免征个人所得税：①如果纳税人在出售不动产前在该不动产里居住了至少一年，则出售时只需满足距购买之日满三年；②出售时距购买之日满五年；③继承取得或接受他人赠与取得不动产，且这种继承和赠与根据财产税法是免税的；④离婚析产时夫妻间转让不动产或夫妻共同将不动产转让给第三方；⑤突发灾难的赔偿金、由联合国或其他国际组织授予的奖励等。

7. 征管与合规性要求

支付工资薪金并代扣代缴个人所得税的雇主有义务每月分别对员工的工资薪金进行计算，且需要在网上将 MPIN 表格提交给公共财政收入办公室，最迟不得超过次月 10 日。此外，个人所得税的纳税人每一年度必须在网上向公共财政收入办公室提交 PDD–GI 表格，且不得超过次年的 1 月 31 日。

（四）关税

1. 关税体系和构成

马其顿的《海关法》于 2006 年 1 月 1 日正式生效，海关规章与欧盟逐渐一致。该法律含有对自由经济区的管理和运营的规定。

进口货物的收货人、出口货物的发货人、进出境物品的所有人，是关税的纳税义务人。

关税的征税对象是被准许进出境的货物和物品。关税通常适用于大多数进口到马其顿的产品。从未与马其顿签订贸易协定的国家和地区进口的大部分商品，都需要缴纳关税。

所有进口到马其顿关境内的物品必须向海关进行申报而且其入境后的用途和使用方式必须经海关批准。除以下情形外，货物和物品入境的申报人必须在马其顿海关进行登记注册：

（1）过境；

（2）临时进口；

（3）如果申报人只是偶尔申报货物并且得到了海关当局的批准。出口货物也必须向海关进行申报。

2. 税率

马其顿的进出口货物适用关税税率从 2008 年 1 月 1 日起开始生效，是根据《欧洲共同市场综合税则目录》（Combined Nomenclature of the European Community）以及被全球许多工业化国家广泛采用的国际编码协调关税制度（International Harmonized System）制定的。这将所有的国际贸易货物进行了分类，并使得每一类货物拥有唯一的关税物品分类。该分类决定了进口货物的适用税率以及该货物是否享有特别优惠待遇。

关税主要是根据货物的完税价格（从价）进行征税，此外许多农产品也适用特别关税税率，根据重量或者数量进行征税。少数物品适用复合关税税率，既从价计税又从量计税。主要是酒精制品、烟草等特定物品。

马其顿的平均关税率在 7% 以下，且仍在下降。

3. 关税免税

根据《技术产业开发区法》，投资者入驻开发区，注册地及机构物理驻地在开发区境内，进口原材料和设备免征关税。

马其顿已经和土耳其、乌克兰和欧洲自由贸易联盟的成员国签署了贸易协定。马其顿是中欧自由贸易协定的成员国，并且已和欧盟签署了稳定和联合协议。根据该协议，原产地为马其顿的产品出口到欧洲，一般可以免关税。

（五）企业须缴纳的其他税种

1. 消费税

消费税是对消费品和特定的消费行为按流转额征收的一种商品税。

（1）征税原则。马其顿的消费税纳税人为在其境内生产和进口特殊消费品，持有消费品经营许可的法律实体和个人。

（2）征收范围。马其顿的《消费税法》是根据欧盟的第 92/12/EEC 号《消费税指引》制定的。根据马其顿的《消费税法》，只对在欧盟指引中明确指出需要缴纳消费税的产品征收消费税，如石油产品，酒精和酒精饮料，烟草制品和载客机动车辆。

（3）税率。①石油产品的消费税税率为定额税率，不同类别的石油产品税率不同，按每公斤或每升计算。②酒精和酒精饮料按照每升或者酒精含量进行征税。某些类别的酒精饮料（如葡萄酒）不用缴纳消费税。对于纯酒精，消费税税率为最多不超过 340 代纳尔每升。③烟草制品的消费税是一种复合税，从价又从量计征。从 2014 年 7 月起至 2023 年 7 月，雪茄及香烟的最低消费税税率将逐年上升。④载客机动车的消费税按照其市场价值或进口机动车完税价格的百分比计算。税率是 0%~18%，其中价格为 3000 欧元以下的机动车免征消费税，30000 欧元以上的机动车对应消费税最高档税率，即 18%。

（4）税收优惠。用于下列用途的消费税应税商品免交消费税：①外交和领事使团；②国际组织；③国防合约方—北约成员；④用于必要的生产测试或科研的样品；⑤因海关监管被销毁的应税消费品；⑥游客从海外携带入境的非商业目的的个人行李；⑦入境的飞机或者机动车辆携带的不作销售目的的油和气。

用于下列用途的矿物油免交消费税：①非用于发动机燃料或加热；②用于航空运输，私人目的的航空运输除外；③作为熔炉中主燃料的添加剂；④用于国防和安全专用车辆。

用于下列用途的酒精和酒精饮料免征消费税：①用于生产醋；②用于生产药物；③用于医院、门诊和药店；④直接用于生产食物或作为其半成品的必须组成部分。

用于生产食品和饮料所需的芳香剂免征消费税。

如果马其顿政府和外国捐赠者的协议中包含免税条款，则用外国捐赠者或赞助方的资金进口的用于协议内项目的必需品可免征消费税。

根据《技术产业开发区法》，投资者入驻开发区，永久免征消费税。

2. 财产税

财产税的纳税义务人是拥有不动产的法律实体和个人。不动产所有人不明确或者无法取得联系的，该不动产的使用者为纳税义务人。多人共同拥有房地产所有权的，则每个法律实体或个人都负有纳税义务，根据他们对该房地产所有权占有的比例计算缴纳财产税。财产税的纳税义务人也可能是使用国所有或市政府所有的不动产的法律实体和个人。

（1）财产税的征税对象是房地产，包括土地（农业用地，建筑用地，森林和牧场）和建筑物（住宅或公寓、商业建筑物和商业场所、行政楼宇和行政管理场所、用于休息和娱乐的建筑和公寓、其他建筑设施，以及建造在建筑上方或者建筑下方并且永久附着于该建筑物的设施）。

（2）财产税的税基是房地产的市场价值。房地产市场价值按照政府规定的方法进行确认。

财产税按年征收，根据房产的类型不同，税率0.1%~0.2%。对于用于非农业生产用途的农业土地，财产税税率可能会增加并且超过上述范围（标准税率的三到五倍）。财产税的税率由市议会决定。

（3）税收优惠。纳税人为其本人和家庭成员共同居住的住宅或公寓缴纳的财产税，可以享受应纳税额50%的税收减免。

根据《技术产业开发区法》，投资者入驻开发区，永久免征财产税。

3. 转让税

（1）征税原则。转让税的纳税义务人是不动产的卖方。如果在买卖合约里有所规定，那么纳税人也可以是购买方。对于不动产置换的情形，纳税人是取得具有更多价值的不动产的那一方。

在破产和执行程序中出售不动产，以及在执行抵押协议时，纳税人可能是不动产的购买方。

按比例转让不动产所有权份额时，各所有人按各自所占的份额缴纳税款。

（2）征收范围。在法律实体或自然人之间进行不动产所有权的转移和其他形式的房产所有权的获取，无论有无转让对价或补偿金，都需要缴纳转让税。

（3）税率。转让税的税率为 2%~4%，税率由市议会决定。

（4）税收优惠。首次出售建好五年内的住宅楼等可以免交转让税。

4. 公共税（Communal Taxes）

公司和个人需要为使用特定的权利和服务（主要是指使用城市空间、张贴广告等）而缴纳公共税。

5. 遗产与赠与税（Inheritance and Gift Tax）

马其顿的税收居民（法律实体和个人）继承遗产（动产和不动产），需要缴纳遗产税，税率取决于受益人和遗嘱书立人或捐赠人的关系。如果受益人是遗嘱书立人或捐赠人的配偶或直系家属，不征收遗产税。

马其顿的法律实体和个人接受无偿赠与或转让的财产（境内或境外），将征收赠与税。将财产赠与配偶和直系家属不征收赠与税。

遗产与赠与税的税基是继承或受赠财产的市场价值。遗产与赠与税税率由该财产所在地的市政当局具体规定。一般按以下税率进行征收：

（1）由第一顺位继承人继承或接受赠与，免税。

（2）由第二顺位继承人即兄弟、姐妹和他们的孩子继承或接受赠与，遗产与赠与税税率为 2%~3%。

（3）由第三顺位继承人或不相关的人继承或接受赠与财产，遗产与赠与税的税率为 4%~5%。

如果遗产和赠与物的价值高于马其顿前一年度全国平均工资，则遗产与赠与税的税款可以用现金、证券、不动产来支付。

（六）社会保障金

强制性社会保障金的计算基础是《劳动法》规定的工资和源自雇佣关系的其他报酬（包括奖金）。

法律也为社会保障金的基数设定了限度。基数不得低于马其顿全国平均月工资的 50%，也不得超过马其顿全国平均月工资的 12 倍。取得劳务签证的外籍员工按照本国员工标准缴纳社会保险。

雇主有义务为雇员计算，从雇员的薪金总额中代扣并将代扣税款分别缴纳至强制性社会保险基金和个人所得税基金的账户中。目前根据薪金总额计算强制性社会缴款的比例如下：

（1）养老金与伤残保险：18%。

（2）医疗保险：7.3%。

（3）失业保险：1.2%。

（4）补充医疗保险：0.5%。

公共财政收入办公室（The Public Revenue Office，PRO）是强制性社会保障金和个人所得税计算和缴纳的监管机构。雇主将他们的计算方法递交给公共财政收入办公室，如果检查无误的话，公共财政收入办公室会回复一封接受声明，银行收到接受声明后会进行强制性社会保障金、个人所得税和净工资的付款。

第三节　外汇政策

一、基本情况

马其顿实行当地币货币与欧元汇率挂钩的固定汇率制度，对美元、欧元等外汇在当地货币市场可以自由流动。

马其顿无专门外汇管理部门，由中央银行制定外汇管理法规。

马其顿银行可自由汇入或汇出外币。

企业和居民可直接在银行进行外汇汇出，无须提供额外证明材料。

二、居民及非居民企业经常项目外汇管理规定

马其顿对经常项目下的进口货物、支付运输费、保险费，劳务服务、出境旅游、投资利润、借款利息、股息、红利等，在向银行购汇或从银行

外汇账户上支付时不受限制。

三、居民及非居民企业资本项目外汇管理规定

马其顿对外国居民或非居民企业在资本项目下的直接投资、各类贷款、证券投资等外汇使用，在投资完成 60 天内向中央登记处进行登记及后续投资的变更情况。外国居民或非居民企业的利润转移、汇回资金和清算直接投资的外汇，在马其顿完税后的净额可自由汇出。

四、个人外汇管理规定

居民可以根据《银行法》授权向马其顿共和国的银行保留外汇账户或外币存款。马其顿国家银行应规定居民开立外汇账户的程序。

外汇和其他国际价值衡量标准只是作为合同协议的定价基础，在马其顿境内支付时的货币须为马其顿第纳尔。居民以外汇现金收取和支付外部索赔是被禁止的。

第四节　会计政策

一、会计管理制度

（一）财务监管机构情况

马其顿税务总局为税务管理的负责部门，财政部负责对会计政策进行确定。

（二）事务所审计

根据马其顿法律，上市公司需进行审计，非上市公司无强制审计要求。

（三）对外报送内容及要求

上市公司需要对外公开经过审计的财务报告；非上市公司需要向税务部门公开财务报告及相关税务申报情况。

二、财务会计准则基本情况

（一）适用的当地准则名称与财务报告编制基础

马其顿公认会计准则和国际财务报告准则是马其顿可接受的会计准则。一般来说，为了税收目的，只接受马其顿公认会计原则。

（二）会计准则的使用范围

马其顿准则要求境内所有企业适用。

三、会计制度基本规范

（一）会计年度

会计年度为1月1日—12月31日。

（二）记账本位币

记账本位币应为马其顿第纳尔，外币应折算为马其顿第纳尔。

（三）记账基础和计量属性

财务报表应名义（发票）金额编制，以历史成本为基础，除非公司在特定会计准则允许的情况下选择采用公允价值编制。按照以色列公认的会计准则编制财务报表，要求管理层作出影响所报告的资产和负债数额的估计和假设，并披露或有资产和负债。

（四）外币业务核算

以外币计价或与外币挂钩的资产和负债按马其顿银行在资产负债表日公布的代表汇率列报。以外币进行的交易按交易进行时的汇率记录。

四、主要会计要素核算要求及重点关注的会计核算

（一）现金及现金等价物

银行账户中的货币资金根据银行提供的余额表和账户的付款记录以马其顿第纳尔为记账本位币进行会计处理。

库存现金以名义金额马其顿第纳尔为记账本位币进行会计处理。

（二）应收款项

以销售产品为基础的应收款项在执行销售时确认。初始确认时，应收款项按销售产品的销售价值计算，减去折扣和折让的金额，并计算增值税。

在后期阶段，如果出现重大信用风险，管理层应考虑提供甚至注销不良应收款项。

（三）存货

存货是指持有待售资产（成品），生产过程中的资产（在制品）以及生产中消耗的材料和供应品（原材料）。

《国际会计准则第 2 号——存货》中的库存包含有关如何计算大多数类型库存的要求。该标准要求以成本和净销售额的较低者来衡量库存，并概述可接受的确定成本的方法，包括具体的识别（在某些情况下），先进先出（FIFO）和加权平均成本。

（四）固定资产

固定资产包括不动产，厂房及设备。

《国际会计准则第 16 号——不动产、厂房和设备》概述了大多数类型的财产，厂房和设备的会计处理。不动产，厂房及设备初步按成本计量，其后使用成本或重估模型计量或折旧，以使其可折旧金额在其使用年限内系统分配。使用的折旧方法应反映实体消耗资产经济利益的模式。

折旧应计入损益，除非其计入另一项资产的账面金额。

（五）长期股权投资

合并财务报表应包括由母公司控制的所有企业，但不包括准则中所述原因而排除在外的附属公司。如母公司直接或通过附属公司间接控制一个企业过半数的表决数，即可认为存在控制权，除非在特殊情况下，能清楚地表明这种所有权并不构成控制。如符合以下条件，即使当母公司拥有另一企业半数或半数以下的表决权，也存在着控制权。

（1）根据与其他投资者的协议，拥有半数以上的表决权。

（2）根据法规或协议，拥有统驭企业财务和经营政策的能力。

（3）有权任免董事会或类似管理机构的大部分成员。

（4）在董事会或类似管理机构的会议上，有权投多数票。

附属公司在下列情况下不列入合并的范围：

（1）由于收购和持有附属公司是专门为了在近期内出售，因此控制是暂时的。

（2）附属公司长期在严格限制条件下经营，严重削弱了它向母公司转移资金的能力。

（六）无形资产

《国际会计准则第 38 号——无形资产》概述了无形资产的会计要求，无形资产是非货币性资产，无实质内容且可识别（可分离或由合同或其他合法权利产生）。符合相关确认标准的无形资产初始按成本计量，其后按成本或使用重估模型计量，并在其使用年限内系统地摊销（除非资产具有无限使用年限，在此情况下不摊销）。

（七）职工薪酬

《国际会计准则第 19 号——员工福利 > 概述了员工福利的会计要求，包括短期福利（如工资和薪金，年假），退休福利等离职后福利，其他长期福利（如长期服务假）和解雇福利。该标准规定了以下原则：提供员工福利的成本应在员工获得福利期间确认，而不是在支付或支付时确认，并概述每种员工福利的衡量方式，详细说明关于离职后福利的计量。

（八）收入

《国际会计准则第 18 号——收入》概述了何时确认销售商品，提供服务以及利息，特许权使用费和股息收入的会计要求。收入按已收或应收代价的公允价值计量，并于符合订明条件时确认，并视收益的性质而定。

根据 IASB 框架的定义，确认在满足以下标准时，在损益表中纳入符合收入定义（上述）的项目：

与收入项目相关的任何未来经济利益很可能会流向该实体，并且可以可靠地衡量收入金额。

《国际会计准则第 18 号——收入》为识别特定收入类别提供指导。2018年起，国际财务报告准则的新收入准则开始实施。 在履行了合同中的履约义务，即在客户取得相关商品或服务的控制权时确认收入。对于在某一时段内履行的履约义务，在该段时间内按照履约进度确认收入，并按照一定方法确定履约进度。履约进度不能合理确定时，已经发生的成本预计能够得到补偿的，按照已经发生的成本金额确认收入，直到履约进度能够合理确定为止。

（九）政府补助

《国际会计准则第 20 号——政府补助会计和对政府援助的揭示》概述

了如何计算政府补助和其他援助。政府补助分为与资产相关的政府补助和与收益相关的政府补助。与资产相关的政府补助确认为收入或者从资产的账面净额中扣除。与资产有关的补助金可以通过以下两种方式之一提出：作为递延收入，或从资产的账面金额中扣除赠款。

与收入相关的补助金可以单独报告为"其他收入"或从相关费用中扣除。

（十）借款及借款费用

《国际会计准则第 39 号——金融工具》概述了金融资产，金融负债以及购买或出售非金融项目的一些合同的确认和计量要求。金融工具在实体成为工具合同条款的一方时初始确认，并根据工具的类型分为不同类别，然后确定工具的后续计量（通常为摊余成本或公允价值）。特殊规则适用于嵌入式衍生工具和对冲工具。

借款费用为根据《国际会计准则第 17 号——租赁》确认的融资租赁的利息费用，融资费用，以及因外币借款而被视为利息成本调整的汇兑差额。

《国际会计准则第 23 号——借款费用》要求直接归属于购买、建造或生产"合格资产"（必须在相当长的一段时间内为其预定用途或销售做好准备）的借款成本计入资产。其他借贷成本确认为费用。

本弱化规则不适用于分支机构作为开展业务的法律形式。

（十一）外币业务

外币业务指记账本位币马其顿第纳尔以外的其他货币进行款项收付、往来结算和计价的经济业务。年度财务报告币种必须折算为记账本位币。

外币交易时，应在初始确认时采用交易发生日的即期汇率折算为记账本位币金额，当汇率变化不大时，也可以采用当期平均汇率或者期初汇率核算。

资产负债表日，外币货币性项目采用资产负债表日的即期汇率折算为外币所产生的折算差额，除了为购建或生产符合资本化条件的资产而借入的外币借款产生的汇兑差额按资本化的原则处理外，其他类折算差额直接计入当期损益。以公允价值计量的外币非货币性项目采用公允价值确定日的即期汇率折算为人民币所产生的折算差额作为公允价值变动直接计入当期损益。

资产负债表日，以历史成本计量的外币非货币性项目，除涉及计提资产减值外，仍采用交易发生日的即期汇率折算，不改变其记账本位币金额。流动性较强的科目、有合同约定的科目应采用外币核算，包括：①买入或者卖出以外币计价的商品或者劳务；②借入或者借出外币资金；③其他以外币计价或者结算的交易。

（十二）所得税

《国际会计准则第 12 号——所得税会计》实施所谓的"资产负债表债务法"，即所得税的会计处理方法，既承认交易和事件的当前税务后果，又承认未来收回或结算实体资产账面金额的税务后果和负债。资产和负债的账面金额和计税基础之间的差异，确认为递延所得税负债或递延所得税资产，并需要进行"未来经济利益实现方式"的测试。

与损益相关的税收成本（或收入）金额须在损益表中进行列示。

本章资料来源：

◎ 国际财务报告准则

第九章　毛里求斯共和国税收外汇会计政策

第一节 投资环境基本情况

一、国家简介

毛里求斯共和国（英语：Republic of Mauritius），首都是路易港，非洲东部的岛国，位于印度洋西南方。西距马达加斯加约 800 公里，与非洲大陆相距 2200 公里。整个国土由几个火山岛组成，面积 2040 平方公里，人口约 126.56 万（2018 年估计数字）。1968 年 3 月 12 日脱离英国殖民独立。其法律体系由英国的普通法系和法国的民法法系混合而成。官方语言为英语，货币为毛里求斯卢比（MUR）。

二、经济情况

制糖业、服装出口加工、旅游业和金融服务业为毛里求斯的四大支柱产业。2016 年 GDP 约 122.3 亿美元，2017 年总体 GDP133.4 亿美元，增长 9%。[①] 毛里求斯对国际市场依赖性较大，政府提出一系列经济发展规划，加强基础设施建设，提高教育、卫生、公交、社会住房等领域的投入，积极培育海洋经济、高端制造业、现代服务业等新兴支柱产业。毛里求斯是南部非洲发展共同体（SADC）成员国、东部和南部非洲共同市场（COMESA）成员国、环印度洋地区合作联盟（IOR-ARC）成员国以及非洲主要公约和协定的缔约国。

三、外国投资相关法律

毛里求斯法律法规较为健全。与投资合作经营有关的法律法规有《投资促进法》《企业法》《竞争法》《就业权利法》《所得税税法》《商业便利化法案》《公共—私营部门合作伙伴合作法案》《环境保护法》《消费者保护

---

① 数据来源：https：//data.worldbank.org.cn/country/mauritius？ view=chart。

法》等。

毛里求斯主管国内及国外投资的政府部门是其财政和经济发展部下属的投资局，所有行业均对外资开放，允许任何商业形式的外国投资。外资可100%控股，没有禁止外资进入的行业和地区，但某些项目须取得相应部门的许可，如通过环境评估方能实施。

毛里求斯议会于2008年8月通过并出台《就业权利法》，替代1975年的《劳工法》成为目前毛里求斯劳动关系领域的主要法律。根据《毛里求斯就业权利法》和《毛里求斯非公民就业限制法》的规定，在毛里求斯雇佣外籍劳务须向当地劳动部门提出申请，并为外籍劳务办理工作准证。在毛里求斯工作的外国人从第三年起必须缴纳国民退休基金（NPF）以及国民储蓄基金（NSF）。

四、其他

毛里求斯是南部非洲发展共同体（SADC）成员国、东部和南部非洲共同市场（COMESA）成员国、环印度洋地区合作联盟（IOR-ARC）成员国以及非洲主要公约和协定的缔约国。由于毛里求斯与两个全球最大新兴国家印度和中国签订DTAs，其全球商务平台被广泛应用于亚洲、非洲和中东之间的结构性贸易融资设计中。

第二节　税收政策

一、税法体系

毛里求斯政府一贯奉行开放的市场经济体系和贸易自由化政策，相关投资条件优惠，法律法规完善，执行透明度高。毛里求斯具有税种少、税率低的特点，会计制度完善，且拥有广泛的税收协定网络。为增加对外资的吸引力，政府还分别制定了专门的免税或优惠税收政策。目前毛里求斯主要税种包括企业所得税、个人所得税、增值税、消费税、印花税、注册税和关税。毛里求斯与中国、英国、南非、印度等 44 个国家签订了双边税收协定。

二、税收征管

（一）征管情况介绍

毛里求斯税务局负责毛里求斯所有税收的征收管理工作，隶属毛里求斯财政部。税法由国会成员或相关部委发起，递交国会审批，经其批准后，由总统签发并在政府公报上刊登。毛里求斯实行属地税制原则，以纳税人（包括自然人和法人）的收入来源地或经济来源为标准，确定国家行使税收管辖权范围的原则。

（二）税务查账追溯期

因纳税人、扣缴义务人计算错误等失误，未缴或者少缴税款的，税务机关在四年内可以追征税款、滞纳金。对于迟缴税款的，在纳税人提供充分合理的解释后，税务局有权放弃对其追缴罚金及滞纳金。

对偷税、抗税、骗税的，税务机关追征其未缴或者少缴的税款、滞纳金或者所骗取的税款，无时间限制。

（三）税务争议解决机制

纳税人对税务局审查结果有异议的，在收到税务局通知书的 28 天内可提交书面陈述至评估审查委员会（Assessment Review Committee）申请复议，审查结果超过四年后便不可进行更改。

三、主要税种介绍

（一）企业所得税

1. 征税原则

毛里求斯境内的所有企业，按照适用税率在毛里求斯当地缴纳企业所得税，其中离岸企业、银行业、自由港范围内的企业享有一定的税收优惠政策。

2. 税率

企业所得税税率为 15%。取得相关执照的企业，比如取得 GBL1（Category 1 Global Business License）的企业享有税率降低 80% 的税收优惠，因此其实际税率为 3%，应纳税所得额不包括资本利得、有价证券的收益及出售固定资产的收益。符合以下条件的企业能够取得 GBL1 类营业执照：拥有两位毛里求斯当地的董事成员；确保至少两名当地董事参加董事会；在毛里求斯设立企业基本银行账户；在毛里求斯当地接受审计师事务所的审计；企业的财务档案在其注册地保管。符合以下条件的企业能够取得 GBL2 类营业执照：至少 1 名董事或股东；拥有经注册的办公地点以及代理；企业的档案在其注册地保管；企业最低实收资本 1 美元。

3. 税收优惠

《所得税税法》规定，GBL1 类企业可以自由选择直接享受所得税税率降低 80% 的税收优惠政策，或按 15% 税率缴纳企业所得税，但两种方式不能在同一个纳税期间随意改变。如果选择 15% 的税率，则其境外预缴的企业所得税可以抵免，若企业在境外预缴的所得税高于其毛求境内的应纳税额，其在毛里求斯境内预缴的企业所得税可在汇算清缴时申请抵免或退税，申请退税的有效期为四年。GBL2 类企业在毛里求斯享受免征企业所得税的优惠政策。

4. 所得额的确定

税法规定，企业应纳税所得额以权责发生制为原则，属于当期的收入和费用，不论款项是否收付，均作为当期的收入和费用；应纳税所得额是指企业毛利润加不可税前扣除的项目或减可税前扣除的项目后的金额。

任何资本性的投资支出或损失，任何与免税收入相关的支出，预提费用，企业从成本费用中预先列支但尚未实际支付的各项费用，自然灾害或意外事故损失有赔偿的部分，罚款、坏账准备均不得税前扣除；保险企业给予的赔偿以及任何业务招待性质相关的支出也不允许税前扣除。纳税人某一纳税年度发生亏损，准予用以后年度的应纳税所得弥补，一年弥补不足的，可以逐年连续弥补，弥补期最长不得超过五年。

5. 反避税规则

其他反避税规则。毛里求斯与美国签署了《海外账户税收遵从法案》（FATCA 法案），该法案要求全球金融机构与美国税务机关签订合作协议，规定海外金融机构需建立合规机制，对其持有的金融账户信息展开尽职调查。FATCA 法案的信息交换包括两种合作模式，一是由缔约国政府承诺向其金融机构搜集信息并自动移交给美国国家收入局（IRS）；二是要求缔约国的金融机构直接向 IRS 报告美国纳税人的账户信息。该法案中规定其调查对象的基础是美国公民和居民。依照 FATCA 法案，未签订协议或已签订协议却未履行义务的海外金融机构会被认定为"非合规海外金融机构"，在合理时间内未披露信息的账户将被认定为"拒绝合作账户"，作为惩罚，美国将对所有非合规的金融机构、非金融机构以及拒绝合作账户来源于美国的"可预提所得"按照 30% 税率征收预提所得税（通常来说，在签订双边税收协定的情况下，该类收入的预提所得税税率最高不会超过10%）。

毛里求斯与经合组织 OECD 签署了金融账户共同报告标准（CRS），签署 CRS 后，中国个人及其控制的公司在已签署国家和地区开设的金融账户信息将会主动呈报给中国税务机关。CRS 是基于完全互惠模式的自动信息交换，其调查对象以税收居民与非税收居民来进行界定。同时，CRS 还对金融机构的尽职调查与报告义务作了统一规定，承诺实施 CRS 的国家或地区执行单一标准。CRS 没有采纳 FATCA 法案惩罚性预提税来保证实施。2009 年重组后的"OECD 税收透明度与信息交换全球论坛"设立了同行评审机制，旨在敦促和帮助成员方有效执行税收透明度与信息交换的国际标准。

6. 征管与合规性要求

（1）企业所得税的申报缴纳采取"总分合并、分次预缴、年度清算"的方式。分次预缴的时间分别为 6 月、9 月以及 12 月。预缴分为两种方式：①按照上一年度利润总额计算出预缴总金额，每次预缴总金额的四分之一；②按企业上一季度盈利或亏损的实际情况，据实预缴。企业所得税汇算清缴的截止时间为次年的 6 月 30 日。

（2）营业收入超过 1000 万卢比的企业如未按时完成企业所得税的申报缴纳，要按应交所得税金额处以 20% 的罚款，最高金额不超过 10 万卢比。当年无需缴纳所得税的企业也必须完成网上申报工作，否则，将被处以5000 卢比的罚款。延迟申报的，将被处以罚金 2000 卢比每月，最高金额不超过 20000 卢比；延迟缴纳所得税的，将被处以应缴纳税费 5% 的罚金以及每月 0.54% 的罚息。

（二）增值税

1. 征税原则

《增值税法案》（Value Added Tax Act）第三部分将增值税定义为在毛里求斯境内经营活动过程中产生增值部分征收的税赋（简称 VAT）。经营活动包括：购买及销售动产或不动产；接受服务或提供劳务。

2. 计税方式

《增值税法案》（Value Added Tax Act）第六部分规定毛里求斯的增值税采用一般计税方式和简易计税方式。一般纳税人采用一般计税方式。根据《增值税法案》（Value Added Tax Act）第六 B 部分，年收入不超过 1000 万卢比的为小规模纳税人，小规模纳税人按照上一年度增值税应纳税额的 25% 每季度进行申报。

3. 税率

毛里求斯的增值税税率分为 0%、15%。其中，享受 0% 税率的货物有：牛奶及部分乳制品、家禽、糖、蜂蜜、宠物食品、书籍印刷品以及免税店提供的产品等。享受 0% 税率的劳务有：由离岸企业提供的服务、供电供水服务、光伏发电、机场航空服务等。

4. 增值税免税

免征增值税的货物包括：小麦、面粉、面包、动植物油等初级农产品；盐、工艺品及农产品原料；船只（游轮、货船、渔船）等。免征增值税的服务包括：邮政服务、医疗服务、教育服务、经认证的培训机构提供的服务等。毛里求斯《增值税法案》规定第四部分第 15 条规定，持有 GBL 类营业执照的银行或其他企业、酒及含酒精的产品经销商均不要求在当地注册 VAT 纳税识别号，因此不涉及纳税申报等工作。

5. 销项税额

《增值税法案》规定增值税税基为销售货物或提供服务的全部价款。

6. 进项税额抵扣

根据《增值税法案》第六部分第 21 条，以下情形不允许进项税额抵扣：

（1）用于免征增值税项目的。

（2）用于个人消费的车辆（9 座以下）及其产生的燃油、修理费用相关的进项增值税。

（3）由金融机构提供的金融服务（不包括非居民企业以及持有 GBL 类营业执照的企业）。

（4）纳税人取得的增值税发票不符合法律法规的。

（5）纳税人取得的增值税发票未申请办理认证的。

7. 征收方式

增值税按进销项相抵后的余额缴纳，留抵余额不能申请退税，只能用于以后抵扣销项税额。

8. 征管与合规性要求

（1）一般纳税人按月申报缴纳增值税，截止日期为 20 日之前；小规模纳税人按季度申报缴纳增值税，截止日期为季度终了 20 日之内。

（2）未按时申报缴纳增值税的一般纳税人将被处以每月 2000 卢比最高不超过 20000 卢比的罚款，小规模纳税人将被处以最高 5000 卢比的罚款。

（三）个人所得税

1. 征税原则

居民个人就其毛里求斯境内外所得纳税。非居民个人（一年内离境超过 183 天或连续三年离境超过 270 天的个人）就其源于毛里求斯境内的所得纳税。

2. 申报主体

以个人为单位进行申报，申报的时候参照家庭情况、婚姻状况和子女数量，由所在企业或者政府机构代扣代缴，并于每月 20 日前申报缴纳；每年 6 月 30 日前，由企业统一进行年度纳税申报。

3. 应纳税所得额

工资薪金及各种补贴等任何其他形式以及来源的收入。

4. 扣除与减免

根据家庭的构成确定个人所得税的免税额度，免税额度如表 9-2-1 所示：

表9-2-1　个人所得税起征点汇总表

纳税人类别	起征点（万卢比/年）
个人（无被抚养人）	30.50
个人（有一名被抚养人）	41.50

续表

纳税人类别	起征点（万卢比/年）
个人（有两名被抚养人）	48.00
个人（有三名被抚养人）	52.50
个人（有四名被抚养人）	55.5
退休人士（无被抚养人）	35.50
退休人士（有一名被抚养人）	46.50

数据来源：http://www.mra.mu/index.php/taxes-duties/personal-taxation。

5. 税率实行固定税率

自 2018 年 7 月 1 日起，对于净收入小于或等于 65 万卢比的，其适用税率为 10%；对于净收入大于 65 万卢比的，其适用税率为 15%。

6. 征管与合规性要求

（1）个人所得税按月申报，截止日期为每月 20 日之前。

（2）在满足以下两个条件的情况下，雇主需要在下一年度 2 月 15 日前向毛里求斯税务局递交员工报税表。条件一：在该年度有符合 PAYE 制度的预提税。条件二：在该年度一名或多名员工的劳动报酬超过 27.5 万卢比。

（3）迟交、欠交员工报税表的，每月罚款 2000 卢比，不足 1 个月按 1 个月计算，最高罚款总额不得超过 2 万卢比。迟交、欠交员工税款的，按未缴纳税额的 5% 处以罚款，另每月征收 1% 罚息。

（四）关税

1. 关税体系和构成

毛里求斯是多个贸易协定和经济组织的受惠国，其市场准入和贸易条件非常优越；毛里求斯还是《洛美协定》成员国，根据该协定，毛里求斯产品向欧盟出口享受无配额、免关税的待遇。另外，毛里求斯还是东南非洲共同市场（COMESA）和南部非洲共同体（SADC）成员国之一，对进口自成员国的设备原材料均可享受零关税待遇。

2. 税率

毛里求斯海关关税是依据世界海关组织货物分类协调体制设立的，关税税率分为 0%、5%、10%、15%、20%、30%、40%、55% 和 80% 九个等级。税率依据产品的种类及原产国而变化。在毛里求斯 2018—2019 年财政预算第 73 条提道：为扶持毛里求斯当地种植业，尤其是小型种植业，糖类产品进口关税由 15% 上调至 80%。表 9-2-2 为毛里求斯部分商品关税税率统计表：

表9-2-2　毛里求斯关税税率归纳汇总表

商品种类　来源国类别	其他国家	COMESA 成员国	SADC 成员国
食品（初级农副产品）	0%	0%	0%
茶（除红茶）、咖啡、香料原料	0%	0%	0%
红茶	30%	3%	0%
香料加工品	10%	1%	0%
糖及糖类制品	80%	8%	0%
卷烟、酒	15%	1.50%	0%
雪茄	0%	0%	0%
塑料管道	15%	1.50%	0%
橡胶制品	0%	0%	0%
纺织原料及其制品	0%	0%	0%
运输工具	0%~10%	0%~1%	0%

数据来源：Integrated Tariff as at 07 August2018——Mauritius Revenue Authority。

3. 关税免税

毛里求斯对一些优先发展的行业以及自由贸易港给予免进口关税待遇，如出口加工区企业进口原材料和设备免税，纯农用机械和电脑进口免税。在毛里求斯 2018—2019 年财政预算案中，新增的免征关税的产品有：发动机排量低于 1600cc 的汽车 / 电动车、半散件形式进口组装且其在境内能增值 20% 及以上的货物。

（五）企业须缴纳的其他税种

土地转让税。税率为 5%。因企业合并造成的土地转让无需缴纳土地转让税。

企业社会责任。毛里求斯税务局针对当地企业征收企业前一年度所得税应纳税所得额的 2%，并要求按其全年应缴金额的 25% 每季度进行缴纳。此类税收不适用于：GBL1 类企业、服务于 GBL 类和非居民企业的银行、信托机构以及非居民团体。

环境保护税。对大型酒店以及家庭式小型宾馆（超 4 人床位的）征收其月收入的 85%；对碎石场、混凝土砖厂、珊瑚沙厂或玄武岩制砂厂征收其月收入的 75%；对生产手机零配件、车辆蓄电池或车辆轮胎的，按其产量计算，每件产品征收 50 卢比。环境保护税的要求缴纳时间为每月 20 日之前。

租赁权转让税。租赁权转让税率 20%，以其租赁权在转让时刻的公允价值为税基进行计算。

印花税。印花税的金额为 25~1000 卢比。

注册税。基于不动产转移时交易金额的 5% 缴纳注册税。持有不动产的上市公司股权转让行为发生时也需缴纳注册税。

消费税。根据毛里求斯的《消费税法》(The Exercise Act of 1994)，以下三类商品需要缴纳消费税，冰箱或其他制冷设备、电加热设备，以及洗碗机、清洁机械。其中，对于冰箱及其他制冷设备，功率大于 110 的，适用税率为 25%，否则适用税率为 0%；对于电加热设备，体积小于 35L 且标准荷载大于等于 160KWH，体积大于或等于 35L 小于 65L 且标准荷载大于等于 180KWH，体积大于等于 35L 且标准荷载大于等于 200KWH 的，适用税率为 25%，否则为 0%；对于清洁机械，家用的洗碗机且功率大于等于 90 的，适用税率为 25%，否则为 0%。

（六）社会保险金

1. 征税原则

按基本工资的一定比例缴款。目前的上限为 14805 卢比。对于 60 岁以上至 65 岁以下的员工，或是未达到法定退休年龄的员工，按正常比例缴款。对于 65 岁以上的员工，仅雇主需要缴纳国家养老金及附加费。雇主替员工代扣代缴的国家养老金部分可用于抵扣税款。缴款率如表 9-2-3 所示：

表9-2-3　员工社保缴款率汇总表

名称	员工	雇主
国家养老金（NPF）	3%	6%
国家团结基金（NSF）	0%	2.5%

数据来源：http：//mu.mofcom.gov.cn/sys/print.shtml？/ddfg/laogong/201706/20170602590879。

2. 外国人缴纳社保规定

在毛里求斯工作的外国人从第三年起必须缴纳上述社保基金，外方人员在毛里求斯缴纳的社保金在离开毛里求斯时可申请退还。

第三节　外汇政策

毛里求斯无外汇管制。《投资促进与保护协定》（IPPAs）允许将投资资本和回报自由转调回国，充分为因征收而引起的损失提供保障。在毛里求斯注册的外国企业可以在毛里求斯银行开设外币账户。外汇可自由汇进汇出，外汇汇出无需缴纳特别税金。携带现金出入境合理范围内无需申报。在毛里求斯工作的外国人，其合法税后收入可全部转出国外。银行可根据其资产的安全性、流动性以及盈利能力自行决定外汇储备结构。

第四节　会计政策

一、会计管理体制

（一）财税监管机构情况

在毛里求斯境内设立的所有企业，必须按照国际会计准则建立财务核算体系，税务局隶属毛里求斯财政部。各企业需要按照统一格式上报会计和税务资料。

（二）事务所审计

除 GBL2 类企业以及小型私有企业外，在毛里求斯注册的所有企业要求由审计机构进行年审。

（三）对外报送内容及要求

会计报告中主要包含以下内容：①企业基本信息，行业分类、经营范围、股东情况、企业地址、银行账户信息、税务登记号等；②企业经营情况表，资产负债表、利润表、权益变动表。

上报时间要求：会计报告须于次年的 6 月 30 日前完成。

二、财务会计准则基本情况

（一）适用的当地准则名称与财务报告编制基础

财务报告的编写依据是国际财务报告准则（IFRS）和国际会计准则（IAS）。财务报表包括利润表、资产负债表（财务状况表）、权益变动表、现金流量表和附注。总体来说，毛里求斯的会计与税法联系紧密，财务报表与纳税申报有很多需要纳税调整，但纳税申报是以会计师事务所财务报表为依据，财务会计更多的是考虑税法的规定，与税务会计趋于一致。

（二）会计准则使用范围

所有在毛里求斯注册企业均需要按照国际会计准则进行会计核算并编制报表。

三、会计制度基本规范

（一）会计年度

企业可自主选择任意 12 个月期间作为其税务年度。

（二）记账本位币

企业可选择美元或者卢比作为企业系统的记账本位币。

（三）记账基础和计量属性

《国际会计准则》第一条规定实体使用权责发生制作为记账基础。公允价值和历史成本是会计中的重要计量属性，相比起中国会计准则，国际会计准则要求广泛运用公允价值，以充分体现相关性的会计信息质量要求。

四、主要会计要素核算要求及重点关注的会计核算

（一）现金及现金等价物

现金和现金等价物包括库存现金、活期存款、定期存款，用于支付的存款。现金等价物是指持有的期限短（从购买日3个月以内到期）、流动性强、易于转换为已知数额现金及价值变动风险很小的投资。

（二）应收款项

应收账款在初始计量时按照成本计量，当有客观证据证明企业将无法全额应收账款时，企业对可能发生的坏账损失计提坏账准备。毛里求斯税法规定，对有证据证明无法收回的坏账允许税前扣除。

（三）存货

存货是指：在正常经营过程为销售而持有的资产；为这种销售而处在生产过程中的资产；在生产或提供劳务过程中需要消耗的以材料和物料形式存在的资产。

存货按照成本与可变现净值中的低者来加以计量。在会计期末，对存货进行盘点和价值测试时，若存货可变现价值低于账面价值时，应根据存货的可变现净值与账面价值的差额计提存货跌价准备。

存货出库核算方法：个别成本具体辨认法；先进先出法；加权平均成本法。企业根据存货的性质和使用特点选择合适的方法进行存货的出库核算。

（四）长期股权投资

长期股权投资是指企业持有的对子企业、联营企业和合营企业的投资以及企业对被投资单位不具有控制、共同控制或重大影响、在活跃市场中没有报价、公允价值不能可靠计量的权益性投资。长期股权投资的成本法适用于以下情况：

企业持有的能够对被投资单位实施控制的长期股权投资。控制，是指有权决定一个企业的财务和经营政策，并能据以从该企业的经营活动中获取利益。控制一般存在于以下情况：投资企业直接拥有被投资单位50%以上的表决权资本，投资企业直接拥有被投资单位50%或以下的表决权资本，但具有实质控制权的情况。投资企业能够对被投资单位实施控制的，被投资单位为其子企业，投资企业应当将子企业纳入合并财务报表的合并范围。

投资对子企业的长期股权投资，应当采用成本法核算，编制合并财务报表时按照权益法进行调整。

投资企业对被投资单位不具有共同控制或重大影响，且在活跃市场中没有报价、公允价值不能可靠计量的长期股权投资。共同控制是指，按照合同约定对某项经济活动共有的控制，仅在与该项经济活动相关的重要财务和经营政策需要分享控制权的投资方一致同意时存在。投资企业与其他方对被投资单位实施共同控制的，被投资单位为其合营企业。在确定是否构成共同控制时一般可以考虑以下情况作为确定基础：①任何一个合营方均不能单独控制合营企业的生产经营活动；②涉及合营企业基本经营活动的决策需要各合营方一致同意；③各合营方可能通过合同或协议的形式任命其中的一个合营方对合营企业的日常活动进行管理，但其必须在各合营方已经一致同意的财务和经营政策范围内行使管理权。重大影响，是指对一个企业的财务和经营政策有参与决策的权力，但并不能够控制或者与其他方一起共同控制这些政策的制定。投资企业直接或通过子企业间接拥有被投资单位 20% 以上但低于 50% 的表决权股份时，一般认为对被投资单位具有重大影响。

（五）固定资产

固定资产初始以历史成本进行计量，计入固定资产成本的内容包括场地整理费用、首次运输和装卸费用、安装费用以及专业人员的服务费用。

固定资产应在使用年限内采用一定的方法计提折旧，主要方法包括：直线法、余额递减法和单位合计法。

固定资产不再使用并且预期从它的处置中不能得到未来经济利益时，应从资产负债表中剔除。在固定资产报废或处置产生的利得或损失，与资产的账面金额之间的差额，应确认为收益或费用。

毛里求斯税法对固定资产并无准确定义，现毛求企业的固定资产的核算是依据企业制定的固定资产核算管理办法执行。固定资产指为生产商品、提供劳务、出租或经营管理而持有的、使用寿命在一年以上，且单位价值超过 2000 美元的有形资产。采用直线法对固定资产进行折旧。

（六）无形资产

《国际会计准则第 38 号——无形资产》规定无形资产初始计量以成本

计量。

购置后的计量方法：采用成本计量或重估计量。实体必须为每类无形资产选择成本计量或重估计量以确认该无形资产的价值。

成本计量。在初步确认后，无形资产应在预计使用年限里对其计提摊销和减值损失。

重估计量。无形资产可按重估金额（基于公允价值）减去已摊销和减值损失，确认无形资产价值。

（七）职工薪酬

《国际会计准则第 19 号——员工福利》规定职工薪酬核算所有支付给职工的各类薪酬，无论职工的职位如何，都应予以确认并申报收入，缴纳个税，与中国会计准则职工薪酬类似。

（八）收入

《国际会计准则第 18 号——收入》规定收入是经济利益（现金、应收款、其他资产）因企业实体的一般经营活动（如货物销售、服务销售、利息、版税和股息）而产生的总流入。

收入计量：收入应按应收款的公允价值计量。对类似性质和价值的货物或服务的交换不视为产生收入的交易。

收入的确认原则为确认下列具体收入类别提供了指导。

商品销售：在满足下列所有标准的情况下，应承认销售货物产生的收入：

（1）卖方已将所有权的重大风险和回报转移给买方。

（2）卖方既没有继续管理的参与，也不保留与所有权有关的程度，也没有有效控制所售货物。

（3）收入的数量可以可靠地测量。

（4）可能与交易有关的经济利益将流向卖方。

（5）在交易中发生的或将要支付的费用可以可靠地计量。

为提供服务而产生的收入，只要满足下列所有标准，应在资产负债表数据中予以确认收入：

（1）可靠地计量收入数额。

（2）经济利益可能会流向卖方。

（3）在资产负债表完成的阶段可以可靠地测量。

（4）在交易方面发生的或将要支付的费用可以可靠地计量。

在不符合上述标准的情况下，提供服务所产生的收入仅在所确认的可收回费用的范围内予以确认。

2018 年当年或之后开始年度，《国际财务报告准则第 15 号——客户合约收益》生效，则遵循新颁布的准则：在履行了合同中的履约义务，即在客户取得相关商品或服务的控制权时确认收入。对于在某一时段内履行的履约义务，在该段时间内按照履约进度确认收入，并按照一定方法确定履约进度。履约进度不能合理确定时，已经发生的成本预计能够得到补偿的，按照已经发生的成本金额确认收入，直到履约进度能够合理确定为止。

（九）政府补助

《国际会计准则第 20 号——政府补助会计和对政府援助的揭示》规定政府补助的核算只有在满足以下两点，才可以确认政府补助。

（1）该企业遵守赠款所附的任何条件。

（2）该企业将收到补助。

补助在发生该费用期间确认收入，以使其与相关费用相匹配。

非货币性补贴，如土地或其他资源，通常以公允价值入账，但也允许以名义金额记录资产和补贴。

与资产有关的补贴可通过以下方式之一确认：

（1）作为递延收入。

（2）从资产的账面价值中扣除补助金。

与收入有关的补贴可以单独报告为"其他收入"，或从相关费用中扣除。

（十）借款费用

借款成本是因借款而引起的利息和相关费用，如折价或溢价摊销、辅助费用和外币借款所产生的汇兑差额。

（十一）外币业务

外币交易是指以外币计价或者结算的交易。外币交易包括：买入或者卖出以外币计价的商品或者劳务；借入或者借出外币资金以及其他以外币计价或者结算的交易。

外币交易在初始确认时，按外币业务交易日记账本位币和外币之间的汇率将外币金额换算成记账本位币予以记录。为了便于核算，通常使用接近交易日的汇率。例如一个星期或者一个月的平均汇率用于当期所有的外币交易，但是，如果汇率波动较大，那么不可使用一个时期的平均汇率。

资产负债表日，外币货币性项目，采用资产负债表日汇率折算。因资产负债表日汇率与初始计量时或者前一资产负债表日汇率不同而产生的差异，计入当期损益。

资产负债表日，以历史成本计量的外币非货币性项目，仍采用交易发生日的汇率折算，不改变其记账本位币金额。

资产负债表日，以公允价值计量的外币非货币性项目，采用公允价值确定日的汇率折算，产生的差异计入当期损益。

（十二）所得税

所得税采用收付实现制，不区分时间性差异和永久性差异，不确认递延所得税资产和负债，当期所得税费用等于当期应交所得税。本期税前会计利润按照税法的规定调整为应纳税所得额，与现行税率的乘积就是当期在利润表中列示的所得税费用。

五、其他

企业合并遵循 IFRS 国际标准，该会计系统的企业合并处理与中国企业会计准则企业合并中非同一控制下企业合并类似。

第十章　毛里塔尼亚税收外汇会计政策

第一节　投资基本情况

一、国家简介

毛里塔尼亚伊斯兰共和国（英语：The Islamic Republic of Mauritania；法语：République Islamique de Mauritanie）简称毛里塔尼亚。位于非洲撒哈拉沙漠西部，西濒大西洋，北部与西撒哈拉和阿尔及利亚接壤，东南部与马里为邻，南与塞内加尔相望。海岸线全长 667 公里，国土面积为 103 万平方公里。地区属热带沙漠性气候，全境地势平坦。有 2/3 的地区是沙漠。人口 320 万（2008 年）。阿拉伯语为官方语言，法语为通用语言，货币为乌吉亚（MRO）。

首都努瓦克肖特是毛里塔尼亚的政治、文化、商业、金融中心。政府机关、全国高等院校、各大金融、商业机构均设在首都，人口 80 万，约占全国人口的 25%，由中国援建友谊港是毛里塔尼亚最大的港口，承担着毛里塔尼亚 90% 以上的货物进出口任务，年吞吐量超过 400 万吨。

毛里塔尼亚在税收和会计制度上，沿袭了法国的做法。对年度财务报表的需求与政府对应纳税所得额计算的需求紧密联系，从而导致税收法规与会计法规基本一致。

二、经济情况

毛里塔尼亚于 1986 年被联合国认定为世界最不发达国家之一。其经济结构单一，基础薄弱，铁矿业和渔业是国民经济的两大支柱，油气产业是新兴产业。农业生产落后，粮食不能自给，需求的 2/3 靠进口和国际社会的援助，外援在国家发展中起着重要作用。近年来，毛里塔尼亚实行经济自由化政策和减贫发展战略，制定吸引外资的优惠政策，推进市场经济体制改革，加大对农业和基础设施的投入，侧重基础设施和民生项目建设。自 2009 年起，毛里塔尼亚 GDP 持续呈上升态势，根据世界银行行网站公布的 GDP 数据, 毛塔 2016 年 GDP 为 47.4 亿美元, 人均 GDP 为 1296 美元; 2017 年 GDP 为 50.2 亿美元, 人均 GDP 为 1305.2 美元, 世界排名第 155 位。

三、投资合作相关的主要法律

法律法规比较健全, 沿用法国部分法律法规, 法国法律与伊斯兰法元素对其法律法规条文有深厚影响。为鼓励外商投资与营造优良营商环境, 毛里塔尼亚出台多部法律文件。其中包括《投资法》《仲裁法》《合同法》《劳动法》《海关法》《努瓦迪布自贸区法令》《进出口海关条例》《税法通则》《外汇管理实施细则》等。对外投资相关法律按其作用对象可大致分为四个方面:

（一）外贸

毛里塔尼亚没有专门的对外贸易法, 当今形成以《进口条例》和《商业法》为核心的外贸系列政策法规。中央银行于 1998 年 7 月 27 日与 2000 年 1 月 18 日分别颁布两部法规。此外, 毛里塔尼亚政府出台各类政府规章作为补充完善对外贸易法规, 如 1998 年出台的第 004/GR/98 号条例等文件。系列法规明确了本国贸易主管部门是毛里塔尼亚贸易、手工业和旅游部, 贸易政策实行自由贸易政策, 进口实行预申报制度, 其主要出口产品由其指定的国营公司专营, 有禁止进口的植物或植物制品清单等规定。

（二）投资

以《投资法》为核心的投资系列政策法规。2012 年 7 月毛里塔尼亚颁布了重新修订的《投资法》, 该法共 6 章 36 条, 这是规范投资行为的主要法律。此外, 毛里塔尼亚还有 2013 年推出的《努瓦迪布自贸区法令》等相关政策促进国内外企业家投资。系列法规阐释了保护投资企业财产权利制度, 经济特区制度, 自贸区内与外投资优惠政策。

根据毛里塔尼亚国家法律, 投资设立企业的形式包括有限责任公司、股份公司、简单的两合公司和民营公司。公司注册资本金最低 500 万乌吉亚。

外国公司可以在毛里塔尼亚设立子公司, 或者成立分公司, 当地雇员需占 60% 以上, 招聘外籍人员时, 必须事先获得主管机关的授权, 并且在国家同等主管部门不能自由处理关键性岗位的情况下, 必须事先获得相应的工作许可证。

《劳动协议》第 39 条规定: 18 岁以下儿童不能从事工作, 规定有加班工资（正常工作日加班增加 15%~40%，夜班和节假日增加 50%，节假日夜班增加 100%），签订劳动合同需满足以下原则：（1）合法原则，包括签订劳动合同主体合法、合同内容合法、程序和形式合法；（2）公平原则；（3）平等自愿的原则；（4）诚信原则。明确雇主和雇员的权利和义务，确保双方权利义务得到保护。

《税法通则》第四章第 369 条规定：外国人在毛塔工作，需有合法身份，在毛塔工作的外籍人员要持有工作证，毛塔公共职能、劳动和行政现代化部设立就业局、劳动局负责审核发放外籍人员工作证和居住证，每年审核换证。否则将会被课以 1 万 ~5 万乌吉亚的罚款，如再犯则处以 10 万乌吉亚罚款。

（三）海关与外汇

以《海关法》为核心的海关系列政策法规。1985 年毛里塔尼亚颁布了《海关法》。此外，政府 1998 年 7 月 27 日出台了《第 004/GR/98 号条例》等有关文件。系列法规注明进口商品向监督总公司（SGS）申报进口预报体制（DPI），按照规定缴纳有关税金。

2002 年 8 月 1 日，财政部颁发《关于对旅客携带的外国货币进行申报和海关管制的规定》为核心的海关系列政策法规。此外，毛里塔尼亚中央银行出台《第 02/BCM/MF/GR BCM 联合公报》明确国家外汇制度。系列法规阐明常驻或非常驻旅客进出境携带外汇现钞的相关规定。

四、其他

毛里塔尼亚与中国早期建交，贸易往来长久。其 1960 年独立，1964 年启动中毛双边贸易，1965 年与中国建交，1967 年两国签订《现汇贸易协定》，1984 年双方签订《成立经济贸易混合委员会的协议》，2000 年双方签订《中毛渔业合作协定》与《中毛经济技术合作协定》。2006 年双方签署了《毛里塔尼亚承认中国市场经济地位谅解备忘录》和《中国政府给予毛里塔尼亚政府特别优惠关税待遇的换文》。

当局对于中国持亲近友好态度，十分重视中国投资方。1967 年中国开始提供大量经济援助。如基础设施建设项目——友谊港，1979 年开工，1986 年竣工，2014 年 4#、5# 泊位完成扩建工程，友谊港吞吐量超过 500 万吨，对其及周边地区经济发展起到巨大推动作用。2007年，中国驻毛里塔尼亚商务参赞处公布《关于7项与我国企业有关的税收及税务争议解决办法》，注明与我国企业有关税种以及发生税务争议可以直接向税务总局局长提出争议索赔案等处理方法。至今，中毛在铁矿、渔业、石油、医疗、建筑、文教、农业等领域开展合作。

第二节　税收政策

一、税法体系

毛里塔尼亚税收体系以1991年发行的《税法通则》和《税收管理法》为主，毛里塔尼亚税法基本沿袭法国税法，主要税种有增值税（TVA）、企业利润税（BIC）、营业税（Patente）、个人所得税（ITS）、代扣自由职业者薪金（IMF）、简化税制征税法（RSI）以及总经理税（IGR）、印花税（IMPOT DE TIMBRE）等其他小税种等税收征管。2017年OECD宣布毛里塔尼亚税收透明度处于第二等级——大体合规级别。目前和中国没有签订相关的税收协定。

二、税收征管

（一）征管情况简介

毛里塔尼亚实行中央集权型税收管理权限，实行中央和地方两级课税制度。税收立法权、征收权、管理权均集中于中央。不仅中央税而且地方税的法律和政策都由中央统一制定，地方无立法权。主要的税法由财政部制定，报国会审议通过，由总统颁布。财政预算经济部下设税务总局和国库，其中税务总局被授权解释并执行税法及实施条例，所征收税款统一缴纳国库。

（二）税务查账追溯期

毛里塔尼亚《税法通则》规定：因税务机关的责任，致使纳税人、扣缴义务人未按规定缴纳税款，税务机关在三年内可以要求纳税人、扣缴义务人责令期限补交税款，但是不收滞纳金。

因纳税人、扣缴义务人计算错误，未能足额缴纳税款，税务机关在三年内可以追征税款，并加收滞纳金；有特殊情况的，追征期可以延长至五年。

对偷税、抗税、骗税的，税务机关追征其未缴或者少缴的税款、滞纳金或者所骗取的税款，不受前款规定期限的限制。

（三）税务争议解决机制

税务总局来解决税务争议，体现税务征收的合法性、公正性原则。实际操作过程中，我国驻毛里塔尼亚大使馆经商处公布了《关于毛里塔尼亚7项与我国企业有关的税收及税务争议解决办法》，阐述如何解决税务争议纠纷。

毛里塔尼亚税务纠纷机制有以下三个方式：

协商解决：毛里塔尼亚纳税人或合法代表可以向税务总局局长提出争议索赔案，以达到"直接税的折扣或减轻，税务处罚或罚款的折扣或减轻"的目标，协商处理请求无时间限制规定。

行政复议解决：毛里塔尼亚纳税人或合法代表可以向税务总局局长提出争议索赔案，索赔议案需包括注明争议课税内容及申请事由。目标是达到纠正税基错误或课税计算错误，享受立法或制度规定的权利。请求时间需在争议索赔案发生起12个月之内提出，索赔议案申请包括：纳税征收名单、征税凭证通知、有争议税款支付或引发争议索赔案时间。由财政部或其代表、税务总局局长作出裁定。

诉讼解决：毛里塔尼亚纳税人或合法代表需先进行行政复议程序。不服裁定者，方可上诉一审法院。

三、主要税种介绍

（一）企业所得税

1. 征税原则

《税法通则》第一章第6条规定：企业范围包含股份公司、有限责任公司、简单的两合公司和民营公司。对合股公司，实体公司和共有公司，每个合伙人或共有人按照其在公司或共有公司的义务所得的社会利润部分分别纳税。对于简单的两合公司，按照每个股东各自的所得利润定税；每个部分，以公司名义定税。以合伙者的名义，如此包括在纳税人名册里的税收仍然是社会债务。对于隐名合伙公司，以每个参加者的名义定税，其股份和利润分配份额应通报税务部门，否则，则以税务部门所知道的管理人的名义定税。

2. 税率

本税种适用两种征课制度：实际征课制和包干征课制。

（1）实际征课制。纳税人范围：企业所得税针对从事常规性或临时性的、为自身需要且出于谋取利润目的的工商经营活动的企业（自然人或法人）。税基是企业的所得，由完成的营业年度实现的利润构成。税率按25%征课。纳税期限自该税所有纳税人每年3月31日前要提交税务申报和财务报表。申报的税款支付要在4月30日前在指定税务所完成。

（2）包干征课。纳税人范围：包干征课制企业所得税针对综合贸易营业额不超过600万乌吉亚、服务业营业额不超过300万乌吉亚的个体企业。税基按申报营业额计算，税率：地产行业所得税10%；运输商税率12000~100000乌吉亚，或由税务稽核员按税法标准估算。纳税人应在年度税务稽核期内及时缴纳。

3. 税收优惠

企业所得税的优惠政策是以产业政策导向为主，区域发展导向为辅。产业政策导向的优惠政策旨在将投资引入到国家鼓励和扶持的产业部门和项目中去。税务优惠政策主要包括：凡依据1967年7月18日第67—171号法令而成立的带合作性质的公司和机构免征利润税，免税以税务局核实发放免税凭证为依据。

4. 所得额的确定

《税法通则》第10条规定：应纳税的利润系指按企业业务类经营活动的总结果所确定的利润总额，库存物品按成本计，或按年度结算之日的市价计（当市价低于成本时），正在建造中的工程按其成本计。计算利润总额时应扣除管理费、折旧等各种合法开支。赠送、津贴、捐赠，在应纳税所得额的0.5%范围内扣除。

亏损弥补年限。在某财年出现亏损的情况下，其亏损额可以用以后年度应纳税所得额弥补，如果利润额不足以抵去亏损扣除数，其赤字的超出部分可依次移至以后的财年，直至赤字年度后的第五个财年止。

5. 反避税规则

（1）关联交易。企业与关联方之间的收入、资本性交易应遵循独立原则，需要选择合理的转让定价方法，如再销售定价法、成本加成法，原则上不得超过市场平均价格。如果转移价格超越了正常交易准则规定价格，税务机关有权进行合理调整。

（2）资本弱化。企业与关联方之间因拆借而发生的利息费用可以在税前扣除，但拆借利率不得高于央行贷款利率，并需附有拆借协议以及资金走向证明。

6. 征管与合规性要求

（1）企业所得税的缴纳实行实际征课制和包干征课制的方式，具体缴纳方式由税务局根据企业实际情况确定，于次年3月31日前缴纳企业所得税。

（2）企业如逾期申报、未申报以及逃税将被处以罚款及罚息。根据《税法通则》罚则第50条规定：财会资料管理上的错误，每件罚120000乌吉亚；在规定期限内出示财会资料上的错误，每遗忘一件罚20000乌吉亚；附于声明的资料或材料的遗漏或不精确，每一遗漏或不精确处罚10000乌吉亚。

（二）增值税

1. 征税原则

《税法通则》177.B–1条规定：在毛里塔尼亚国境内，纳税义务人以巨大耗费进行的经济活动，包括进口、货品运输或是服务活动等环节而产生的附加价值所要缴纳的一个税种。被视为经济活动的行为有：工业活动、商业活动以及手工艺活动。需要缴税的环节包括：

进口环节：直接从境外输入或是在海关处作暂时性停留货物必须通过毛塔海关放行才能投入消费环节。

销售环节：销售是指财产拥有者将财产转让给第三方的所有环节。

建筑工程：包含不同行业的团体参与房屋或建筑物的建设、保养以及修复的环节。公共工程、金属类建筑工程、拆迁工程、配套工程或初步准备工程都属于建筑工程。

服务活动环节：除以上列举行为以外的用现金或实物交易的其他经济活动。

为满足自身需要或是开发需要，纳税人进行的固定资产的自我交易。

无商业利益的职业性活动。

《税法通则》177.2条规定：银行、金融机构、信贷机构、保险和再保险以及设备租赁公司的行为不属于177.B所列举范围内，不必缴纳增值税。

2. 计税方式

《增值税法》第4条规定：纳税义务人分为小规模纳税人和一般纳税人，小规模纳税人适用于简易计税方法计税，一般纳税人适用于比例纳税法。

3. 税率

在毛里塔尼亚境内进口、销售货物给第三方或自用、提供服务，税率为16%；石油及电信行业为18%；零税率适用于纳税人的出口商品。

4. 增值税免税

《增值税法》第177.5条规定15种情况属于免税范围：以包干形式征税的经济活动；医疗行为，住院费以及血液透析的器材及投入费用；行政机构或是服务性机构的行为；航空公司的修理或是改造行为；修理时涉及的安装在其飞行器上的产品；航空公司飞行器或是船只；日报或期刊的排版印刷所产生的费用，广告费用除外，日报或期刊的销售；财产、商业基金的用益权或是注册过的顾客主体权的转让行为；保险公司或再保险公司的行为；银行、金融机构或是信贷机构的经济活动只需缴纳服务税；国际航班；有执照或监管部门批准的旅客或商品的公共运输者的售票行为；售卖给航运公司或专业的渔民的建材、机械或捕鱼网；面包、蔬菜、肉类、奶制品、果实或海鲜等食物。

5. 销项税额

《增值税法》第178.2条规定增值税税基为销售货物或提供服务的全部价款。符合下列条件的内容不包括在税基内：跟顾客直接达成的现金折扣、回扣以及其他减价；中介人向委托人收取的本地开支金额；送货时因包装而交的押金；有损害利益性质的津贴。

6. 进项税额抵扣

《增值税法》第181.1~181.2条规定下列增值税进项税可以抵扣：被转

卖到需缴税环节的产品；包含在享有减免权阶段的服务；家具，不动产与以投资名义进行的满足开发需求的服务。第181.3~181.9条规定以下进项税不允许抵扣：住宿费、招待费、餐饮费；二手车辆或器械买卖；除用于生产使用的建筑物买卖；工资、奖金、分红；家具买卖；取得附属于不允许抵扣资产的服务等。

7. 征收方式

按进销项相抵后的余额缴纳，增值税征收后不再退回，如有增值税未抵扣余额可用于今后一定年限内抵扣应交增值税。

8. 征管与合规性要求

增值税按月申报，如果该月无任何申报内容，则递交一份标明"无申报内容"的申报单，截止日期为次月15日之前。逾期申报、未申报以及逃税将被处以50%的罚息。

（三）个人所得税

1. 征税原则

根据《税法通则》第62条规定：征收对象是从事公共或私人受薪活动所得收入，以及公共或私人各项津贴与年金的收入均适用个人所得税；对于有些外国侨民或国民，按其在毛里塔尼亚的活动而从本国获得的报酬部分记入应纳税所得额。

个人所得税基础由工资、津贴、其他各种具有工资增加性质的附加收入或年金，以及按实际价值折算的实物利益构成。

根据《税法通则》规定：对于在劳动合同框架内，收到的款项总额和获得的实物报酬，可以征收个人所得税。总收入之外的其他收入，包括以现金或者以实物支付的津贴、奖金、红利（实物报酬包括：住房、动产、汽车等财产免费使用权，免费或者以低于实际价格提供的物品、服务补助、不动产工程、食物、家庭服务等）都须以薪金收入的名义征收所得税，不能在法律和财政上将其分开。

2. 申报主体

毛里塔尼亚个人所得税以雇主为单位申报。雇主有义务在每次支付工资时向国库申报应缴纳个税的收入。工资个税由雇主代扣代缴，每月15日前申报上月应缴纳部分。

3. 应纳税所得额

根据《税法通则》第65条规定应纳税所得额为总报酬加上按实际价值折算的实物利益，减去：组成补助，退休金和社会保险的准许扣除额；第63条规定可以免税的金额。对于有些外国侨民或国民，按其在毛里塔尼亚的活动而从本国获得的报酬部分计入应纳税所得额。

4. 扣除与减免

根据《税法通则》第62条对于未达到个人所得税免征额（60000乌吉亚）和外交人员免征个人所得税。根据《税法通则》第63条对于以下四类收入免税：

（1）补贴津贴类，包括对政府任职人员的补贴；在月累计金额10000乌吉亚内，除住房、交通、责任、职务补贴以外的津贴；劳动者在远离居住地而提供的餐补费；工作性质及职能决定的特殊服装补贴；由于易脏活动而产生的清洗补贴；职业资质考核产生的职业考核工本费。

（2）公共补助金和终身年金类，包括战争受害者及其继承人的抚恤金，劳动事故受害者的终身年金，战士退休金。

（3）困难家庭补助金，包括子女教育补助金、家庭津贴补助、最低生活补助提高、根据家庭支出和家庭情况发放的补贴均属于家庭补助范畴。

（4）实物利益，按其实际价值计算，在不超过征税报酬20%的情况下，免征税。

（5）实际报销费用，包括用于雇员的实物费用报销并非由酬金组成，该实物费用的报销是不可征收的，特殊情况是指接待费、差旅费的报销，接待费、差旅费一经证实，属于特殊个人范畴免除个人所得税。

5. 税率实行累进税率

表10-2-1 毛里塔尼亚个人所得税税率表

单位：乌吉亚

序 号	月收入	税率
1	60001~90000	15%
2	90001~21000	25%
3	≥ 210001	40%

数据来源：《税法通则》第66条。

6. 征管与合规性要求

个人所得税按月申报，截止日期为每月 15 日之前。

根据《税法通则》的第 69 条规定：个人所得税，以所得人为纳税义务人，个人所得税的缴纳方式为代扣代缴和自行申报。以支付所得的单位或者个人为扣缴义务人，扣缴义务人应在每月的前 5 天向税务局寄送 2 份按税务局规定的格式填写的申报表，简要说明上个月的各种报酬，补贴，实缴费用和实物补贴的发放情况。自行申报是在两处以上取得工资、薪金所得或者没有扣缴义务人的，纳税义务人应当按照毛里塔尼亚规定到税务局办理纳税申报。

如果其所提交的申报表中有遗漏或不准确的情况，处以 5000 乌吉亚的罚款。迟交该表将处以 10000 乌吉亚的罚款。不提交该表处以 20 000 乌吉亚的罚款。

（四）关税

1. 关税体系和构成

毛里塔尼亚《海关法》规定：凡是通过其关境的进出口货物均课征关税。关税征管部门是监督总公司（SGS），毛里塔尼亚海关总署修订的 2000 年《关税细则》规定，进出口货物需要缴纳海关关税，毛里塔尼亚《海关法》004/GR/98 条规定进口货物关税，主要包括以下几项：

表10-2-2　毛里塔尼亚海关税目税率表

编号	简写	关税中文翻译	税率	计算方式
1	DFI	进口国库税	0%、5%、13%、20%	完税价格 × 税率
2	TST	统计税	3 %	完税价格 × 税率
3	TVA	增值税	5 %、14 %	（完税价格 + 关税 + 消费税）× 税率

2. 税率

毛里塔尼亚海关针对毛里塔尼亚与外部国家之间的货物进出口征税，实行落地申报。关税税率如表 10-2-3：

表10-2-3　毛里塔尼亚进口物资类别及税率表

货物种类	类别	税率
生活基本必需品	Ⅰ类	17.72%、23.5%、45.5%、47.5%
生产原料和设备	Ⅱ类	27.44%、36.88%、47.50%
中间投入品及其他	Ⅲ类	27.44%、36.88%、47.50%
消费品	Ⅳ类	27.44%、36.88%、47.50%

数据来源：毛里塔尼亚《海关法》004/GR/98条。

3. 关税免税

毛里塔尼亚为了鼓励外国或资金组织提供资金援助，对外国或资金组织援助项目，优待现汇项目在合同条款中明确享受优惠关税政策及税率。毛里塔尼亚税务局会根据免税协议确定的免税范围和优惠范围出具免税文件。优惠范围一般为建设该项目所进口物资、机械设备，主要包括钢筋、水泥、沥青、车辆、机械设备等大宗材料。免税期限为项目合同上规定的施工期限，如遇工程延期需要向海关提供由业主出具的延期证明并办理延期免税文件。但生活物资、豪华车辆不在免税范畴。

4. 设备出售、报废及再出口的规定

如果免税进口的设备物资在项目结束后属于毛塔政府，则无需缴纳关税；如果想将免税进口的设备物资转卖（该设备物资在项目结束后属于项目或公司），则需向国家补缴进口关税。具体程序是企业向项目所在地海关监管机构申请鉴定所需出售的车辆、机械和设备，由监管机构鉴定残值后出具书面义件；按残值补缴全额关税并取得结关单后方可出售。免税到期后，如果没有后续免税项目，需按鉴定残值补缴关税，企业可自行处理设备；如果转入其他免税项目，需要办理转移登记手续；如果项目结束后设备转场到其他国家，需取得海关监督管理机构的同意，按照核定的残值缴纳出口税。

（五）企业须缴纳的其他税种

1. 不动产收益税

毛里塔尼亚《税法通则》第55~56条规定：税基为房租收益。税率：收入的10%。如果出租人是个人可在个人所得税税前扣除，由出租人代扣代缴。不动产收益税在每年 3 月 31 日前申报缴纳。

2. 印花注册税

毛里塔尼亚《税法通则》第四章第 344 条规定：在毛里塔尼亚境内书立、领受本条例所列举凭证的单位和个人都是印花注册税的纳税义务人，应当按规定缴纳印花税。

表10-2-4　印花税税率表

序号	纸张大小	税率（乌吉亚）
1	420×590	1000
2	290×420	500
3	290×210	200

数据来源：毛里塔尼亚《税法》第 II 部分第 365 款。

3. 学徒税

毛里塔尼亚《税法》172~174 条规定：对于所有应缴纳企业所得税的法人，根据其支付给雇佣人员酬金征收学徒税。每年在工资、津贴和报酬总金额基础上收取，包括企业主给予的实物报酬。税率为 0.60%，每年 2 月 1 日前缴纳。

4. 营业税

营业税为地税，是根据当年的营业额来缴纳，最高税金为 500 万乌吉亚。纳税人应在次年 2 月 28 日自行计算和到企业所在地收税窗口缴纳税款，税款金额为上月应缴税额。具体征收办法如表 10-2-5：

表10-2-5　毛里塔尼亚营业税征收标准划分明细表

单位：乌吉亚

定级	营业额	税额
1	30000000~100000000	300000
2	100000001~150000000	450000
3	150000001~300000000	700000
4	300000001~600000000	1000000
5	600000001~1000000000	1500000
6	1000000001~1500000000	2000000

续表

定级	营业额	税额
7	1500000001~2500000000	2500000
8	2500000001~4000000000	3000000
9	≥ 4000000000	5000000

数据来源：毛里塔尼亚《税法》第二章 205 条。

5. 代扣代缴自由职业薪金税（IMF）

根据毛里塔尼亚《税法》，企业在支付自由职业者（中介、律师、会计、代理，顾问等）报酬时，应代扣代缴交易额的 3%，纳税人应该在次月 15 日前自行申报缴纳。

6. 简化税制征税法（RSI）

根据毛里塔尼亚《税法》，凡在毛里塔尼亚境内没有稳定机构的外国法人和国外自然人，在毛里塔尼亚境内为按实际利润缴税的法人和自然人提供各类服务时，应承担交易额 15% 的简化税。该税通过服务受益人以代扣代缴的形式进行征收，如果受益人没有代扣代缴 15% 的税费，将由受益人代为缴纳税款，纳税人应该在次月 15 日前申报缴纳。

（六）社会保障金

1. 征税原则

毛里塔尼亚《社会保险法》适用于毛里塔尼亚境内的雇主、雇员。雇主必须在经营活动起始时到全国社会保险银行登记并为其雇员注册，注册登记表可在该银行管理征收部领取。

雇主必须依据雇员人数按月或按季度到全国社会保险银行为雇员交纳社会保险费，逾期未付保险费将增加。雇主承担的费用包括退休金、家庭补助、工作医疗、职业风险，占雇员工资的 15%，雇员则承担退休金一项，为工资的 1%。社保分季度进行缴纳。

全国社会保险银行提供三种保险：工作医疗及事故，家庭补助，退休金。可通过本国或外国机构加入医疗、退休补充类保险，这类保险属于投保者合同提议范围，可在双方同意时作为条款写进合同。

2. 外国人缴纳社保规定

外国人在毛里塔尼亚工作需要缴纳社会保险金，目前中国政府和毛里塔尼亚政府未签订社保互免协议，中方人员在毛里塔尼亚缴纳的社会保险金在离开毛塔时无法申请退还。

毛里塔尼亚已同法国、塞内加尔、马里、罗马尼亚签署了社会保险国际协定，其中与法国、塞内加尔签署协定已获批准。

第三节　外汇政策

一、基本情况简介

毛里塔尼亚央行实行自由化的贸易外汇登记制度，央行制定银行政策，并制定外币每天的汇率，监管初级银行的外汇情况。毛里塔尼亚央行是 1974 年 6 月 8 日第 74-118 法令和 1975 年 12 月 26 日第 75-332 法令对 1973 年 5 月 30 日第 73-118 法令进行修改之后成立的。该法令规定了央行具有法人资质以及其组织机构、管理、方法和活动的等内容。

毛里塔尼亚商业银行如 GBM、BMCI、BAMIS、BNM 等，任何商业银行都可以换汇和国际贸易，但毛里塔尼亚中央银行第 02/BCM/MF/GR BCM 联合公报第四条规定：常驻和非常驻旅客可自由无限制地带入外汇，等于或超过 3000 美元的外汇必须申报。常驻者须将带进的外汇存入其所在的银行外汇账户中，或于入境后 30 天内，将所带进的外汇现钞向银行、兑换所或银行办事处出售。

二、居民及非居民企业经常项目外汇管理规定

（一）货物贸易外汇管理

毛里塔尼亚实行较为严格的外汇管制政策。财政部下设外汇管理局专门负责外汇的登记和审批事宜，银行凭外汇管理局许可证执、材料采购合同进行汇出的业务操作。

（二）服务贸易外汇管理

服务贸易视同资本利得，盈利汇出需要提供财务报表、利润分配决议

等支持性文件，报外汇管理局审批同意后方可汇出。

（三）跨境债权债务外汇规定

进口商在办理付汇时，凡超过50万乌吉亚的进口商品必须向监督总公司（SGS）申报，进口商持申报审批单到毛里塔尼亚初级银行办理汇款业务，毛里塔尼亚初级银行和汇兑所向持有进出口许可证的进口商出售外汇或办理汇款，毛里塔尼亚目前对汇入方面相对比较宽松。

（四）外币现钞相关管理规定

只有经毛里塔尼亚中央银行允许的毛里塔尼亚初级银行、汇兑所和银行委派的办事处有权进行现汇兑换。出售用于旅费或进口付汇的外汇，必须以记名方式进行货币兑换，用于其他用途的外汇出售可以记名或不记名。以记名方式出售外汇须发放一式二份销售单，上面注明客户姓名、地址、出售的外汇、汇价、手续费及外汇流向（国外旅游、进口付汇），银行或汇兑所将外汇销售单正本交给客户。对于其他方面的（旅游用费和进口付汇除外）外汇出售，可自行决定开具购汇人身份和地址的普通收据，收据交给客户。

三、居民企业和非居民企业资本项目外汇管理

对外国投资的本金和利润汇出方面相对比较宽松，最初投资总额和申报的利润缴纳企业所得税后可以汇出。在资本项下和个人用汇方面则实行外汇管理制度，管理比较严格，每笔外汇支付须经外汇管理部门层层审查。

四、个人外汇管理规定

向常驻旅客出售外汇现钞和外汇旅行支票，上述人员出示其护照和交通票据。对于每位常驻旅客，不论出国理由如何，在出示护照和机票后，其旅行换汇最高额度为3000美元。

一次出入境所携带的外汇现钞必须低于8000美元或其他等值外汇。然而，带入或带出等于或大于8000美元的，必须申报；带出的等于或大于8000美元外汇现钞须拥有理由并得到毛里塔尼亚中央银行的许可证。对于拟将带进的外汇现钞又带出境者须出示入境时填写并经海关盖章的外汇入境申报单。

第四节　会计政策

一、会计管理体制

（一）财税监管机构情况

在毛里塔尼亚注册的企业如果有经济业务发生，均需按照毛里塔尼亚《税法》和《会计法案》体系要求建立会计制度进行会计核算。税务局为财政部下设机构，税务局根据企业规模大小进行分类，由下属部门大型企业管理局、中小型企业管理局对企业进行监管，各企业需要按照统一格式上报会计和税务资料。

（二）事务所审计

毛塔目前没有设置事务所审计机构，在毛塔境内注册的法人机构每年进行税务申报，经税务局认可的财务年报具有审计法律效益。按照当地税务机关管理惯例，企业每三年必须接受一次税务大检查。

（三）对外报送内容及要求

会计报告中主要包含以下内容：①企业基本信息，行业分类、经营范围、股东情况、公司地址、银行账户信息、税务登记号等；②企业经营情况表，资产负债表、利润表；③附件。

上报时间要求：会计报告须按公历年度编制，于次年的 3 月 31 日前完成。

二、财务会计准则基本情况

（一）使用的会计制度

毛里塔尼亚会计学对其执行的行政和财务管理开始于殖民时期。殖民时期应用的会计制度始于 1952 年 5 月 11 日。毛里塔尼亚独立后，于 1979 年 6 月执行 OCAM 计划（非洲和马达加斯加共同组织）。毛里塔尼亚从 1982 年开始对会计制度进行第一次修订，又于 1992 年进行第二次修订。第二次修订还囊括了税收、关税和外汇体系。1999 年 1 月正式颁布《会计法案》，该制度一直延续至今。

毛里塔尼亚的《会计法案》与税法联系紧密，会计核算充分考虑了税法规定，会计核算按照《会计法案》处理，实务处理可以参照相关财税部门公布的会计处理惯例。在纳税申报时，对与税法不一致的事项进行必要的纳税调整，并以调整后的税务报表作为报税依据。

（二）会计制度适用范围

所有在毛里塔尼亚注册企业均需要按照《会计法案》进行会计核算并编制报表。实际操作中，划归大型企业管理局、中小型企业管理局所涉及的企业，会计工作必须规范、合规。企业执行会计准则或者会计制度时应严格按照统一的规定设置会计科目，进行会计核算。会计科目的设置应按照本企业所执行的会计准则或者会计制度的规定进行。会计账务处理应做到统一规范，克服实际操作的随意性，以真实反映企业的财务状况和经营成果。

三、会计制度基本规范

（一）会计年度

毛里塔尼亚《税法》第二章第二部分第九条规定公司会计年度与历法年度一致，即公历年度 1 月 1 日至 12 月 31 日为会计年度。对于本年新成立的公司，当年会计年度可以小于 12 个月。

（二）记账本位币

毛里塔尼亚《税法》第一章第四部分第十六条规定：企业会计系统必须采用所在国的官方语言和法定货币单位进行会计核算。毛里塔尼亚采用乌吉亚作为记账本位币，货币简称 MRU。毛里塔尼亚采用 Saari 会计录入系统。

（三）记账基础和计量属性

毛里塔尼亚《会计法案》第一章第 1.1.1.2 条规定：企业以权责发生制为记账基础，以复式记账为记账方法。

毛里塔尼亚《会计法案》第一章 1.3.2.1 条规定：企业以历史成本计量属性为基础。

《会计法案》规定了会计计量假设条件，其一般原则有：谨慎、公允、透明（第3条）、会计分期（第5条）、持续经营（第24条）、真实性、一贯性、可比性（第6条）、清晰性（第7条）。

四、主要会计要素核算要求及重点关注的会计核算

（一）现金及现金等价物

会计科目第5类记录现金、银行存款及现金等价物。会计科目（56）核算现金，会计科目（55）核算银行存款。

资产负债表（BILAN）中列示的现金是指库存现金及可随时用于支付的银行存款，现金等价物是指持有的期限短（从购买日3个月以内到期）、流动性强、易于转换为已知金额现金及价值变动风险很小的投资。主要涉及资产有现金、银行存款。

（二）应收款项

会计科目第410类记录应收账款、419类记录预付款项。《会计法案》第二章第2.2.4条规定：应收款项科目记录应收账款的初始计量按初始价值计量确认。

（三）存货

《会计法案》第三章3.3条规定：存货初始计量以历史成本计量确认，包括买价以及必要合理的支出。存货的初始核算：存货的采购成本不包含采购过程中发生的可收回的税金。不同存货的成本构成内容不同，通过采购而取得的存货，其初始成本由使该存货达到可使用状态之前所发生的所有成本构成（采购价格和相关采购费用）；通过进一步加工而取得的存货，其初始成本由采购成本、加工成本，以及使存货达到目前场所和状态所发生的其他成本构成。《会计法案》存货由原材料和消费品材料供应品构成（建筑工程企业）。具体分类如下：310原材料，312消费品材料供应品。

《会计法案》第三章3.3.1条规定：存货出库可以采用先进先出法和平均法（移动平均或加权平均）及实地盘点法。企业应根据存货的性质和使用特点选择适合的方法进行存货的出库核算。确定存货的期末库存可以通过永续盘点和实地盘点两种方式进行。

施工企业存货分两种情况：在工程账单确认收入方法下，期末采用实地盘点法确认未出库310原材料和312消费品材料供应品金额。

（四）长期股权投资

《会计法案》第四章3.4条规定：长期股权投资是指通过投资取得被投资单位的股份，通过会计科目（66）核算。企业对其他单位的股权投资，通常是为长期持有，以期通过股权投资达到控制被投资单位，或对被投资单位施加重大影响，或为了与被投资单位建立密切关系，以分散经营风险。长期股权投资依据对被投资单位产生的影响，分为三种类型：控制、共同控制和重大影响。长期股权投资的核算方法有两种：一是成本法；二是权益法。

（五）固定资产

《会计法案》第三章3.2条规定：固定资产初始计量以历史成本计量确认，企业应在其预计使用期限内对固定资产计提折旧。

企业按照直线法计提折旧具体年限如下。

（1）建筑物：按建筑物种类折旧年限分别为20年、25年；

（2）固定成套工具和器材：5年；

（3）办公设备：10年；

（4）交通设备：4年；

（5）安置、装修设施：10年；

（6）船舶和渔船：8年；

（7）飞机和民用飞行器：20年。

（六）无形资产

《会计法案》第二章2.2.2条规定：没有单独对无形资产的确认和计量规范，但与固定资产一样适用确认计量的一般规范。具体是：无形资产初始计量以历史成本计价，企业应在其预计使用期限内对资产计提摊销或一次性计入当期成本均可。

（七）职工薪酬

《会计法案》第三章3.6条规定：会计科目（65）核算职工薪酬，核算所有支付给职工的各类报酬。包括以下人员的薪酬费用：行政管理人员，普通员工，临时性雇佣员工，提供服务的企业合伙人。

（八）收入

《会计法案》第三章3.7条规定：会计科目（70）核算企业日常经营活

动中取得的收入，核算企业对第三方销售货物、提供服务或劳务取得的经济权利。收入计量按净价计量确认，净价销售收入不包括折扣、回扣、佣金等在内的商品价格。当期经营活动中形成的能基本确定金额且很可能有流入企业的经济利益，企业必须确认为当期收入。对于房建和工程建筑企业，企业收入可以采用工程账单法。

（九）政府补助

《会计法案》第五章 3.2 条规定：政府补助是企业从政府无偿取得货币性资产或非货币性资产，通过会计科目（68）核算，主要包括：财政拨款、财政贴息、税收返还等。财政拨款是政府无偿拨付给企业的资金，通常在拨款时明确规定了资金用途；财政贴息是政府为支持特定领域或区域发展，根据国家宏观经济形势和政策目标，对承贷企业的银行贷款利息给予的补贴；税收返还是政府按照国家有关规定采取先征后返（退）、即征即退等办法向企业返还的税款，属于以税收优惠形式给予的一种政府补助。

（十）借款费用

借款费用是指企业因借款而发生的利息、折价或者溢价的摊销和辅助费用，以及因外币借款而发生的汇兑差额。它反映的是企业借入资金所付出的劳动和代价。

（十一）外币业务

外币交易时，应在初始确认时采用交易发生日的即期汇率折算为记账本位币金额，当汇率变化不大时，也可以采用当期平均汇率或者期初汇率核算。

资产负债表日，外币货币性项目采用资产负债表日的即期汇率折算为外币所产生的折算差额，除了为购建或生产符合资本化条件的资产而借入的外币借款产生的汇兑差额按资本化的原则处理外，其他类折算差额直接计入当期损益。

资产负债表日，以历史成本计量的外币非货币性项目，采用交易发生日的即期汇率折算，不改变其记账本位币金额。流动性较强的科目、有合同约定的科目应采用外币核算，包括：①买入或者卖出以外币计价的商品或者劳务；②借入或者借出外币资金；③其他以外币计价或者结算的交易。

（十二）所得税

所得税采用应付税款法，不区分时间性差异和永久性差异，不确认递延所得税资产和负债，当期所得税费用等于当期应交所得税。本期税前会计利润按照税法的规定调整为应纳税所得额（或由税务局核定的应纳税所得额），与现行税率的乘积就是当期在利润表中列示的所得税费用。会计科目（75）核算所得税，分为当期所得税费用和以前年度所得税费用调整，年末余额结转至本年利润。

五、其他

毛里塔尼亚会计制度很特殊，其遵守国际规定，但又不属于任何会计体系，如西非会计制度（SYSCOA）。并没有法规对成本会计学和分析会计学进行正式规定，但该会计学仍被有需要的公司采用。

毛里塔尼亚并未被包含进非洲法律事务协调组织（OHADD），因为其会计体制与黑非、中非和西非不同。其一直是单一的、未被纳入马格里布—阿拉伯联盟（UMA）、西非经济共同体（CEAO）和西非国家经济共同体（CEDEAO）中。

毛里塔尼亚《会计法案》适用于国内的所有行业，不存在特殊情况，但一些行业如矿业和渔业领域要求对行业实际情况进行分析，采用符合行业特点的深层次的会计制度。

第十一章 蒙古税收外汇会计政策

第一节　投资基本情况

一、国家简介

蒙古国（蒙古语：Монголулс，英语：Mongolia），简称蒙古。地处亚洲中部，属内陆国家，首都乌兰巴托。北与俄罗斯，东、南、西与中国接壤，中蒙两国边境线长达 4710 公里。蒙古地域总面积 156.65 万平方公里，大部分为草地，西部和北部是高山，南部是戈壁沙漠，人口 320 万（2019年），其中近 63.69% 的人口居住在首都乌兰巴托。蒙古划分为 21 个省和首都乌兰巴托市等 22 个政区。官方语言为蒙古语，货币为图格里克（MNT）。

二、经济情况

2016 年国内生产总值约 111 亿美元，增长率为 −5.2%，人均 GDP 约3568 美元。在世界经济论坛《2016—2017 年全球竞争力报告》中排名第102 位。[①]

2016 年全年，蒙古财政预算收入（含外来援助）总额为 5.8521 万亿图格里克，同比减少 2.2%；财政支出（含偿债金额）为总额 9.5199 万亿图格里克，同比增加 33.4%；财政赤字为 3.6678 万亿图格里克，为 2015 年的3.2 倍。截至 2016 年 9 月底，蒙古总体债务总额为 237.85 亿美元，较上年同期增长约 10%，已超过 GDP 的 210%。其中，政府（财政）负债 47.59 亿美元，中央银行负债 17.29 亿美元，其他金融机构负债 23.51 亿美元，其他领域负债 81.28 亿美元，因直接投资发生的公司间债务 68.17 亿美元。

蒙古国经济基础差，产业基础薄弱，经济增长过度依赖矿业，并受制于国际原材料价格的影响。产业结构单一且处于较低层次，第一产业占经济总量的比重虽然逐年降低，但是仍然占有较大比重；第二产业中，工业

---

① 数据来源：《中国居民赴蒙古国投资税收指南》。

未形成独立体系，优势产业以矿产业为主，发展水平较低，制造、加工业仍较落后；第三产业不发达，但服务业后发优势明显。蒙古国主要产业包括矿业、农牧业、交通运输业、服务业等。

蒙古国于 1997 年加入世界贸易组织。

三、外国投资相关法律

蒙古国主管外国投资的政府部门是外国投资局。投资相关法律为《蒙古国投资法》，该法规定除蒙古国法律、法规禁止从事的行业外，都允许外商投资。蒙古国法律明确禁止的行业主要是麻醉品、鸦片和枪支武器生产。外国投资者（包括外国法人和自然人）可进行以下种类的投资：（1）外汇自由买卖、利润再投资（可以是投资所得的收入）；（2）动产和不动产及与其相关的财产权；（3）知识与工业产权。需要注意的是，蒙古国规定外国国有资产法人在蒙古国矿业、金融、新闻通讯领域开展经营活动且其持股比例达到 33% 或以上的，须报该国外国投资局进行审批。

《蒙古国投资法》及其实施细则设定了"稳定合同"条款，"稳定合同"主要含义为蒙古国在一定的期限给予达到条件的外国投资者颁发"稳定证书"，对"稳定证书"持有人给予"稳定税率"。所谓"稳定税率"是指，在一定的期限内由政府部门对签订了"稳定合同"的外国投资者发放"稳定税率"证书，承诺在有效期内即使税法对税率做出提高调整，仍维持持有稳定证书纳税人的原有税率。

根据蒙古国《输出劳动力和引进外国劳动力、专家法》规定，在蒙古国雇佣外国劳动力和专业技术人员需要向当地劳动部门提出申请，经政府主管部门审核后颁发劳务许可。一般劳务许可的有效期为一年（实际操作中，无论何时申请，有效期都到本年度 12 月 31 日终止），如需要延期，需由雇主向有关部门提出申请。

企业单位雇佣外国劳务必须按月缴纳岗位费，每月岗位费标准是蒙古国政府规定的最低工资的 2 倍，2017 年是 28.08 万图格里克。从事矿业开发的企业雇佣的外国公民不得高于总员工数量的 10%，如果超过这个比例，则需根据《矿产法》的规定，每月为外籍劳务缴纳蒙古最低工资标准十倍的"岗位费"。外国投资公司的个人股东和 CEO、外交机构、领事代表处和国际机构代表处雇佣的外国员工，教育科技领域的外国专家、技术人员，以及根据政府间相关协定工作的专家和工作人员不缴纳岗位费。缴纳、减免岗位费由蒙古国政府决定。

蒙古国存在一定的结构性劳动力短缺，尤其是一些技术工种。但是蒙古国市场容量有限，失业率较高。蒙古国为保障本国公民就业，限制外国劳务进入，实行严格的外籍劳务工作许可审批制度，企业引进外籍劳务，需要经过蒙古国多个政府部门的逐级审批后，才能办理劳动许可，并需缴纳名目繁多的费用。

蒙古国负责外国人工作许可管理的部门是蒙古国劳动部。蒙古国企业和外国投资企业均可招用外籍人员，用于技术性强、专业技术要求高的岗位，但必须同蒙古国社会保险与劳动部协商，获得工作许可。工作许可由在蒙古国的雇主向所在地劳动主管部门提出申请，经同意后由蒙古国对外关系与贸易部发放邀请函并办理劳务签证，然后到蒙古国劳动局、移民局办理工作许可证并缴纳相应费用。

蒙古国已注册为经济合作与发展组织（OECD）《防止税基侵蚀与利润转移行动计划》（BEPS）成员，并与包括我国在内的 29 个国家签订了双边税收协定。《中国人民政府和蒙古国人民政府关于对所得避免双重征税和防止偷漏税的协定》自 1992 年 6 月 23 日生效，并于 1993 年 1 月 1 日起执行。

四、其他

2011 年，蒙古国国家大呼拉尔（蒙古国国家议会）通过新《对外政策构想》，确定"爱好和平、开放、独立、多支点的外交政策"，强调对外政策的统一性和连续性。明确对外政策首要任务是发展同俄、中两大邻国友好关系，并将"第三邻国"政策列入构想，发展同美、日、欧盟、印度、韩国、土耳其等西方国家和联盟的关系。1997 年，蒙古国加入了 WTO 组织，2012 年 3 月，蒙古国与北约建立"全球伙伴关系"，同年 11 月，蒙古国加入欧安组织，成为该组织第 57 个成员国。截至 2014 年 7 月，蒙古国已同 173 个国家建交。

第二节　税收政策

一、税法体系

1992 年起，蒙古国陆续颁布了《蒙古国税务总法》《蒙古国企业所得税法》等各项税收法律，确定了征收机构，明确了各税种的征税对象、税目和税率，规定了国家与纳税人的权利与义务。蒙古国税收法律的制定、修订和废止均由大呼拉尔依法决定。《蒙古国税务总法》规定，蒙古国税法体系由《蒙古国宪法》《蒙古国税务总法》、税种法律及与税收相关的法律、法规和规范性文件共同组成。蒙古国税收由税、费及使用费（或译作补偿金）组成，目前共计 26 种税费。在蒙古国参加的国际条约情况下，以国际条约的规定优先。另外，蒙古国内阁可在法律允许的范围内与投资者签订"稳定合同"或投资合同以及制定自由贸易区的特别税收制度。

二、税收征管

（一）征管情况介绍

蒙古国最高税收管理机构为蒙古国海关与税务总局（ 2016 年 1 月 1 日由海关总局与税务总局合并而成），隶属其财政部。蒙古国税务管理机构由三级构成，分别为总局、省（首都）、县区税务局。其中，税务总局、省（首都）税务局设有税务登记单位，总局、省（首都）下设有权处理纳税人与税务机关之间纠纷的税务纠纷处理委员会。蒙古国将税收检查权利赋予国家税务监察员，负责税收执法。税务纠纷处理委员会的工作制度由政府制定。国家税务机构的章程由政府批准。蒙古国税务机构实行集中、统一领导，税务总局对省（首都）、区县等各级税务机构实行业务领导，提供技术保障。省（首都）、县区税务局的领导由税务总局局长任命。

《蒙古国税务总法》规定在蒙古国境内开征的税种按照税率的确定主体和预算级次划分为中央（国家）税收和地方税收，由税务机关征收后分别缴入中央、地方。

（二）税务查账追溯期

纳税人在自我评估基础上申报、纳税。如果税务机关认定申报的税款不正确，从以下日期起五年内可能对以下三种情况开展评估：

1. 认为可能需要申报或应年底缴纳税款的，从申报并缴纳税款的截止日期的下一个工作日开展评估。

2. 认为可能需要进行月度或年度申报的，从申报并缴纳税款的截止日期的下一个工作日起开始评估。

3. 评估后，认为可能无需申报的，可以从税款缴纳截止日期的下一个工作日开始评估。

（三）税务争议解决机制

蒙古国解决税收争议有行政申诉、诉讼两种途径。初始的申诉会在税务机关做出决定之后的 30 日内提交到税收纠纷裁决委员会。如果纳税人不同意税收纠纷裁决委员会的处理结果，纳税人可在 30 日内通过行政诉讼系统对该处理结果提起诉讼（蒙古国没有单独的税务法庭）。在 60 日内，行政诉讼法庭会选定听证日的日期，纳税人的申诉会在听证日由法庭审理。除此之外，纳税人还可以在 14 日内对上诉法庭提起诉讼。若纳税人再次败诉，还可在 14 日内向最高法院提起诉讼。

三、主要税种介绍

（一）企业所得税

1. 征税原则

居民企业是指按蒙古国法律创办的企业及实际管理机构在蒙古国的外国企业。蒙古国在企业所得税中亦实施了税基式、税率式、税额式优惠。居民企业就其来源于蒙古国境内、境外的所得作为征税对象。非居民企业应就一个税务年度内在蒙古国境内从事经营活动或有来源于蒙古国境内的收入纳税。扣缴义务人是指有义务按税法规定对纳税人的收入课征所得税并上缴国家和地方预算的人。

对纳税人在税务年度内的应税所得，课征企业所得税。现行蒙古国企业所得税实行分类征收制度。应税所得分为营业收入、财产利得及财产转让所得。

2. 税率

累进税率的使用也成为蒙古国企业所得税的最重要特征。蒙古国居民企业所得税采用超额累进税率和比例税率形式，即年收入额在 0~30 亿图格里克范围内的，按 10% 课征所得税，年收入在 30 亿图格里克以上的，其超出部分按 25% 课征所得税。蒙古国非居民企业在蒙古国境内从事经营活动或有来源于蒙古国境内的收入按 20% 的税率征收。

但表 11-2-1 中居民企业所列收入以总额作为应纳税所得额适用特殊税率：

表11-2-1　企业所得税税率表

档次	课税收入	税率
1	股息收入	10%
2	特许权使用收入	10%
3	利息收入	10%
4	金钱游戏、赌博、彩票抽奖收入	40%
5	销售不动产	2%
6	权利转让收入（比如采矿权等由政府组织授予的特殊活动权利）	30%

数据来源：普华永道全球税线上指南，http://www.taxsummaries.pwc.com/。

3. 税收优惠

蒙古国《企业所得税法》中依照惠农顾残、促进技术引进、推动科研创新、鼓励环保节能的原则设定了一些优惠政策。其中，比较特殊的有以下几项：

（1）对从业人数超过 25 人的企业，若其 2/3 及以上的员工有视力残疾，该企业所得免税；

（2）销售政府公开目录内支持中小企业生产线建设的国产设备及其备件取得的所得免税；

（3）销售节约资源、降低环境污染技术和设备取得的所得免税；

（4）由蒙古国创新法确认的新设创新企业自在蒙古国登记局登记注册之日起，三年内销售和提供创新性产品、劳务和服务取得的所得免税；

（5）企业销售谷物、土豆、蔬菜、鲜奶、水果、浆果及饲料植物取得的所得，可减按50%计算应纳税额。

在石油领域与蒙古政府签订有关产品分成合同开展业务活动的非居民企业销售属于自己分成产品的收入免征所得税，将已免征的销售产品收入汇往国外时，按规定的税率免征所得税。

4.应纳税所得额

（1）收入范围。对纳税人在税务年度内的应税收入，征收企业所得税。现行蒙古国企业所得税实行分类征收制度。应税所得分为营业收入、财产利得收入及财产转让收入。

（2）不征税收入和免税收入。蒙古国目前未规定相关不征税收入内容。免税收入主要包括：①政府，省、首都行政长官以及蒙古国发展银行债券/证券/利息；②合作社在推销社员产品过程中获得的中介费收入；③拥有25名以上员工的企业有2/3或以上为盲人员工的企业所得收入；④在蒙古国创办新的重点鼓励项目生产、服务或扩大、改进其生产、服务为目的建立的发展基金投资的红利；⑤蒙古国境内用于中小企业生产所需设备、配件的加工销售所获收入；⑥贷款担保机构从事法律规定的基本业务所获收入；⑦销售有关节约利用自然资源、减少环境污染与废弃物、对环境无副作用设备收入；⑧科技创新法所指创新企业经国家注册登记后三年内，销售国内新生产的科技创新产品、工程、服务所获收入；⑨储蓄保险基金费收入；⑩投资基金收入；⑪将存折变为基本证券的收入。

（3）应纳税额计算方法。现行蒙古国企业所得税的计算分为全额计征和费用扣除两种方法。①全额计征：按照收入全额依照对应征收率计算应纳所得税额，不再费用扣除。适用于分成收入、权益提成收入、不动产销售收入、利息收入、权益转让收入和销售或有偿利用色情刊物、书籍、图片或从事色情表演所获收入。②费用扣除：将收入总额扣除法定税前扣除的费用、折旧及损耗、贷款利息等项目后，以其余额为应纳税所得额。

（4）折旧年限。

对固定资产按下列使用年限以直接法建立折旧、损耗基金，见表11-2-2：

表11-2-2　固定资产折旧年限表

资产类别	折旧期限（年）
建筑设施	40
车辆、机械、机器、设备	10
电脑及其附件、软件	3
其他固定资产	10
工业技术园区管理、单位生产、技术园区内的建筑	20
工业技术园区管理、单位生产、技术园区内的生产机器机械和设备	3

（5）不得扣除费用。免税收入所支费用；纳税人未能以凭证证明的费用；按法律规定应予代征而未代征税款所付费用、融资租赁费和因纳税人的过错行为而承担的处罚、亏损及赔偿给他人损失的费用。开办费、坏账、或有负债、慈善捐赠、赃物回扣、非法付款也不允许扣除。

（6）非居民企业通过代表机构从事经营活动的，确定其课税收入时下列费用不在核减范围：蒙古国境外发生的费用；与该收入无关的管理及行政费用。

（7）亏损弥补：亏损可向后结转两年，不得向前结转，但是，对于制造业和煤炭行业而言，企业亏损可以在亏损发生后的第二年后从企业应纳税所得额四到八年内弥补。企业亏损扣除额不允许超过当年企业应税收入的50%，但是对于制造业和煤炭行业而言，企业亏损扣除额的抵扣可以达到当年企业应税收入的100%。根据税务机关颁布的2009年《企业税务损失结转指南》，纳税人在结转损失之前，该损失必须经过税务机关的核实和批准。

（8）最终持有人。《蒙古国税务总法》在最新修订中引入了法人实体"最终持有人"概念。"最终持有人"是指通过股份、表决权等形式直接或间接控制一家法人实体的管理经营权、资产等情形的个人或企业。

拥有采矿权或土地使用（占有）权的法人实体其"最终持有人"发生变化，将被视同销售采矿权或土地使用权并按30%的税率缴纳企业所得税。需要注意的是，纳税义务人为上述法人实体而非"最终持有人"。

财政部 2017 年 12 月 25 日颁布了 379 号和 380 号法令，分别对土地使用权转让和采矿权转让的应纳税所得计算方法进行了详细规定。

5. 反避税规则

（1）关联交易。①关联关系判定标准。根据蒙古国税法，对于符合以下三项要求中任意一项的企业将会被列为关联方企业：一个经济实体实际拥有另一个经济实体超过 20% 的股票份额；一个经济实体有权拥有另一个经济实体 20% 以上的股权；一个经济实体对另一个经济实体管理权或者控制权产生的影响份额超过 20%。2017 年 4 月 28 日，蒙古国通过了新转让定价法案，"关联方之间的工程、服务和货物的交易"应当准备国别报告，初步用于分析转让定价的风险，并通过间接方法确认应纳税额。本规章中的"关联方"是指"直接或间接参与蒙古境内企业管理以及对蒙古国企业拥有财产控制权的国外企业。"

②关联交易基本类型。目前，仅见于有形资产购销、资金融通、销售劳务等情况。

③同期资料。蒙古国税法规定，同期资料应当包括以下几项：

组织架构：纳税人的全球组织架构、股权结构（集团架构图表和关系重大变化），包括所有直接或间接影响文档所述交易价格的关联关系方、企业组织架构图表。

集团财务报表：转让定价文档中应当包括集团财务报表，企业集团最近一个会计年度的合并财务报表。

行业性质与市场条件：纳税人的商业大纲，包括相关近期背景、所涉行业、影响行业和贸易的宏观经济和法律问题分析、受控交易中纳税人的商业流水线和财产／服务；企业的商业计划，该计划对关联方之间的关联交易的性质和目的的剖析；结构描述，相关竞争环境的强度和动态。

受控交易：国内外交易相关的财产和服务细节的描述，另外上述交易涉及的所有无形资产和有形财产。交易各方、范围、时间、频率、受控交易的类型和价值（包括相关市场中所有相关交易方交易）；关联方的名称和地址，每一个关联方之间的关系的详细说明；与每一个关联方之间所涉及的国际交易的性质、项目（包含价格）和条件，每一项交易的数量和价值；商业概况总述，以及与纳税人交易的所有关联交易方的功能分析；涉及与关联方和第三方之间的交易相关条款和条件的所有商业协议；由一方为商业所准备的以整体或单个模块或单个产品的所有预告、预算或其他财务评估。

定价政策：涉及商业策略和存有争议的特殊环境相关的任何信息，比如，策划的抵消交易、市场份额策略、销售渠道的选择、影响交易价格的经营策略等；影响纳税人和整体集团的价格设定、确定价格政策部分的假设和信息；影响独立交易中价格和利润的重要部分。

可比性、功能风险分析：被转移资产和服务的特征描述、执行的功能、使用的资产、合同的条款和条件、商业策略、经济环境和其他特殊情况；受控交易中关联方的被执行的功能信息，以及对集团企业（影响或被影响纳税人所执行的受控交易）的描述。

直接或间接参与蒙古境内企业的管理、对蒙古国企业有财产控制权的外国企业应为准备主体。但具体准备的资金门槛尚未明确规定。

2017年上半年开始，关联方信息应当每年提供两次，以防止外商投资企业和国内集团企业在货物、工程和服务上有关联交易。因此，纳税人应当定期报送相关报表。

（2）转让定价。企业与关联方之间的交易价格如不符合独立交易原则，税务机关将按照市场价格进行调整。财政部对于关联方交易定价方法以及需要准备的资料发布了指导意见，具体如下：①可比非受控价格法；②再销售价格法；③成本加成法；④利润分割法；⑤交易净利润法。

前3种方法被普遍认为是"传统的交易方法"。在调查中，可以选择任何一种方法，但必须强调独立交易原则。只有在无法可靠地运用或者完全不能运用传统交易方法时，才采用方法4和方法5，即被普遍称作"交易利润方法"。调查工作很大程度上取决于可比数据的可用性。

（3）资本弱化。企业向关联方支付的利息在债资比3∶1以内允许扣除，超过部分不得抵扣。目前，蒙古尚未有资本弱化的判定标准和税务调整的相关规定。

6. 征管与合规性要求

蒙古国《企业所得税法》规定，税务机关将税务年度内的月、季税务指标分摊至纳税人。纳税人于每月25日前向主管税务机关预交当月税款指标，于下一年 2 月 10 日前向主管税务机关报送年度税务报表并进行年终结算。即纳税人需要每月按照税务机关下达的《企业所得税月度和季度缴纳预定计划》（规定了纳税人本月需要缴纳的税款金额）预交税款，年终结算实行多退少补。

（二）增值税

1. 征税原则

蒙古国增值税以销售货物及提供劳务为征税范围，按销售及提供劳务收入额度划分法定认定及自愿登记的纳税人。按照扣除法计算增值税，当进项税额大于销项税额时可以选择留抵、退税或抵顶其他税款。增值税按月申报，优惠范围主要集中在助残惠农、环保民生等领域。

在蒙古国境内经营进、出口商品业务以及生产销售和提供服务、完成劳务的公民、法人为增值税纳税人，也适用于在蒙古国境内销售商品和完成劳务、服务收入达到 1000 万或以上图格里克的外国法人代表机构。增值税纳税人分为法定认定和自愿登记两种。其中，在蒙古国境内销售商品和完成劳务、服务收入达到 1000 万或以上图格里克的外国法人代表机构或应税营业额超过 1000 万图格里克的纳税人，法律规定须注册登记。应税营业额达到 800 万图格里克以上 1000 万图格里克以下或者在蒙古投资超过 200 万美元的纳税人也可自愿登记注册为增值税纳税人。无论法定登记还是自愿登记，其纳税方式一样。

2. 计税方式

采取一般计税，对下列商品、劳务及服务课征增值税：

（1）在蒙古国境内销售的所有商品。

（2）为销售、使用或利用从蒙古国出口的所有商品。

（3）为销售、使用或利用从国外进口到蒙古国的所有商品。

（4）蒙古国境内完成的劳务、提供的服务（包括未入驻蒙古国的外国法人以及在蒙古国没有居住权的外国人，在蒙古国境内完成劳务、提供服务价值达到 1000 万或以上图格里克时）。

3. 税率

蒙古增值税税率分为 10% 和 0% 两档。其中，以下情况适用于 0% 的增值税税率：

（1）销售从蒙古国境内出口并报关的商品。

（2）进出口或过境的国际客、货运输服务。

（3）境外提供的服务（包括免税服务）。

（4）境外向外国公民、法人提供的服务（包括免税服务）。

（5）向国际航运和国内外航班提供的导航、技术、燃料、清洁服务及在飞行阶段向机组人员和旅客提供的餐饮服务。

（6）应政府和蒙古银行定购在国内制作的政府勋章和纸币、钱；

（7）出口的矿产品成品。

4. 免征增值税的产品及服务

蒙古《增值税法》的第 13 条（1）和（5）列举了免征增值税的产品和服务，具体情况如下。

免征增值税的产品有：

（1）海关允许定量免税通过的旅客自身携带个人物品。

（2）常驻蒙古国的外交机关、使领馆、联合国组织及其分支机构所需进口货物。

（3）蒙古国派驻外国的外交机关、使领馆因工作需要或工作人员的个人需要购买的商品、完成的劳务、提供的服务在所在国予以免税的，则该国派驻蒙古国的外交机关、使领馆因工作需要或工作人员的个人需要在蒙古国购买的商品、完成的劳务、提供的服务（不包括每次购买低于 1 万图格里克商品、劳务和服务）。

（4）由外国政府、民间组织、国际组织和慈善机构无偿获得的人道主义援助商品。

（5）用于残疾人的专用器具、机械、交通工具。

（6）武装力量、警察、国防、判决执行机关、反贪机关所需进口武器、专用机械设备（不包括购买非专用汽车）。

（7）民航飞行器及其配件。

（8）用于住宅的房屋及其销售收入（不适用于销售而开发兴建新住宅及其部分）。

（9）医疗所需血液、血制品、器官。

（10）气体燃料及其容器、设备、专用器具、机械、机器、材料、配件。

（11）在国外定做的蒙古国货币。

（12）销售的黄金。

（13）销售的报纸。

（14）科学研究试验产品。

（15）除出口的矿产品成品外的其他矿产品。

（16）银行、非银行金融机构和其他法人为银行、专门公司、住宅投资公司提供有资产担保证券的发行而转移的贷款及融资租赁合同所产生或主张的其他权利。

（17）农民在国内种植销售的农产品、土豆、蔬菜、水果和加工的面粉。

（18）蒙古国境内加工储备并在国内销售的瘦肉和剔骨肉、未加工的动物内脏等附属品。

（19）以国内原料在蒙古国境内加工并销售的奶食品及奶制品。

（20）蒙古国境内生产及销售的中小企业生产所需设备及配件。

（21）按科技创新项目在国内外市场上生产新产品所需国内不生产的原料、材料、反应物。

免征增值税的服务有：

（1）外汇兑换服务。

（2）收款、转账、担保、追偿、票据及存折有关银行服务。

（3）保险、再保险、资产登记服务。

（4）发行、转让、接收证券、股票及对其提供担保服务。

（5）预付、借贷服务。

（6）支付社会医疗保险基金存款利息和转账服务。

（7）支付银行及融资租赁利息、分红、贷款担保费、保险合同服务费。

（8）整体或部分租赁住宅房屋服务。

（9）具有资质的公民和法人从事许可范围内的教学、技术培训服务。

（10）健康服务（不包括药品、制剂、医疗器械、机器、设备的生产、销售）。

（11）宗教机构的服务。

（12）政府服务包括中央政府及其直属部门和预算内机构的服务。

（13）从事旅游业法人与外国旅游公司签订合同接受旅客、宣传、规划、办理相关手续等向外国旅客提供旅行社的服务（不包括向旅客提供的景点、餐馆、运输和导游及宾馆服务）。

（14）对年收入在 1000 万图格里克或以下的，从事生产、劳务、服务企业免征增值税（除从事进口业务外）。

对于工程承包活动，并没有适用的免税条款。但是，根据第 13 条（1）（3），用外国政府特许的资金购买的服务可以免除增值税。

5. 应纳税额

蒙古国增值税采取进项税额抵扣法，即为销售商品及提供劳务所支付的增值税可以冲抵增值税销项税额，但必须通过书面证据加以证实。不可抵扣的进项税额包括进口或购买汽车及其零配件、为个人或雇员使用购置的商品或服务、为特殊的生产用途进口或购买的商品及劳务中支付的增值税等。另外，蒙古国《增值税法》中未明确规定视同销售行为。

6. 进项税额抵扣

准予抵扣的情形：

（1）为生产、服务所需购置商品、完成劳务、提供服务所支付的增值税。

（2）为销售或生产、服务直接进口的商品、劳务、服务所支付的增值税。

（3）登记为增值税纳税人时已购买含增值税的商品、劳务、服务的，从该商品、劳务、服务中抵扣所含增值税。

（4）从事农牧业生产的公民、法人以自备或种植、生产未加工肉、蛋、兽皮、土豆、蔬菜、水果及国内加工的面粉由生产厂家自销的，视为其价格已含 10% 的增值税从购买方应交增值税中等额予以抵扣（进口或购销以上原材料的，不予抵扣应缴增值税）。

不予抵扣的情形：

（1）轿车及其配件、零部件（不适用于章程、合同中直接反映购销轿车及其配件、零部件业务并从事该业务的增值税纳税法人）。

（2）自己或职员所需购买商品、服务。

（3）进口或购进免征增值税的商品、接受的劳务所含进项税额。

（4）购货人追偿单、发票和财务记账等其他凭证中不反映供货方缴纳增值税的，不予抵扣。

7. 征收方式

增值税按进销项相抵后的余额缴纳。进项税额超过销项增值税的部分通常可以留抵、退税或冲抵其他税项。在实践中，虽然制定了在一定条件下的退税规定，但一般难以实现。

8. 征管与合规性要求

蒙古国对增值税实行按月征收，要求纳税人在次月 10 日之前缴纳本期增值税。申报需在每月 15 日之前提交，申报记录应至少保存六年。达到法定登记标准、但未登记的纳税人如产生增值税应税行为，税务部门要求其补缴税款并处以应缴税款 50% 以下的罚款并计征欠税利息。自愿登记的纳税人不适用该条款。

9. 非居民纳税人增值税

《增值税法》中第 16（1）（2）条规定从非居民纳税人采购的以及未向海关申报的商品和服务的购买价格中必须代扣代缴增值税。如果非居民纳税人向蒙古国居民纳税人提供服务，那么蒙古国居民纳税人必须收取或代扣代缴给非居民纳税人报酬中的增值税。在以下几种情况中蒙古居民纳税人不可以抵扣上述扣缴的增值税：①非居民纳税人未通过其常设机构在蒙古登记成为纳税人。②所提供的劳务未向海关申报。

蒙古国税务局的观点是这不是居民纳税人应缴纳的增值税而是非居民纳税人应缴纳的。这一说法和增值税的实际缴纳人是商品以及服务的购买者而非销售者的事实相悖。

另外，向海关申报进口服务是一项新的规定而且关于这项规定的具体实施办法还不清楚，蒙古国的《海关法》中从未提及如何进行"提供服务"的申报。

如果非居民企业在蒙古形成了常设机构，那么蒙古服务接收方无需代扣代缴增值税，由常设机构直接向服务接收方收取增值税并缴纳相关税款。如果常设机构取得了纳税人识别号并且按照规定注册，那么常设机构可以按一般计税方式计算、缴纳增值税，正常抵扣进项税和计算销项税。

（三）个人所得税

1. 征收原则

居民个人（在蒙古国有居住权；税务年度内在蒙古国生活 183 天或以上；派遣国外工作的蒙古国公务员）就全球收入纳税。

非居民个人（在蒙古国没有居住权，且税务年度内在蒙古国居住未达到 183 天或以上的个人）只就其源于蒙古的所得纳税。

2. 申报主体

蒙古国个人所得税实行源泉扣缴和纳税人自行申报纳税两种征税方式。纳税人自行申报时必须到当地税务机关登记注册，并领取注册登记号。税务机关发给纳税人与注册登记号相符的执照；代扣人每次向公民发放所得收入时，在发放凭证上注明纳税人的税务注册登记号，个人所得税纳税人（扣缴义务人）按季申报收入，缴纳税款。

3. 应纳税所得额

根据蒙古税法，个人下列收入征收个人所得税：资产利得收入；营业收入（指未成立法人而依靠自己的专业知识独立从事服务、生产、买卖的所得收入）；工资薪金及各种补贴；资产销售收入；其他收入等。其中，以下两类收入扣除社会医疗保险费用以及减除费用后的余额为课税收入：与雇主签订劳动合同领取的基本工资、附加工资、津贴、奖金、休假补助、养老、抚恤及类似其他收入；除固定工作外与其他法人和个人签订合同完成工作、任务获得的劳动报酬、奖金、津贴、抚恤及类似收入。

4. 扣除与减免

（1）年度内对纳税人的工资、劳动报酬、奖金及类似收入的扣除额为 84000 图格里克。

（2）住蒙古国的个人生产或种植下列产品的，从该产品获得收入中减免 50% 所得税：粮食、土豆、蔬菜、水果、野果、饲草料。

（3）纳税人的子女在国内外大专院校学习所交学费，按所交学费的有效凭据抵顶应税收入。

（4）国外所缴个人所得税可按相关法律抵免境内个人所得税。

5. 税率

蒙古国个人所得税税率包括比例税率和定额税率（因仅涉及牧民，不再详述）两种形式。个人所得税税率如表11-2-3：

表11-2-3 个人所得税税率表

收入类型	居民个人适用税率	非居民个人适用税率
工资、薪金所得	10%	20%
财产所得（股息、利息、特许权使用费、出售股权等证券获得的利得）	10%	20%
销售不动产所得（总额）	2%	20%
科学技术、文学作品、艺术作品创造，发明创造、使用新型设计，组织体育竞赛、文艺演出等所得	5%	20%
有偿游戏、赌博、彩票抽奖收入（总额）	40%	20%

数据来源：普华永道全球税线上指南，http://www.taxsummaries.pwc.com/。

6. 征管与合规性要求

（1）个人所得税实行源泉扣缴和自行申报两种方式。

（2）个人所得税按季申报缴纳，申报截止日期为每季度20日之前，缴纳截止日为每季度15日之前，于次年2月25日之前进行年度申报。

未按税法规定的期限报税的，对纳税个人处以最低工资标准或两到三倍的罚款，对公务人员处以最低工资标准三到四倍的罚款。

（四）关税

1. 关税体系和构成

通关货物的关税税率由蒙古国家大呼拉尔审批。蒙古国关税纳税义务人是指向蒙古国海关提出货物通关的申报人。关税税率分为普通税率、最惠国税率和优惠税率三种。原产于给予蒙古国最惠国待遇的国家的货物，适用于最惠国税率；原产于给予蒙古国优惠税率的国家的货物，适用于优惠税率；原产于给予蒙古国最惠国待遇或给予蒙古国优惠税率以外的其他国家的货物，适用于普通税率，普通税率比最惠国税率高出一倍。

2. 税率

关税税率分为三种，具体见上文"1.关税体系和构成"。其中，普通关税税率为5%。

3. 关税免税

蒙古国对下列货物免征关税：

（1）投资国家重要领域以及投资用于生产出口产品所需的设备和重型机械。

（2）供残疾人使用的专用器材以及生产这些专用器材所需的设备和原料。

（3）人道主义援助和无偿援助物资。

（4）根据与政府本着石油产品共享的原则签署的协议，用于石油相关作业的机械技术设备、原材料、零部件、汽油柴油以及员工所需的食品与个人用品。

（5）根据与政府本着石油产品共享的原则签署的协议，用于石油相关作业并以复运出境为条件进口到关税区的机械技术设备的复运出境。

（6）合同方份额内石油的出口。

（7）享有外交特权和豁免权的机构和代表处的公用物品以及享有外交特权人士及其家属的安置物品。

（8）旅客个人行李物品。

（9）奉命在蒙古国驻外外交代表处和领事馆以及政府间国际机构工作满一年以上卸任回国公民的私人用轿车（仅限一辆）。

（10）医用血液、血液制品、器官以及与其相应保质储存运输所需的诊断器材、试剂、器械及外包装。

4. 应纳税额

依照关税税率向通关货物征收关税，并根据完税价格核定关税。

依次使用下列方法来确定进口货物的完税价格，进口货物完税价格的确定办法，由蒙古国政府审批：

（1）成交价格的方法，该方法是确定进口货物完税价格的基本方法。

（2）相同货物成交价格的方法。

（3）类似货物成交价格的方法。

（4）区分价格的方法。

（5）合计价格的方法。

（6）联系使用的方法。该方法是确定进口货物完税价格的最终方法。

5. 设备出售、报废及再出口的规定

临时进口后再出口的设备，临时进口时需缴纳关税，再出口时可申请退回当初缴纳的关税。

6. 其他

蒙古国政府规定，除关税外还可以征收下列增补关税：特别关税、反倾销税、补征关税。在增补关税征收前，由关税税率委员会依照蒙古国及国际法律、法规对当前情况进行审查和论证。

（五）消费税

蒙古国消费税对特定行为征税，征收上以从量计征为主。

1. 纳税义务人

进口或国内生产销售消费税税目的商品，从事付费猜谜、赌博游戏业务的个人及法人均为消费税纳税人。

2. 征收范围

各类含酒精饮料、烟草、汽（柴）油、轿车以及从事专门用于付费猜谜、赌博游戏行为。

3. 税率

消费税税率如表11-2-4：

表11-2-4　消费税税率表

序号	课征消费税的商品名称		单位	消费税税率（美元）	
				国内商品	进口商品
1	食用酒精	酿酒或药用销售	1升	1	—
		其他用途销售	1升	10	—
2	各种酒	≤25°	1升	5	2
		25°~40°	1升	4	10
		≥40°	1升	9	12
3	生产方法提炼的奶酒		1升	0.2	—
4	各类色酒	<35°	1升	0.5	1.5
		≥35°	1升	4.5	6
5	各类啤酒		1升	0.2	0.2
6	卷烟和类似烟草		100只	2.4	2.4
7	烟丝和类似散烟		1公斤	1.8	1.8

续表

序号	课征消费税的商品名称		单位	消费税税率（美元）	
				国内商品	进口商品
8	汽油	90 号以内	1 吨	0~11	—
		90 号及以上	1 吨	0~12	—
9	柴油		1 吨	0~15	—

数据来源:《中国居民赴蒙古国投资税收指南》。

4. 税收优惠

对下列商品免征消费税：在蒙古国境内生产并出口的应征收消费税的商品；在家庭条件下用普通方法酿制的满足自己生活所需奶酒；鼻烟；海关限量准入的旅客自用免税白酒、香烟；混合燃料汽车。

（六）企业须缴纳的其他税种

1. 矿产资源开采费

《蒙古国矿产法》规定，销售煤或者其他矿产资源开采时需缴纳矿产资源开采费。即以相当于从矿床开采发运或直接销售金额为计费基础，按 2.5%~5.0% 计算缴纳矿产资源开采费。

2. 土地使用费

蒙古国法律规定，对矿产资源开发占用的土地收取土地使用费（未见对其他类型的土地使用规定征税）。具体收费标准，按照用于矿产资源开发前该土地所属区、市、镇、其他居民点土地价格标准的两倍收取。如占用了 100 公顷草场用地，其价格为 55 图格里克，年收费金额为 $100 \times 55 \times 2 = 11000$ 图格里克。土地使用费交区县级地方财政。

3. 外籍劳务岗位费

《蒙古国输出劳动力与引进外国劳动力、专家法》规定，企业单位雇佣外国劳务必须按月缴纳岗位费。每月岗位费标准是蒙古国政府规定的最低工资的两倍。从事矿业开发的企业雇佣的外国公民不得高于总员工数量的 10%，如果超过这个比例，则每个工作岗位每月缴纳相当于最低劳动工资十倍的费用。外国投资公司的个人股东和 CEO、外交机构、领事代表处和国际机构代表处雇佣的外国员工，教育科技领域的外国专家、技术人员，以及根据政府间相关协定工作的专家和工作人员不缴纳岗位费。

4. 不动产税

不动产税的征收是针对土地或者其他不可移动的资产，根据不动产的位置、大小以及它的供求关系，设定 0.6%~1% 的税率。不动产的价值评估必须由不动产所在地的权威机构进行评估，如果该地没有权威的机构，则该不动产价值由其被保险金额确定。如果两者都没有，不动产的价值则由会计入账成本金额确定。不动产税按照该不动产的价值每年征收。对于供公众使用的不动产、供农业使用的不动产，以及在免税区修建的供居住或使用的不动产免征不动产税。

5. 印花税

根据《蒙古国国家印花税法》，印花税的征收对象是：法院作出的关于法律地位问题的监控和决定；商业实体和组织的注册；外商投资的商业实体的注册许可和个人被外国组织代表处聘用的许可；开展服务的许可和进行某种需要特殊批准或专门技术的生产的许可；版权、专利或商标认证的授予；版权的注册；开展证券方面活动的许可的签发和证券登记，还有证券发行、登记的批准；其他服务。

印花税税额根据服务类型而不同。

（七）社会保险税

蒙古国公民和根据劳务合同被雇佣的外国公民，都必须参加社会保险。雇主和职工按如下比率缴纳社会保险税，见表 11-2-5：

表11-2-5　社会保险税税率表

保险种类	雇主应交税	职工应交税
养老保险	7%	7%
互助保险	0.5%	0.5%
医疗保险	2%	2%
工伤事故和职业病保险	1%~3%	——
失业保险	0.5%	0.5%

数据来源：《中国居民赴蒙古国投资税收指南》。

职工应缴纳的社会保险税应为工资收入的 10%，但每月不得超过 14 万图格里克，约合 85 美元。雇主应缴纳的社会保险税没有额度限制，依其产业特性在 10%~13% 范围内波动。雇主在与职工签订就业协议时，就必须为职工购买社会保险，并要按月支付保险费。

对逃避追缴欠税的处罚：对未按时缴纳的税款，自拖欠之日起每日处以欠税额 0.1% 的罚款；对隐瞒纳税收入和课税项目不构成刑事责任的补交税款和拖欠税款应计算损失，但损失额不得超出所欠税款的 50%。

第三节　外汇政策

一、基本情况

外汇管理机构：蒙古国银行和国家金融监管委员会是蒙古国的外汇管理部门。根据蒙古国《外汇法》，国家大呼拉尔负责管理外汇和批准年度综合计划部分的国家外汇预算。财政部根据此国家外汇预算和推算出的外汇收入制定出各部门的外汇分配计划，国家银行——蒙古国银行是蒙古国外汇管理的主要协调机构，确保分配的顺利完成。各商业银行在蒙古国银行的授权下可从事外汇交易。

根据蒙古国《外汇法》，在蒙古国注册的外国企业可以在蒙古国的银行开设外汇账户，用于进出口结算。一年中，在外汇用完时，可动用临时性可使用外汇资源进行追加分配。

外商在蒙古国取得外汇的基本途径有：第一，携带入蒙（超过一定数额须海关申报）；第二，接到外国汇来的外汇。这两项通常无数量限制；第三，外国投资企业的出口外汇收入，但这部分外汇收入须是上交国家后企业留成部分中的。

1991 年，蒙古国实行私有化改革后经济出现衰退，近几年政治经济局势逐渐稳定，随着大量外资的进入，金融环境得到一定改善，但由于本身基础薄弱，仍有其脆弱的一面，特别是 2013 年蒙古国矿产品出口的大幅减少造成其外汇储备减少，本国货币贬值幅度较大。

蒙古国货币为图格里克，在蒙古国的任何金融机构、兑换点，与美元、欧元、人民币可随时互相兑换。在外汇管理方面，蒙古国实行自由外汇管理体制。

2014—2018 年图格里克兑美元平均汇率分别是：1817.4∶1、1970.7∶1、2345.6∶1、2434.43∶1、2463.36∶1。2018 年 12 月 31 日，蒙古国央行公布的图格里克兑美元汇率为 2624.09∶1。

二、居民及非居民企业经常项目外汇管理规定

（一）货物贸易外汇管理

蒙古国实行外汇上缴与外汇留成制度。企业和合作社根据国家出口指标所获得的没有超过指标的外汇收入，一般要全部上缴国家；超过指标的外汇收入可全部保留。没有出口指标的企业和合作社，可分别保留其出口收入的 50% 和 90%。旅游机构的外汇收入必须上缴 40%，国际航空公司上缴 90%。上缴的确切比例由财政部依据以上比例逐项做出具体规定。个体出口商可保留全部外汇收入。留成外汇可存入外汇账户，符合有关规定的使用不受限制，也可通过协商出售。

（二）服务贸易、收益和经常转移

外汇预算也适用于与可兑换货币区域的非贸易收支。目前不允许将外汇用在与商品贸易无关的非贸易支付方面。按照 1993 年 5 月的《外国投资法》，在蒙古国从事经营活动的外国投资者，在完成缴税后，可以将个人所得、股份红利、出售财产和有价证券所得汇往国外。

三、居民企业和非居民企业资本项目外汇管理

（一）资本和货币市场工具

公司控股股东须在 5 个工作日内通过公司网站向国家金融监管委员会、证券交易所和公众披露其持股比例增加或减少超过 5% 的情况。在境外交易所上市的法人经国家金融监管委员会批准，可在蒙古国证券交易所上市交易；发行人须在其发行的招股说明书中注明蒙古国与该证券初始发行国之间的监管差异；发行人还须对投资者的潜在风险作出规定，并对投资者行使其权利的途径作出安排。外国证券发行的标准和被接受的外国交易所名

单由国家金融监管委员会决定。除非法律另有规定，禁止非居民在一级市场上无偿提供所有权和以信用方式出售证券。禁止境外注册的投资基金在蒙古国公开发行或出售其股份和权益。境外注册的投资基金经国家金融监管委员会批准可通过封闭式要约出售其股份和权益。在蒙古国证券交易所上市的公司也可在外国证券交易所上市并交易一定比例的证券和存托凭证。若在国外发行证券，公司须向国家金融监管委员会登记。

（二）债券业务

居民可以在境外购买、出售或发行债券。非居民在蒙古国境内购买债券，须通过经纪人和交易商向存托所登记。禁止非居民在蒙古国境内发行债券或其他债务证券，禁止融券。

（三）信贷业务

居民向非居民申请商业和金融信贷须在签订信贷协议后的 15 个工作日内向蒙古国银行登记，居民须向蒙古国银行提交贷款登记表。

（四）房地产投资

居民境外购买房产以及非居民在蒙古国境内购买房产均须列入国家房地产登记。

在蒙古国从事经营活动的外国投资者，在缴纳相应税赋后，有权将个人所得、股份红利、出售财产和有价证券所得直接汇往国外。主要包括：个人应得的股权收入和股份利润；变卖资产和有价证券、转让财产权、退出企业或企业撤销时个人应得的收入。

四、个人外汇管理规定

对携带现钞出入境基本没有限制，大量外汇进出蒙古国需要到海关部门申报，若携带折合 1500 万图格里克以上的外币现钞出入境，须根据蒙古国《反洗钱和打击资助恐怖主义法》要求进行申报。外国游人为旅游和商业目的，可按官价限量购买外汇。用于国外医疗的外汇必须逐项审核。外商获得的出口收入和从国外汇来的外汇可以在指定银行开立外汇账户，存取和使用不受限制。

居民个人向非居民申请商业和金融信用，须在签订信贷协议后的 15 个工作日内向蒙古国银行登记，居民个人须向蒙古国银行提交一份贷款登记表格。

第四节　会计政策

一、会计管理体制

（一）财税监管机构情况

依照蒙古财政部制定的《会计法》，公司应编制会计政策文件并根据此文件进行会计记账工作。海关与税务总局为财政部下设机构，分为地区税务局，都市税务局和税务总局。海关与税务总局根据企业规模大小将企业分为大型企业（总资产超过 5 亿图格里克或者收入超过 15 亿图格里克）和中小企业，对企业进行监管，各企业需要按照统一格式上报会计和税务资料。税务局计划审查一般为五年审查一次。

（二）事务所审计

以下实体和组织应在其财务报表中进行审计：①符合《会计法》4.1.1 要求（以国际财务报告准则为标准）的企业实体和组织；②提供合并财务报表的实体和组织；③通过拍卖重组或清算或出售其所有资产的商业实体或组织；④有外国投资的商业实体和组织；⑤《民法》第 36.2 条规定的资金（由一个或多个创始人建立的非会员法律实体的基金会，旨在为社会建立有利可图的统一目的）；⑥需要在国际法和蒙古的财务报表中进行审计的其他实体和组织。

（三）对外报送内容及要求

会计报告中主要包含以下内容：①企业基本信息，行业分类、经营范围、股东情况、公司地址、银行账户信息、税务登记号等；②企业经营情况表，资产负债表、利润表；③披露信息，费用类、资产类、历年营业额（五年内）、权益变动；④关联交易中，采购定价相关的证明材料及交易申明。

上报时间要求：会计报告须按公历年度编制，于次年的 2 月 20 日前完成。

273

二、财务会计准则基本情况

(一)适用的当地准则名称与财务报告编制基础

《蒙古国会计统计法》规定,在蒙古国境内从事经营活动的企业、机构要进行会计统计,编制财务报表。企业、机构需采用复式记账法记账,按照以下顺序编制会计统计报表:收集原始凭证、记录日记账、编制明细账和总账、汇总报表、编制财务报表。

企业、机构要根据国际会计准则编制财务报表。财务报表应包括以下内容:资产负债表、损益表、财产变更表、现金流量表以及其他必要的补充说明。

企业、机构的会计统计要遵循以下原则:企业、机构的财务报表要符合国际会计准则;财务报表要以真实、准确的凭证、实际数据和资料为依据;统计和报表要简明、清晰、易懂;统计和报表的数据、资料应采用已收和应收金额并列的计算方法;准确选择符合自己特点的管理和支出费用核算;符合一贯性会计原则。

(二)会计准则适用范围

所有在蒙古国注册企业均需要按照会计准则进行会计核算并编制报表。一般情况下,蒙古国要求企业、机构等全部经济实体均应适用于国际会计准则或小企业会计准则。但是,实践中由于适用费用和实行难度等原因,许多公司没有采取国际会计准则或小企业会计准则。但是,蒙古国要求上市公司、矿产品开采公司和被蒙古国财政部门列为大企业(2016年2月4号,蒙古国财政部门颁布规章,将总资产达到5000万图格里克或营业收入达到1.5亿图格里克的企业认定为大企业)的公司应全部采用国际会计准则进行会计核算。未执行IFRS的企业执行的是蒙古会计规章制度(Accounting Regulation approved by the Minister of Finance)。

三、会计制度基本规范

(一)会计年度

《蒙古会计统计法》规定公司会计年度与历法年度一致,即公历年度1月1日至12月31日为会计年度。

（二）记账本位币

企业会计系统必须采用所在国的官方语言和法定货币单位，蒙古国采用图格里克作为记账本位币，货币简称 MNT。

（三）记账基础和计量属性

以权责发生制为记账基础，复式记账为记账方法，以历史成本计量属性为基础。

四、主要会计要素核算要求及重点关注的会计核算（蒙古会计规章制度）

（一）现金及现金等价物

现金资产通常包括业务实体或组织的业务运营（业务的销售和服务）的收入和支出。现金等价物是一种短期投资，包含：直接转换为一定数量的现金；特定的短期结算，不存在利率变化的风险。换句话说，投资是 3 个月或更短。其中包括国库券、商业票据和货币市场基金。

（二）应收款项

购买已售货物的发票金额和买方及其他对手方提供的服务应由应收款项核算。一年内应收的应收款项是短期应收款。长期应收款项归类为非流动资产。

（三）存货

存货指企业在日常活动中用于销售或在生产商品过程中的物料。包括各类材料、在产品、半成品、商品等。

存货初始计量以历史成本计量确认，包括买价以及必要合理的支出。可以采用先进先出法和平均法（移动平均或加权平均）。企业应根据存货的性质和使用特点选择适合的方法进行存货的出库核算。确定存货的期末库存可以通过永续盘点和实地盘点两种方式进行。

存货期末计量采用初始成本与可变现净值孰低法，若成本高于可变现净值时，应根据存货的可变现净值与账面价值的差额计提存货跌价准备。

（四）长期股权投资

长期股权投资是用于长期投资的非流动股本证券，如非流动股权投资，债券抵押品，债券等债务工具，可分离债券，股票基金与其他资产的投资，为提高价值而持有的财产，合资企业的股权。

（五）固定资产

使用超过一年且使用期限较长的实物资产，通常随着生产、服务、租赁和行政用途折旧，折旧计入成本和费用。

（六）无形资产

无形资产是指没有物理特征的权利、特权、专有权和竞争优势的资产，并且能够长期持有。无形资产包括专利、特许经营权、版权、许可、商标、软件和组织成本等资产。无形资产的使用期限不得超过 20 年。

（七）职工薪酬

工资由基本工资、附加工资、补助、奖金构成。确认和计量方法与中国会计准则的职工薪酬类似。

（八）收入

收入只在经济收益很可能流入本公司且收入能够可靠计量的情况下确认，而不管何时收到付款。收入根据合同定义的付款条件按已收或应收款项的公允价值计量，收入是不含税的金额。在确认收入之前，还必须符合以下所述的具体确认标准。

1.建造合同

公司负责主要的成本，并履行主要的合约义务。如果该合同的结果能够可靠地计量，则与建造合同相关的收入参照年末合同活动完成阶段（完成方法的百分比）确认。

在以下情况下，建造合同的结果能够可靠估计：①合同总收入能够可靠地计量；②与合同相关的经济利益很可能流入实体；③完成合同的成本和完工阶段能够可靠地计量；④可归因于合约的合约成本能够清楚识别及可靠计量，以便将实际发生的合约成本与先前估计相比较。当建造合同的结果不能可靠地进行估计时（主要是在合同的早期阶段），合同收入仅在预计可收回的已发生成本的范围内予以确认。

在应用完工百分比法时，已确认收入对应于合同总收入（定义见下文）乘以实际完成率，基于迄今为止发生的合同总成本（定义见下文）的比例和完成的估计成本。

合同收入：相当于合同中约定的初始收入金额以及合同工作，索赔和奖励支付的任何变化（只要他们很可能会产生收入并且这些变化能够可靠地计量）。

合同成本：包括与特定合同直接相关的成本和可以分配给合同的间接成本。与特定合同直接相关的成本包括：现场人工成本（包括现场监督）；建造用材料成本；合同使用的设备折旧；设计费用以及与合同直接相关的技术援助。

公司的合同通常是为了构建单一资产或一组资产而进行谈判的，这些资产在设计，技术和功能方面是密切相关或相互依赖的。在某些情况下，完成方法的百分比适用于单个合同的单独可识别部分或一组合同，以反映合同或一组合同的实质。

在以下情况下单独合同所涵盖的资产将分开处理：①已为每项资产提交了单独的提案；②每项资产都经过单独谈判，承包商和客户已经能够接受或拒绝与每项资产有关的合同部分；③可以确定每种资产的成本和收入。

在以下情况下，一组合同被视为单一建造合同：①这组合同是作为一个整体进行谈判的；②合同是如此密切相关，实际上它们是整体利润率的单一项目的一部分；③合同是同时执行或连续执行的。

2. 金融收入

利息收入采用实际利率（EIR）进行计算。EIR 是在金融工具的预计使用年限内或在适当情况下较短的时间段内将金融资产或负债的账面净值的估计未来现金支付或收入精确折扣（折现）的比率。利息收入在损益中记为"其他收入"。

（九）政府补助

政府援助补助金是为了获得和维持长期资产而授予组织的补助金。

（十）借款费用

借款费用是指企业因借款而发生的利息及其相关成本。借款费用包括借款利息、折价或者溢价的摊销、辅助费用以及因外币借款而发生的汇兑差额等。

（十一）外币业务

外币交易时，应在初始确认时采用交易发生日的即期汇率折算为记账本位币金额。

资产负债表日，外币货币性项目采用资产负债表日的即期汇率折算为外币所产生的折算差额直接计入当期损益。以公允价值计量的外币非货币性项目采用公允价值确定日的即期汇率折算为图格里克所产生的折算差额作为公允价值变动直接计入当期损益或其他综合收益。

资产负债表日，以历史成本计量的外币非货币性项目，除涉及计提资产减值外，仍采用交易发生日的即期汇率折算，不改变其记账本位币金额。

（十二）所得税

报表的所得税是根据税务局确认的应付金额或可回收金额计量。用于计算金额的税率和税法是在报告期间制定或实质颁布的税率和税法。

报告期内所得税金额在损益表中提现，报告期以外的所得税应在资产负债表中提现。管理层定期评估纳税申报表中就适用税务法规有待解释的情况所采取的立场，并在适当情况下制定相关规定。

递延税项采用负债法于报告日期就资产及负债的税基与其财务报告用途的账面值之间的暂时差额拨备。

所有应纳税暂时性差异均确认为递延所得税负债，但以下情况除外：①商誉或资产或负债的初始确认产生的递延所得税负债不属于企业合并，并且在交易发生时既不影响会计利润也不影响应纳税所得额；②对于与子公司、联营企业及合营安排中的权益相关的应纳税暂时性差异，暂时性差异转回的时间能够由母公司、投资者或合营者控制时，暂时性差异很可能不会在可预见的未来逆转。

所有可抵扣暂时性差异，未使用税收抵免的结转以及未使用的税务亏损都会确认递延所得税资产。递延所得税资产只在很可能有足够的应纳税所得额用以抵扣可抵扣暂时性差异，以及结转未使用税费减免和未利用税收损失的情况下予以确认，但下列情况除外：①与可抵扣暂时性差异相关的递延所得税资产源于初始确认的交易中的资产或负债不属于业务合并，并且在交易时不影响会计利润或应课税利润或失利；②对于与子公司、联营企业及联营企业投资相关的可抵扣暂时性差异，仅在暂时性差异很可能在可预见的未来发生转回并且应纳税所得额可用时确认递延所得税资产可以利用暂时的差异。

递延所得税资产的账面值于各报告日期进行审阅，并减少至不再可能有足够应课税溢利可用作全部或部分递延税项资产。未确认递延所得税资产于各报告日期重新评估，并在可能有未来应课税溢利可用以收回递延税项资产时确认。

如果有合法可执行权利抵消即期税项资产与当期税项负债并且递延所得税涉及同一应税实体和同一税务机构，则递延所得税资产和递延所得税负债将抵消。

本章资料来源：

◎ 国家税务总局《中国居民赴蒙古国投资税收指南》(2017 年)

◎ 蒙古国税务局官网

◎ 普华永道全球税线上指南官网